中学生博物馆学

简明读本

主编◎刘昌平

吉林文史出版社

图书在版编目 (CIP) 数据

中学生博物馆学简明读本 / 刘昌平主编 . ——长春：吉
林文史出版社，2020.8
ISBN 978-7-5472-7119-3

Ⅰ . ①中… Ⅱ . ①刘… Ⅲ . ①博物馆学－青少年读物
Ⅳ . ① G260-49

中国版本图书馆 CIP 数据核字 (2020) 第 147704 号

ZHONGXUESHENG BOWUGUANXUE JIANMING DUBEN

书　　名　**中学生博物馆学简明读本**

主　　编　刘昌平
出版策划　陈　涌
责任编辑　王丽环
特约编辑　姚良俊　黄腾飞
封面设计　双安文化·向加明
出版发行　吉林文史出版社
地　　址　长春市福祉大路 5788 号　　邮编：130118
网　　址　http://www.jlws.com.cn
印　　刷　重庆市华彩设计分色制版有限责任公司
开　　本　787mm×1092mm　　1/16
印　　张　17.75
字　　数　280 千字
版　　次　2020 年 9 月第 1 版　2020 年 9 月第 1 次印刷
书　　号　ISBN 978-7-5472-7119-3
定　　价　58.00 元

序　言

1946 年 11 月，国际博物馆协会在法国巴黎成立。1977 年，国际博物馆协会为促进全球博物馆事业的健康发展，吸引全社会公众对博物馆事业的了解、参与和关注，向全世界宣告：1977 年 5 月 18 日为第一个国际博物馆日，并每年为国际博物馆日确定活动主题。

随着历史与岁月的更替，世界进入文明交流互鉴、合作共赢的新时代。博物馆日益成为对外开放的一个窗口与沟通的桥梁，来自不同国土、不同民族的人们得以享受丰盛的文化盛宴，在历史的厚重中思索人类未来的发展方向，在知识的广博中探寻未知的科学彼方。

"博物"一词古已有之，意为通晓众物，见多识广。当我们第一眼看到这两个字时，浮现在眼前的是诸多设计精妙的博物馆、清澈透亮的展柜与无数珍奇的藏品。然而，"博物"却远不止这些。每一所博物馆都有自己成长的经历，每一件文物背后都有扣人心弦的故事，每一分色彩都离不开考古学者与文物工作者背后的努力。当站在"博物"这所充满无限奥秘宝库的大门前，迎面而来的知识风暴冲击着每个人脑海，我们会产生无数的疑问与思考，而博物馆与博物馆学正是我们寻求解答的深邃平台。

博物馆是历史的见证者，是一本有趣的历史书。本书编者意在以传承中国优秀传统文化、开拓国际视野为导向，将国内外博物馆发展历程、馆藏文物珍品、博物馆学研究等融汇于读本之中，见证历史、以史鉴今、启迪后人。通过本书的阅读，我们可以了解人类历史上最早的博物馆，知道我国博物馆建设历程，鉴赏国内外博物馆镇馆之宝，展开一段奇妙而有趣的文化与历史旅程。

"致知在格物，物格而后知至"。博物馆将人类文明与自然世界最璀璨、最精彩的片段蕴含其中，我们将借此获取认识世界、认识文明、认识自己的钥匙，在不断探索的过程中感万物之进化，吸天地之精华，强复兴之智慧，成吾辈之精神，获前行之力量，是为序！

李常明

编写说明

从张謇创办中国第一所博物馆——南通博物馆开始，我国的博物馆事业已跨过 100 多年的历程。博物馆是保护和传承人类文明的重要殿堂，是连接过去、现在、未来的桥梁。博物馆承载着历史的厚重，记录着全人类共同的记忆。它在保存人类历史的同时，发挥着传递人类文明成果的作用，使人们能够以史为镜、鉴往知来。

当前我们正处于实现中华民族伟大复兴的关键时期，我们需要增强文化自信。我国有着根源深厚的文化底蕴，五千年源远流长的历史孕育了无数博大精深的优秀传统文化。在中华民族世世代代不断奋斗的过程中，文化在创新的过程中发展，在传承的过程中升华，给予了我们文化自信的强大底气。通过阅读本书了解国内外博物馆和博物馆学发展状况，可以在传承文化、树立牢固文化自信的同时，形成开放交流的文明意识，坚定全体人民振兴中华、实现中国梦的信心和决心，这也是编者的初衷。

《普通高中历史课程标准（2017 年版）》中明确提出历史课程要将培养和提高学生的历史学科核心素养作为目标，包括"唯物史观""时空观念""史料实证""历史解释""家国情怀"五大部分。博物馆是学生学习历史的第二课堂，蕴藏着教科书难以一一呈现的精彩内容，学生可以在了解博物馆的过程中，提升学习历史的兴趣，全方位、多角度的认识人类历史，拓展史学视野，形成正确的历史观念，助益历史学科核心素养的不断提高。

本读本主要包括三个部分：

第一单元 博物馆与博物馆学 主要介绍了博物馆的定义、历史发展、功能以及参观方式等，并对博物馆学的基础知识做了简要介绍。

第二单元　国内部分知名博物馆　选取了中国国家博物馆、故宫博物院、陕西历史博物馆等在内的九个国内博物馆进行介绍，包括博物馆况、馆藏文物以及相关研究情况。

第三单元　世界部分著名博物馆　选取了英国大英博物馆、法国卢浮宫博物馆、美国大都会博物馆在内的六个世界范围内博物馆进行介绍。

在栏目设置上，包括正文（详细的介绍某一内容）、博学善思（结合正文内容提出思考性的问题）、史海博览（正文后的知识拓展）三个部分。选用图片、表格、史料等多种材料，做到来源的客观性与选用的多样性。

在编写的过程中，编者查阅整理了大量的博物馆、博物馆学相关材料与著述，从北京故宫博物馆、陕西历史博物馆、南京博物馆、卢浮宫、大英博物馆、艾尔米塔什博物馆等官网以及相关网站上下载了文物的高清图片以及相关介绍。重庆师范大学历史与社会学院常云平院长、沈双一教授、刘渝副教授，重庆市教育科学研究院李常明研究员、历史教研员黄开红研究员、余朝元研究员在本书编写的过程中给予了宝贵的意见与大力的支持，本书得到重庆师范大学 2019 年教育教学改革研究项目"基于基础教育的高师历史学专业的中华传统文化课程群改革研究"课题组的指导，重庆市字水中学历史组夏银春老师、邓波老师、吴晓玲老师参与有关工作，在此一并深表谢意。

各章具体分工如下：

古佳根　第一单元　博物馆与博物馆学
陈忠卿　第二单元　国内部分著名博物馆
胡　男　第三单元　世界部分著名博物馆

主编对各章均做了认真的审阅，并做了不同程度的删节、修改与增补，最后负责统稿。

编　者

二〇二〇年五月

《中学生博物馆学简明读本》
学术指导委员会

（以姓氏笔画为序）

目　录

第一单元　博物馆与博物馆学

第二单元　国内部分知名博物馆

第三单元　国外部分知名博物馆

博物馆与博物馆学

第一单元

第一章 什么是博物馆

第一节 博物馆的定义

博物馆（Museum），从英文的词源来看，源自希腊语中的 Mouseion，意为"供奉缪斯（希腊神话中主司艺术与科学的九位文艺女神的总称）及从事研究的处所"。17 世纪英国牛津阿什莫林博物馆建立，Museum 才成为博物馆的通用名称。

●拉斐尔《帕那苏斯山》

帕那苏斯山是太阳神阿波罗和九位文艺女神缪斯居住之地，画面中间奏琴的是阿波罗，围绕他的是九位文艺女神。

我国古代没有博物馆之称，但有"博物"一词。"博"，广博，指数量多，"物"，本义指万物，《汉书·楚元王传赞》中写道"博物洽闻，通达古今"，意为通晓众物，见多识广，而在《尚书》中也把博识多闻的人称为"博物君子"。由此可见，"博物"一词强调对世间诸多事物的辨识与了解。

国际对于博物馆的定义经过了一个长期发展的过程：

1951 年日本制定的博物馆法把博物馆规定为"收集、保管（包括培育）、陈列展出有关历史、艺术、民俗、产业、自然科学等资料，从教育角度，以供一般民众提高文化教养、调查研究、消遣娱乐为目的的机构。"

美国《简明不列颠百科全书》指出：现代的博物馆是征集、保藏、陈列和研究代表自然和人类的实物，并为公众提供知识、教育和欣赏的文化教育机构。

美国博物馆协会认为：博物馆是收集、保存最能有效地说明自然现象及人类生活的资料，并使之用于增进人们的知识和启蒙教育的机关。

《苏联大百科全书》提出：博物馆是征集、保藏、研究和普及自然历史标本、物质及精神文化珍品的科学研究机构、科学教育机构。

国际博物馆协会（ICOM）从 1946 年 11 月成立以后，为了适应与概括世界博物馆的发展和演进，也不断修改对博物馆的解释。它在 1946 年制定的章程里规定："博物馆是指向公众开放的美术、工艺、科学、历史以及考古学藏品的机构，也包括动物园和植物园，但图书馆如无常设陈列室者则除外。"

1951 年，国际博物馆协会修订后的博物馆定义为："博物馆是运用各种方法保管和研究艺术、历史、科学和技术方面的藏品以及动物园、植物园、水族馆的具有文化价值的资料和标本，供观众欣赏、教育而公开开放为目的的，为公共利益而进行管理的一切常设机构。"

1962 年国际博物馆协会章程又对博物馆定义："以研究、教育和欣赏为目的，收藏、保管具有文化或科学价值的藏品并进行展出的一切常设机构，均应视为博物馆。"

1974 年 6 月，国际博物馆协会于哥本哈根召开第 11 届会议，其章程第三条规定："博物馆是一个不追求营利、为社会和社会发展服务的公开的永久性机构。它把收集、保存、研究有关人类及其环境见证物当作自己的基本职责，以便展出公诸于众，提供学习、教育、

●国际博物馆协会标志

欣赏的机会。"

1989 年 9 月在荷兰海牙举行的国际博物馆协会第 16 届全体大会通过的《国际博物馆协会章程》第 2 条再次修改定义为："博物馆是为社会及其发展服务的非营利的永久机构，并向大众开放。它为研究、教育、欣赏之目的征集、保护、研究、传播并展示人类及人类环境的见证物。"这是迄今国际上比较通行也相对稳定的博物馆定义。

2007 年 8 月 24 日，国际博物馆协会在维也纳召开的全体大会通过了经修改的《国际博物馆协会章程》。章程对博物馆定义进行了修订。修订后的定义是："博物馆是

你身边有哪些博物馆，它们为什么被称作博物馆？

一个为社会及其发展服务的、向公众开放的非营利性常设机构，为教育、研究、欣赏的目的征集、保护、研究、传播并展出人类及人类环境的物质及非物质遗产。"

通过以上的介绍，我们可以发现人们对于博物馆的认识经历了一个变化的过程，然而在这过程中对于博物馆的定义有几点是始终不变的：

首先，博物馆是一个科学研究机构。博物馆研究的对象是藏品，在这些藏品上保留着大量的历史信息，通过对于这些藏品的研究，我们可以佐证书本典籍上的记载，从而更好地认识历史、社会、自然、文化、科学等各方面。

●秦始皇兵马俑

其次，博物馆是一个收藏机构。通过发掘、调查、培养和采集等方式获得的标本、化石、文物等安置在博物馆中，可以得到更好的保护和管理。一些考古发掘的文物，由于长时间处在相对封闭稳定的埋藏环境中，在接触到空气后表面会迅速氧化，造成不可逆的损坏。我们今天所熟悉的秦始皇兵马俑，原来都是彩色的，出土时彩色大部分已经脱落，陶俑身上仅存

斑驳残迹。此外，部分野生动物遗体，如果没有经过物理风干、真空、化学防腐等处理，也十分容易腐烂，难以进行进一步的展览和研究。

第三，博物馆是一个文化教育机构。博物馆作为一个公益性质的面向全体社会的单位，以实物组成的陈列及其他辅助形式对观众进行的直观教育活动。通过参观博物馆，我们可以学到诸多书本上所没有的知识，满足对其他各方面的知识兴趣。如陕西历史博物馆中陕西古代文明馆，在我们所学过的中学历史教材中半坡遗址的基础上，更加丰富、形象地展示了半坡居民的生活场景。

● 百科全书式的博物馆学者——亚里士多德

亚里士多德（公元前 384 ~ 前 322 年），古代先哲，古希腊人，世界古代史上伟大的哲学家、科学家和教育家之一，堪称希腊哲学的集大成者。他是柏拉图的学生，亚历山大的老师。

公元前 4 世纪，马其顿王国的亚历山大大帝在建立地跨欧亚非大帝国的军事行动中，把从古埃及、古波斯、古希腊搜集和掠夺来的许多珍贵的艺术品和稀有古物交给他的老师亚里士多德整理研究。

第二节 博物馆的特征

作为博物馆机构应当具备四个条件：首先是具有藏品也就是实物；第二要有基本陈列；第三要向社会公众开放；第四要有经营管理藏品，开展社会教育的专业人员。这种法定的永久性机构，才是现代意义的博物馆。

博物馆与其他文化教育机构，诸如学校、图书馆、文化馆、剧院、出版社等，虽然都同属文化教育事业，但博物馆有自己的不同于其他文化教育机构的特征。

从近代博物馆出现到当今的现代博物馆，虽经两个多世纪的变化发展，但博物馆的这些基本特征并没有消失。这些特征是：

1. 实物性

博物馆必须具备一定数量和质量的藏品，也就是实物。博物馆作为一种事物的运动形式，可以说自始至终是围绕着"物"进行的。

第一，"物"的收集和保存。收集保存文物标本是博物馆的首要任务。

博学善思

请以重庆中国三峡博物馆为例，思考一下博物馆的特征有哪些？

第二，"物"的研究。通过一系列的科学研究工作揭示藏品的内涵，展现其蕴藏的各种有用信息，从而判定它的历史价值、学术价值或艺术价值。

第三，"物"的利用。即利用博物馆的藏品，以各种工作方式和方法，为社会教育和有关学科研究服务。

博物馆的"物"的收藏、研究和利用，是一个协调统一的过程。它们相互联系、密不可分，循环往复、不断发展。

近年出现的数字博物馆等虚拟状态的博物馆，是利用电子计算机和网络再通过虚拟现实技术，模拟产生三维空间的影像以供公众参观。这种影像虽然是虚拟的，但它是以实物为参照制成的，所以又被称为实物的虚拟形态，而文物本身才是实存形态。

2. 直观性

与博物馆的实物性紧密联系的另一特征是直观性。博物馆以大量实物组织陈列展览，以实物例证向观众的各种感官多渠道的输送信息。实践证明，把实物例证直接展现在观众面前，比其他文字资料或图像资料有强烈的感染力，更容易使观众得到生动、具体的深刻印象，因而更有助于加强观众的记忆，促进观众的思维和认识。近年来，现代博物馆许多先进教育手段的实施，使观众不仅可以充分观察展品，还可以触摸，进行实际操作或实验，进一步丰富了博物馆直观性的特征。

3. 广博性

博物馆门类众多，收藏品涉及广泛。从地质、天文到当代的航天科学，从古生物到各个自然学科，从各个门类

●数字博物馆

的科学技术到文学、工艺、美术以至国防军事，从一个国家、地区的历史到个别卓越人物和各个民族的风俗，都有不同的博物馆。在一个大型综合博物馆内，更是同时具有许多门类和学科的专馆。总之，从自然界到人类社会；从遥远的古代到现实生活；从本国本地区，到异国他乡；从宏观到微观；各种实物例证和资料都是博物馆收藏、研究的对象。涉及知识领域的广博性，也是博物馆区别于其他文化教育机构的一个特征。

实体博物馆与数字博物馆的对比

	实体博物馆	数字博物馆
藏品征集	发掘、采集、收购、捐赠、交换、调拨等	数字藏品采集、模拟信息转换、信息交换等
藏品保管	需要库房、文物柜架。易损，毁坏原因复杂，保存与修复困难	需要计算机、磁带、磁盘、光盘等存储设备。利用数据冗余和编码技术，可做到数据无损保存
展示传播	展柜陈列，方式单一，互动性差。采用巡展方式，速度慢，影响范围小	采用多媒体、虚拟现实和三维技术，生动形象，可实现高度互动。采用网络传输，速度快，影响范围大
研 究	直观，易发现藏品细节，但相互比对困难，相关性研究不易	检索、比对、统计方便，容易在文物相关性研究中获得突破
开 放 性	差	好

——陈刚《数字博物馆概念、特征及其发展模式探析》

第二章 博物馆的历史有多久

第一节 世界上最早的博物馆

公元前 3 世纪埃及亚历山大城建立的亚历山大博学园中的缪斯（Muses）神庙是世界上最早的博物馆之一。公元前 4 世纪下半叶，马其顿国王亚历山大在东征的过程中，将从古埃及、古波斯等地搜集的珍宝、艺术品送往国内，由他的老师亚里士多德整理研究。亚历山大去世后，亚历山大帝国陷入分裂，他的部将托勒密以埃及亚历山大里亚为都城，在公元前 3 世纪初兴建了亚历山大里亚博学园。园中有图书馆、动植物园、研究所，还有专门收藏文化珍品的缪斯神庙，后来被称为亚历山大博物馆。缪斯是古希腊传说中主管文化艺术的九位女神，西方博物馆一词（Museum）即起源于缪斯神庙。

● 《亚历山大大帝和他的坐骑布西发拉斯》

画的主题是公元前 333 年的伊苏斯战役。伊苏斯战役是公元前 333 年秋季，在亚历山大东征中，马其顿军队和波斯皇帝大流士三世的军队，在奇里乞亚古城附近的伊苏斯（今土耳其伊斯肯德仑北）进行的一次交战。战争的结果是马其顿大败数倍于自己的波斯大军，大流士三世的母亲和妻儿都成了亚历山大的俘虏。

亚历山大博物馆是希腊化的产物，是古代文化的中心。它以其优越的待遇、较高的社会地位和便利的研究条件，吸引了包括自然科学家和作家在内的世界各国学者。博物馆有一个特别的大厅和研究室，陈列着天文、医学、文化和艺术的收藏品。博物馆为著名学者提供免费食宿、免税待遇。直到公元前2世纪，博物馆任命的院士仍然是令人羡慕的头衔。亚历山大博物馆的学者在天文学、地理学、动物学、植物学、物理学、数学、文学和历史学等方面取得了辉煌的成就，对后世产生

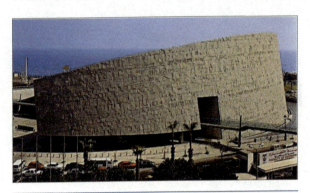

亚历山大图书馆始建于托勒密一世（约公元前367-前283年），盛于托勒密二世、托勒密三世，是世界上最古老的图书馆之一。馆内收藏了贯穿公元前400-前300年时期的手稿，拥有最丰富的古籍收藏，曾经同亚历山大灯塔一样驰名于世。今天的亚历山大图书馆矗立在托勒密王朝时期图书馆的旧址上，俯瞰地中海的海斯尔赛湾。

了深远的影响，如数学家欧几里得、物理学家阿基米德，天文学家托勒密和哲学家亚里士多德等。

亚历山大博物馆是古地中海世界的教育、科学研究和文化中心。它是东西方文化融合的产物。它为世界文明的发展做出了巨大贡献。其影响深远，经验丰富，值得后人学习。

公元前1世纪，罗马征服了希腊。罗马人接受了希腊的文化成就，也注重收藏文化艺术作品。他们把成千上万的青铜和大理石雕像运回罗马，建造寺庙并展示出来。罗马贵族和富人的别墅也摆满了宝石、战利品和艺术珍品。正如有人所说："虽然当时罗马没有博物馆，但整个罗马城都是一座博物馆。"在罗马，有一座著名的万神殿（Pantheon），是西方最早的人物纪念馆。到目前为止，"Pantheon"在欧洲仍被用来指纪念堂。

进入中世纪以后，欧洲处于封建主义和教会统治时期。僧侣垄断文化和教育，科学成为神学的附庸。教堂、修道院和教会学校是收集古物和宗教

遗迹的主要场所。宫殿、贵族官邸、领主庄园是世俗文物的聚集地。最大的基督教遗物收藏地是教皇所在的梵蒂冈。这里收藏了历代信徒赠送的最重要的基督教历史文物、艺术珍品和珍贵礼物。此外，意大利的圣·马克教堂、德国的哈雷修道院、瑞士的圣莫里斯教堂等都是著名的宗教文物收藏之所。教堂文物收藏主要用于宣传宗教教义，扩大宗教影响。直到欧洲文艺复兴，才发生了新的变化。

这些机构是博物馆吗？请说出你的理由？

在上一章中提到中国古代没有博物馆之称，却有博物之词，对于文物的搜集、保护有着悠久的历史。商代将文物集中于祭祀宗庙之中，周代将文物保管收藏的地方称为"天府""玉府"，设有专门的官员管理，汉朝则将其称为"天禄""石渠""兰台"，自此，历朝历代都注重对于文物的保管。

然而，文物收藏并不意味着博物馆的出现。学者黄摩崖认为中国古代博物馆现象的历史渊源应该追溯到公元前 5 世纪的孔庙。孔子逝世后第二年（公元前 478 年），为纪念孔子的功绩，传播孔子的思想，鲁国君主哀公特意在曲阜孔子故居内指定了三座房屋为孔庙，里面陈列着孔子的衣冠车马。每年都会在特定的时间举行纪念活动,供人们参观纪念。公元前 1 世纪，汉代著名史学家司马迁参观孔子故居，他不仅看到了孔庙内诸多陈列的文物，还看到了许多学子定时到此处学习儒家经典。公元前 478 年以孔子故居创建的孔子庙堂是中国最早的纪念性博物馆，比亚历山大博物馆早 188 年左右，因此，曲阜孔庙是保存至今的世界最早的博物馆之一。

史海博览

中国古代纪念馆一览（部分）

朝代	名称	概况
西汉	麒麟阁	甘露三年（前 51 年），汉宣帝把十一个著名功臣的画像悬挂阁上，各署官阶、姓名，以表彰他们的功勋。
东汉	云台	东汉永平三年（60 年），汉明帝建云台，把东汉中兴功臣二十八人的肖像悬挂云台上，史称"云台二十八将"。

朝代	名称	概况
三国	武侯祠	诸葛亮逝世后，后世相继在成都、襄阳、白帝城、南阳等地建立了"诸葛武侯祠"。
唐	凌烟阁	唐贞观十七年（643年），唐太宗命阎立本在凌烟阁内描绘了二十四位功臣的图像，皆真人大小，褚遂良题字。
南宋	岳王庙	南宋绍兴三十二年（1163年）抗金名将岳飞昭雪后，在杭州建立了岳王祠庙和岳坟。
明	文丞相祠	洪武九年（1376年）在北京府学之侧文天祥抗元被俘后囚禁的地方建立，祠内陈列有文天祥石刻画像。
清	史公祠	乾隆三十七年（1772年）在扬州广储门外梅花岭建立，纪念抗清名将史可法。
	郑成功祠	纪念第一位抗击西方殖民主义者的民族英雄郑成功。
	林文忠公祠	纪念查禁鸦片、抗击英国入侵的民族英雄林则徐。

第二节 博物馆的特征

17世纪80年代，出现了世界博物馆史上第一个具有近代博物馆特征的博物馆，这就是1682年向公众开放的英国阿什莫林博物馆。这一年英国贵族阿什莫林将其收藏的货币、徽章、武器、服饰、美术品、考古出土文物、民族民俗文物和各种动植矿物标本全部捐献给牛津大学，建立了向公众和学者公开开放的博物馆。阿什莫林开创了将私人收藏公之于世、建立近代博物馆的先河。

18世纪，博物馆事业迈出了重要的前进步伐。经济上，

●阿什莫林博物馆

蒸汽机的改进推动了工业革命的产生。思想文化上，以法国百科全书派为代表的思想启蒙运动兴起，在多方面因素的推动下，博物馆事业蓬勃发展。在欧洲，出现了一批重要的博物馆，如爱尔兰国家博物

●万国博览会

馆 (1731 年)、维也纳自然历史博物馆 (1748 年)、伦敦大英博物馆 (1753 年)、威尼斯艺术学院美术馆 (1755 年)、哥本哈根国立美术馆 (1760 年)，俄国艾尔米塔什艺术馆 (1764 年)、西班牙国立博物馆 (1771 年) 等相继建立。

19 世纪，自然科学的重大发明和发现比前三个世纪的总和还多一倍，随着科学技术的快速发展，许多新的科学部门建立起来。现代工业大生产的需要和科学技术的发展，促使人们学习科学技术知识的要求日益迫切。1851 年英国为了展示工业革命的成果，在伦敦举办万国博览会。博览会特别强调"展示工业革命的成果，显示把科学技术应用于生产的未来"。这是世界第一次大型博览会，欧洲各国先进的织染、窑业等工业产品和优美的工艺美术品都集中到那里展出。此后，欧美各国竞相效法。1855 年在法国巴黎，1873 年在维也纳，1876 年在美国费城都先后举办了博览会。其中，中国参加了美国费城举办的美国建国百年博览会并设有专馆。

随着博物馆事业的发展，博物馆社会职能的扩大，以及博物馆人员构成的变化，促进了博物馆专业意识的形成和加强，19 世纪末到 20 世纪初博物馆组织开始成立。世

博学善思

中国有哪些展品参加了费城博览会呢？

界最早的博物馆专业组织成立于 1889 年的英国博物馆协会。博物馆组织的建立，促进了博物馆事业和博物馆学研究的开展。

世界著名博物馆建立时间（部分）

国家	名称	时间
英国	大英博物馆	1735 年
俄罗斯	埃米塔什博物馆	1764 年
法国	卢浮宫博物馆	1793 年
美国	大都会博物馆	1870 年

第三节　中国博物馆的发展历史

　　博物馆在中国有悠久的历史渊源，但是近代博物馆和新型学校一样，都是在中国社会逐步近代化的过程中产生。在整个亚洲范围内，日本是最早建立博物馆的国家，"博物馆"一词也是来源于日语中对英文、法文、德文中通用的 museum 一词的翻译。

　　1848 年，徐继畬在《瀛环志略》一书，介绍了各国地理、历史以及风土人情。在卷五、卷七的"普鲁士国""西班牙国"和"葡萄牙国"中都提到那里有"军工厂""古物库"，指的是这些国家的军事博物馆和历史文物馆。1866 年，清政府官员在出访欧洲各国时，也参观了博物馆，他们将不同种类的博物馆称作"公所""行馆""万种园""画阁""军器楼""集宝楼""积宝院""集奇馆""积骨楼""禽骨馆"。在此之后，许多旅欧官员、学者的游记中都记载了不少参观博物馆的印象，中国人逐步形成对于近代博物馆的初期认识。

　　19 世纪末叶，中国兴起了维新运动，维新派人士康有为、梁启

●今日的南通博物苑

超等在鼓吹废科举、办学堂、设报馆、广译书的同时，也提出了建立博物馆的主张，光绪帝批准了康有为的奏议，谕令总理衙门起草章程十二款，其中规定奖励民办博物馆的办法："第七款如有独捐巨款、兴办藏书楼、博物院，其款至二十万两以外者，请特恩

博学善思

清朝驻日本使馆参赞黄遵宪在参观日本九州博物馆时见到了一件藏品并赋诗一首，请结合所学知识，想一想这件藏品是什么？

博物千间广厦开，纵观如到宝山回。
摩挲铜狄惊奇事，亲见倭奴汉印来。

赏给世职。十万两以外者，请赏给世职或郎中实职。五万两以外者，请赏给主事实职，并给匾额，如学堂之例。"百日维新失败后，中国建立博物馆的主张宣告失败。

1905 年，张謇创办我国第一个公共博物馆——南通博物苑，从此开始了中国近代博物馆的新篇章。张謇用个人财力在南通师范学校西区买了 29 套房子，搬走了 3000 多座坟墓，兴建博物馆、植物园和动物园。张謇收藏了国内外大量的动植物矿藏标本、金石文物、圣贤遗存，亲自绘制并设计了陈列柜。经过十年的苦心经营，博物馆终于初具规模，收藏了包括自然、历史和艺术在内的两万多件藏品。南通博物馆是中国博物馆史上的先行者，为中国博物馆的发展做出了突出贡献。

1911 年孙中山领导的辛亥革命，推翻了清朝政府。两千多年封建制统治的结束，中华民国的建立，是中国社会的一大变革。近代学校在全国各地逐步建立，社会文化教育活动也陆续有所兴办。1912 年在北京筹建国立历史博馆，1914 年建立古物陈列所。1925 年明清两代的皇宫终于向社会公众开放，建成了闻名于世的故宫博物院。1933 年国民政府在南京筹建中央博物院，到 1936 年全国已建成博物馆 77 处。这是中国博物馆事业的重要

●杜甫草堂

发展时期。此后,抗日战争、解放战争前后延续十二年之久,中国博物馆事业因之遭到很大损失,到 1949 年中华人民共和国成立前夕,中国的博物馆事业已处于十分困难的半停顿状态。

1949 年 10 月 1 日,中华人民共和国成立,标志着半殖民地半封建社会的结束和社会主义的诞生。中华人民共和国成立时,有 25 个博物馆(其中 9 个是外国博物馆),这些博物馆大多已停顿或半停顿,面临的主要任务是改革和整顿。中央人民政府通过建立文物局、接管地方博物馆、颁布《文物保护法》等方式,改革展览内容,整顿馆藏管理,加强对观众的宣传教育,建立健全制度,努力消除之前的影响。1953 年,第一个五年经济建设计划开始,随着社会主义革命和经济战线建设的深入发展,博物馆业的建设也得到了加强。此阶段博物馆建设的一个特点是建立地方博物馆(综合性博物馆)。同时,还发展了杜甫草堂纪念馆、西柏坡革命纪念馆等在内的纪念性博物馆和专门博物馆。20 世纪 50 年代末,北京先后建立了中国人民革命军事博物馆、中国历史博物馆和中国革命博物馆三个博物馆,标志着中国博物馆事业的繁荣和发展,展示了中国的特色。改革开放后,党和国家对博物馆工作的重视程度前所未有。各次会议通过的决议和法律法规,促进了博物馆工作水平的提高和事业的进步。各地建立了许多不同类型的博物馆,如陕西临潼秦始皇兵马俑博物馆、北京卢沟桥抗日战争纪念馆、四川自贡恐龙博物馆等,1993 年中国博物馆学会编辑的《中国博物馆年鉴》中,中国有 1500 多家博物馆,仅文物系统的博物馆就有 1130 个。

史海博览

●状元实业家——张謇

张謇(1853 年 7 月 1 日-1926 年 8 月 24 日),字季直,号蔷庵,汉族,祖籍江苏常熟,生于江苏通州海门长乐镇(今江苏省南通市海门市常乐镇)。清末状元,中国近代实业家、政治家、教育家,主张"实业救国"。中国棉纺织领域早期的开拓者,上海海洋大学创始人。他创办中国第一所纺织专业学校,开中国纺织高等教育之先河;首次建立棉纺织原料供应基地,进行棉花改良和推广种植工作。以家乡为基地，努力进行发展近代纺织工业的实践，为中国民族纺织业的发展壮大做出了重要贡献。他一生创办了 20 多个企业，370 多所学校，为中国近代民族工业的兴起，教育事业的发展做出了宝贵贡献，被称为"状元实业家"。

第四节 当代世界博物馆

从世界范围来看，博物馆数量有了极大增长。20 世纪五六十年代各国博物馆几乎都有较大的发展。二战以前，世界博物馆总数有 7000 多个，50 年代末，仅据 77 个国家和地区统计，博物馆数量即达 1 万 3 千多个，到 80 年代博物馆为二战前的 4 倍，至 90 年代后期，

● 大英博物馆

全世界博物馆总数约在 4–5 万个左右。

当代最著名的大型或超大型博物馆绝大多数也在欧美及发达国家中，例如，有"博物馆中的博物馆"美誉的大英博物馆自 1753 年成立以来，已累计收藏 6.5 亿件，藏书 800 多万册。此外，法国巴黎卢浮宫、纽约大都会艺术博物馆、旧金山探索馆、法国发现宫、乔治·蓬皮杜国家艺术文化中心等也在世界上享有盛誉。在欧美国家，博物馆的普及趋势也得到了加强。20 世纪六七十年代以来，许多国家建立了各种类型的小型博物馆，特别是社区博物馆、地方博物馆和企业博物馆，这些博物馆更符合人们自由发展的需要，更贴近人们的生活，更适应文化资产保值、文化民族化的趋势，以及人们对自然资源和环境发展的关注。这样，大型著名博物馆、城市密集的博物馆群和范围广泛的中小博物馆、社区博物馆日益形成覆盖全社会的纵横交错的网络，形成丰富多彩的现代博物馆景观，发挥博物馆独特的娱乐、教育等功能。

在广袤的亚非拉大地上，随着二战后民族独立运动的兴起，他们摆脱了殖民主义的束缚，走上了民族民主发展的道路。这些第三世界国家在发

展自身经济的同时，强调自己的历史和民族文化传统，以增强民族意识和满足人民的文化需求。因此，博物馆事业受到了重视，在一定程度上，博物馆工作得到了开展。20世纪70年代中期，非洲有400多家博物馆，到90年代中期，已有700多家博物馆，其中南非有217家，埃及、尼日利亚、赞比亚、坦桑尼亚、阿尔及利亚等国有几十家，反映了非洲古代文明和传统文化最鲜明的特点，如开罗的埃及国家博物馆，有10万多件反映古埃及灿烂文明的文物和艺术作品，其中包括20世纪20年代初出土的最珍贵的图坦卡门陵墓文物。

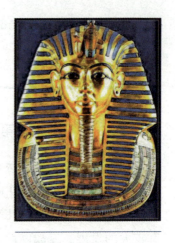

●图坦卡门的面具

在拉丁美洲地区，20世纪90年代初的统计，阿根廷有近400家博物馆，古巴有200多家博物馆，巴西有200家博物馆，委内瑞拉、秘鲁、墨西哥和哥伦比亚分别有100多家博物馆。虽然其他国家的博物馆数量很少，但都有存在。墨西哥国立人类学博物馆以集中表现玛雅文化而著名，有高近3米、重30吨的玛雅巨型人头雕像，有复原的"铭记庙宇"和著名的"太阳历"记事碑。它和墨西哥的另一个自然历史博物馆一样，都有较高的现代化水平，成为墨西哥社会文化教育的重要阵地。

●玛雅太阳历

亚洲的博物馆数量仅次于欧洲和美洲。20世纪90年代，亚洲国家至少有7500家博物馆，其中中国和日本的博物馆数量最多。1960年日本有博物馆658家，1984年有2356家，20多年来平均每年增加71家左右，1991年有2964家，1994年有3704家，比1991年增加740家，平均每年增加247家。

博物馆作为一种世界现象，从没有像今天这样得到迅猛发展，一方面不仅博物馆数量有很大增长，博物馆类型更加多样化，而且博物馆的教育活动丰富多彩，娱乐性增加；博物馆日益成为国际旅游大发展的一个阵地和国际交流的重要窗口。另一方面，高新技术的发展给博物馆注入新的活力，大大改变着博物馆的面貌。

世界部分国家博物馆数量和国土、人口比照表

国家	统计年度	博物馆数目（家）	数量位序	人口数（千）	人口：馆（万人/馆）	比例位序
美 国	1996	8300	1	253887	3.056	10
德 国	1993	4682	2	79500	1.698	6
意大利	1992	3442	3	56411	1.639	6
澳大利亚	1991	1893	4	17336	0.916	2
英 国	1996	1700	5	57367	3.375	11
俄 国	1993	1478	6	148100	10.020	20
加拿大	1990	1352	7	26992	1.996	8
法 国	1992	1300	8	56720	4.363	14
中 国	1996	1210	9	1185000	97.934	23
瑞 典	1993	776	10	8642	1.114	4

第三章 为什么要建设博物馆

●美国著名电影《博物馆奇妙夜》系列故事发生在美国自然历史博物馆

第一节 博物馆的基本功能

博物馆作为社会文化教育机构，承担着重要的社会职责，发挥着巨大的功用和效能而言，随着社会的发展，今天的博物馆已经以多种功能和多种层次服务于社会，在现代生活中占有不可忽视的地位。

我国将博物馆的基本功能定义为收藏、研究、教育，而在欧美比较通行的是"三E"功能："教育国民、提供娱乐、充实人生"（Educate，Entertain，Enrich），美国自然历史博物馆把本馆的职能标志画在馆徽上："Education（教育），Expedition（探索），Research（研究）"。

通过以上这些说法，我们可以发现，收藏、研究、教育，概括了博物馆的基本功能，反映了博物馆工作的主要内容：

收藏：任何一个博物馆都必须收集保藏文物和自然标本。因为藏品是博物馆全部活动的物质基础。没有藏品，就不是博物馆。因此，收藏文物标本是博物馆的首要功能。

研究：只有进行深入的研究工作才有可能对藏品进行科学的整理和保管，揭示藏品所具有的科学、历史以及艺术价值。从而为充分利用提供前提条件，实现博物馆的社会效益目标。如果说，藏品是博物馆一切活动的物质基础,那么科学研究是博物馆一切活动的工作基础,发挥着"物"与"人"(藏品与观众)之间的中介作用。

教育：博物馆教育是在藏品和科学研究的基础上展开的。一个博物馆存在的价值就在于有效地使收藏品及其研究成果为社会公众服务。

●博物馆文创

博物馆文创是指博物馆的文化创意开发团队，根据馆藏的文物及艺术品，进行衍生产品的创造、创新和创意开发。教科文组织对创意产业的解释是"包含出版、音乐、电影、工艺品与设计在内的文化产业在未来将持续稳定增长，并将在文化领域发挥决定性作用"。而现代博物馆作为一个社会服务机构，与创造和创新密切相关，博物馆的功能不仅是保存与维护，还要以有创意的方式把它展示给访客，成为一个活跃的对话平台。

第二节 博物馆对于我国现代化建设的作用

我国博物馆作为有中国特色的社会主义文化建设的一部分，是凝聚和激励全国各族人民的重要力量，担负着提高全民族的思想道德素质和科学文化素质，为经济发展和社会全面进步提供强大的精神动力和智力支持，负有培育有理想、有道德、有文化、有纪律的公民的历史使命。

博物馆作为文化基础设施，又是营造良好的文化环境，提高社会文明程度的重要条件，也是建设现代文明城市的主要标志之一。

博物馆的基本任务是：适应社会主义现代化建设的需要，收集保藏文物和标本，进行科学研究，举办各种陈列展览，提高整个中华民族的思想道德素质和科学文化素质，促进社会主义精神文明建设，为社会主义现代化建设服务。

1. 收集、保藏文物、标本和其他实物资料

收集和保存文物标本，是博物馆的基石，也是博物馆最基本的职能。只有博物馆最广泛、最全面地保藏着人类活动和自然发展的真实物证，并把它永久地留传给后人。这是任何其他机构所不能完全替代的一项社会任务。中华人民共和国成立七十多年来，我国制定了一系列保护文物和自然

●越王勾践剑，现藏于湖北省博物馆

标本的政策、法令，大量具有重要历史、科学和艺术价值的珍贵文物、自然标本得到有效保护。据不完全统计，文化部系统的博物馆共保藏各类文物有900多万件。

2.传播科学文化知识，提高公民科学文化素质

世界范围内以信息技术为主要标志的科技进步日新月异，知识经济初见端倪，促使全球经济、社会的发展乃至人们生活方式不断发生重大变革。科技竞争特别是人才竞争，已经成为世界各国竞争的焦点。许多国家都把提高国民的科学文化素质看成是21世纪竞争成功的关键。为适应世界潮流，迎接新世纪挑战，把我国经济建设转移到依靠科技进步和提高劳动者素质轨道上来，博物馆应当担负起传播科学文化知识，提高公民科学文化素质的重任。

博物馆的教育对象是整个社会的广大成员。博物馆教育不同于学校教育。从幼儿园儿童到老年人，从一般群众到残疾人，从团体观众到外国旅游者，博物馆都为他们敞开着大门。人们可以自由地出入各个陈列室，通过参观参与各种教育活动，吸取科学文化知识。

博物馆不仅教育对象具有广泛性，而且提供的知识内容也具有多样性。从社会历史到自然生态，从艺术到科学，从古老的石器到宇宙飞船，从中国民族文化到印第安人的风俗，都可以在博物馆里得到反映。可以说，博物馆是一部立体的"百科全书"，实物的"图书馆"，民族记忆的殿堂。它对少年儿童是一个充满新奇和引起幻想的天地，对成年人也是补充新知识、研究学问的好场所。

博物馆的教育方式生动形象，与其他教育设施相比有其特有的长处。博物馆大量的运用文物标本、模型等实物资料，作用于观众的感官。这无论从人的生理机制或者认知过程来说，都会使观众感到亲切，易于接受和理解。有关试验表明，多感官、多渠道地向观众传播信息，能提高记忆效果。特别是一些设施先进的博物馆，不仅可以眼看、耳听，而且可以触摸，亲

自实验和操作，通过电影、数字化录音导览机、光碟自动导览系统、多媒体电视墙、展示电子设备等多媒体辅助系统，使观众可以依自己的意愿吸取博物馆展示的科学文化等最新信息。

●博物馆成为"课堂"

3. 思想品德教育

博物馆应当用一切有益于人们身心健康的精神产品占领思想文化阵地，通过各种有效的教育活动，加强辩证唯物主义和历史唯物主义宣传，开展爱国主义、集体主义和社会主义教育，中华民族优秀文化传统和革命传统教育，理想、伦理道德以及文明习惯教育，科学知识、科学方法、科学态度和科学精神教育，中国近现代史、基本国情及民主法制教育，为培养适应 21 世纪现代化建设需要的社会主义新人做出更大努力。

4. 科学研究

科学技术是第一生产力，是推动经济、社会发展的重要变革力量。大力开展各门科学的研究工作，是现代化建设的可靠保证。科学研究是博物馆的重要任务之一。

博物馆的实物资料，是人类信息的一种储存形式，包含着社会经济、政治、军事、科学技术、工艺美术等各种知识，是进行科学研究和生产活动的有价值的资料。马克思在谈到实物资料对科学研究的重要性时，曾经说过："工艺揭示人类对待自然界的关系，揭示出人类生活，以及人类生活所处

●博物馆工作人员在修复壁画（成都文物考古研究院文保中心供图）

社会关系和由此产生的种种观念底直接生产过程。"他还说："要认识已经灭亡的社会经济形态，研究劳动手段的遗物，有相同的重要性。划分经济时期的事情，不是作了什么，而是怎样做，用什么手段去做。劳动手段不仅是人类劳动力发展程度的测量器；而且是劳动所在的社会关系的指示物"。马克思这里所说的劳动手段遗物，主要指生产工具等实物。由此可见，实物史料在历史科学关键性问题上所起的重要作用。

历史文物还可以证实、补充、订正文字史料。例如殷墟从 1928 年开始发掘以来，出土甲骨文已达十六万片，以文字来计已有近五千个单字，为研究商代史提供了更加确切而具体的资料，远远胜过《史记·殷本纪》的记载。正因为这样，中外许多学者，无论是自然科学家或者社会科学家都曾与博物馆发生过密切关系，许多科研成果的取得都曾受益于博物馆丰富的实物资料。

科学史告诉我们，任何科学研究都要从前人的科学研究中吸收、借鉴有益的成果，正如牛顿说过的："如果我比笛卡尔看得远些，那是因为我站在巨人们的肩上的缘故。"科学性的劳动是有继承性的，"这种劳动部分地以今人的协作为条件，部分地又以对前人劳动的利用为条件"。博物馆的实物资料，是"前人劳动"的结晶，它又是经过博物馆工作者的搜集、整理、鉴定、研究，才成为系统地、有价值的藏品的，这就同时蕴含了博物馆工作者的科学劳动。所以，当把这种经过鉴定、研究的博物馆实物资料提供给社会上的科研工作者使用时，它不仅是"前人劳动"的成果，而且是博物馆工作者与社会上科研工作者之间"今人协作"的一种形式。这种"协作"主要不是直接参与科研工作者的具体科研工作，而是以向他们提供通过科学鉴定的藏品的形式来实现的。这就为他们的科研工作提供了必要的条件。从这个意义上讲，博物馆向社会提供实物资料，实际上是科学研究的前期工作。它直接促进科学研究的发展。因此，博物馆是科研事业中不可缺少的组成部分，是为科研工作者提供实物资料的基础。

从另一方面说，博物馆工作本身也是具有科学研究性质的工作。博物馆工作者要研究藏品及其保存的技术手段，研究有关专业学科，研究博物馆学等，只有把博物馆业务工作建立在科学研究的基础上，才能以高水平的工作满足观众的各种要求。因此，博物馆必须把科学研究作为重大任务之一，加强科研工作的规划，加强科研队伍的建设，出成果出人才。

5. 丰富人民群众的文化生活

随着社会主义经济建设的发展和社会主义民主政治的完善，人民的生活水平不断提高，思想意识，精神状态发生深刻变化，同时也对精神文明建设提出更高的要求。广大群众，特别是青年人，迫切希望丰富精神生活，满足他们求知、审美、文化娱乐等精神生活的需要。博物馆应当把丰富人民群众的文化生活，作为自己的任务。

健康的文化活动，是人类社会生活不可缺少的组成部分。在现代社会，人们的工作节奏、生活节奏以至整个社会生活的节奏都变得愈来愈快的情况下，人们在紧张工作之余，总希望得到适合自己情趣的娱乐和休息。博物馆也应当成为人民群众文化休憩的园地。这就要努力创造丰富生动、喜闻乐见的工作方式，增加服务设施和项目，吸引更多的观众。博物馆从陈列展览到服务工作，都必须注意研究社会公众要求的变化，并根据这种变化不断改进自己的工作，才能适应群众文化生活的广泛需要，发挥自己这一应有的社会功能。

● **博物馆与科教兴国——上海科技博物馆**

上海科技馆坐落于上海浦东新区行政文化中心的世纪广场，占地面积 6.8 万平方米，建筑面积 10.06 万平方米，2001 年 12 月 18 日开放一期展览，2005 年 5 月开放二期展览。它是上海市政府为在新世纪提高城市综合竞争力和全体市民素质而投资兴建的重大公益性社会文化项目。

上海科技馆以科学传播为宗旨，以科普展示为载体，围绕"自然·人·科技"的大主题，有生物万象、地壳探秘、设计师摇篮、智慧之光、地球家园、信息时代、机器人世界、探索之光、人与健康、宇航天地、彩虹儿童乐园等 11 个常设展厅；蜘蛛和动物世界 2 个特别展览；中国古代科技和中外科学探索者 2 个浮雕长廊；中国科学院和中国工程院院士信息墙，加上由巨幕、球幕、四维、太空四大特种影院组成的科学影城，引发观众探索自然与科技奥秘的兴趣。

第四章 有哪些博物馆

第一节 博物馆的种类

博物馆事业的发展，已形成了一个门类众多，管理体制多样的庞杂群体。它包含着各种各样的博物馆，如历史、自然、科技、艺术、民族、民俗、军事、纪念性、遗址性、生态等。在管理体制方面，有国家举办的，有省、市、县地方政府举办的，有私人举办的，有学校、有研究机关、军队举办的，也有公司、企业私人团体等财团法人举办的。这些博物馆既具有博物馆的共同特征，也有由于它们各自的服务对象不同，收藏范围不同，研究目的和服务方法不同，而形成的各自特点。所谓博物馆类型，就是指一定数量的博物馆依据某种共同的标准相互联系所形成的类别。

博学善思

根据你的理解，将家乡的博物馆进行分类。

博物馆的类型问题，是博物馆事业发展到一定阶段才提出的。18世纪末期，已经出现按藏品的不同学科性质对博物馆进行分类：把博物馆区分为美术、考古、历史、人种学、自然科学的及各类专业博物馆。这是最初的博物馆类型学。这种分类至今还在一些国家有效地使用着，并在国际博物馆协会所属的专业委员会的不同名称上得到反映。后来，从不同角度划分博物馆类型的标准越来越多。各国博物馆的状况也有自己的特点，所以世界各国的博物馆也很难形成公认的统一的区分类型的标准。

博物馆类型的研究和区分，对博物馆事业建设和博物馆学研究，都具有重要意义。不同类型的博物馆具有不同的特点。这些特点体现在它们各项具体业务活动中，也决定了它们的社会职能具有不同的侧重点；同时不同类型的博物馆的组织管理，人才构成，经费来源和使用也表现出一定的差别。所以，研究博物馆的类型区分，可以更科学地把握某一类型博物馆的特点与规律，有助于进一步明确各类型博物馆的专业方向，切合实际地制定各类型博物馆的工作方针。

发展各种类型的博物馆，是我国博物馆事业建设的一项重要任务。研究各类型博物馆的特点和条件，也有助于更科学地制定发展规划，指导博物馆事业建设。

博物馆类型从不同的研究角度及不同划分标准出发，有不同的划分。外国和我国对博物馆类型划分也不尽一致。

《不列颠百科全书》按照博物馆功能，大致归纳为三大类，即艺术博物馆，主要展示其收藏品的美学价值，包括一般性绘画、雕塑、装饰艺术、实用艺术和工业艺术博物馆等；第二类为历史博物馆，是从历史观点展示藏品，考古遗址、史迹名胜等纪念点所建博物馆以及个人纪念馆均属此类；第三类是科学博物馆，包括自然科学博物馆、实用科学博物馆以及技术博物馆等。

●不列颠百科全书

《不列颠百科全书》（英文：Encyclopedia Britannica）又称《大英百科全书》，被认为是当今世界上最知名也是最权威的百科全书，英语世界俗称的ABC百科全书之一，也是世界三大百科全书（美国百科全书、不列颠百科全书、科利尔百科全书）之一。

日本博物馆的分类方法繁多，仅《博物馆学讲座》一书中提出的分类法就有六种之多。但一般习惯采用"按博物馆收藏资料种类"分类。按照这种方法，可把各种形式的博物馆分为三大类：综合博物馆、人文科学博物馆和自然科学博物馆。

美国博物馆协会认为，恰当的分类应该是根据博物馆的基本性质所表现出来的内容来划分。他们主张分为综合、科学、艺术、历史、学校、公司、展览区等 13 大类 72 小类。

苏联博物馆最多的是社会发展史博物馆和革命历史博物馆、纪念馆和地志博物馆。有的博物馆学者主张博物馆分为七类：

(1) 历史博物馆

(2) 纪念博物馆

(3) 地志博物馆

(4) 艺术博物馆

(5) 文学博物馆

(6) 技术博物馆

(7) 自然史博物馆

目前，国际上通常以博物馆的藏品和基本陈列内容作为类型划分的主要依据。按照这个标准主要划分为：

(1) 历史博物馆

(2) 艺术博物馆

(3) 科学博物馆

(4) 综合博物馆

(5) 其他类型

在以上各种类型之外，出现了不再以实物收藏为基础的生态博物馆。它不是将一定的藏品陈列或收藏于特定建筑中，而是将文化遗产、自然景观、建筑、可移动实物、传统风俗的演

●生态博物馆——德国柏林植物园

示等原状地、自然地保护和保存在其所属社区和环境中。换言之，社区中的一切自然和文化遗产都被看作生态博物馆的组成部分。

遗址博物馆是指为了已发掘遗址或为展示发掘成果而在遗址上修建的

博物馆。比较有代表性的是秦始皇兵马俑博物馆，位于西安临潼城东，南倚骊山，北临渭水，面积约218万平方米。是以秦始皇兵马俑为基础的遗址类博物馆，也是中国最大的古代军事博物馆。

中华人民共和国成立后，我国考古博物馆事业走入正轨并迅速发展，遗址博物馆的建设也得到很大的发展，并经历了不同的发展阶段。

1949—1978年。这个阶段的遗址保护性建筑，主要考虑的是遮风挡雨，所以修建的保护房，主要是将民居或者是会堂等建筑挪用过来。砖结构，椽梁并覆瓦。门窗都用木材的，封闭性不好。代表性的遗址博物馆是西安的半坡博物馆，位于陕西省西安市，是黄河流域一处典型的原始社会母系氏族公社村落遗址，属新石器时代仰韶文化，距今6000年左右。1952年发现，1954—1957年发掘，面积约5万平方米，已发掘出45座房屋、200多个窖穴、6座陶窑遗址、250座墓葬，出土生产工具和生活用品约1万件，还有粟、菜籽遗存。其中房屋有圆形、方形半地穴式和地面架木构筑之分。半坡遗址是我国首次大规模揭露的一处新石器时代村落遗址，1958年建成博物馆，由于高大，成为西安典型的标志建筑。

1978—1990年。改革开放的前期，经济发展，但是在文物保护上与国外的交流不多，博物馆的建设，以发现的兵马俑坑的博物馆建设为代表，这个建筑得到了政府的关注，修建的也很有气派，使用钢框架，玻璃封顶。虽然是这样，也没有在环境控制方面取得多大的改进。秦始皇兵马俑博物馆坐落在距西安37公里的临潼县城东，南倚骊山，北临渭水，气势宏伟，是全国重点文物保护单位。1974年，在秦始皇帝陵东发现三个大型陪葬的兵马俑坑，并相继进行发掘和建馆保护。三个坑成品字形，总面积22780平方米，坑内置放与真人马一般大小的陶俑陶马共约7400余件。三个坑分别定名为一、二、三号兵马俑坑。1979年开放的 号坑的展室，是人跨度的钢拱梁结构，这在我国遗址博物馆建设上，也是突破性的里程碑。博物馆的建设，注意了采光，也关注了通风问题，使用了可以密闭的玻璃窗。

1990—2008年。改革开放发展到20世纪90年代，随着我国经济的发展，博物馆建设呈飞速发展的趋势，到了20世纪90年代后，各地分别修建了陕西历史博物馆、上海博物馆、河南博物院等，开始了我国博物馆的升级过程。遗址博物馆的建设，也迈上了新的台阶。在这个阶段，开始与国外进行交流与合作，如借鉴日本高松冢保护实例，在国内被普遍接受。典型的是秦始皇兵马俑的2号坑的博物馆，这个遗址的保护建筑是在对遗址进行探测了解的基础上修建的，在修建了博物馆后再进行发掘。博物馆建筑在设计上考虑了后来的展示问题，并对博物馆进行了半密封式设计。另外一个典型的遗址博物馆建筑，是西安的阳陵遗址博物馆，将遗址采取全封闭的模式进行展览，遗址与参观的观众分离开来，避免了游人对遗址的影响。遗址博物馆修建的另外一个特点是轻型结构的使用。典型的是位于北京西部的老山汉墓，2000年夏季发掘，然后为了保护的目的，使用了大跨度的轻型结构，跨度达到了50米。由于材料轻，因此不会对遗址产生压力等副作用。和老山汉墓一样，半坡遗址博物馆的改建，也采用了类似的结构。另外在陕西等地的小型遗址保护建筑逐渐增多，如汉长安城遗址博物馆、杜甫草堂唐代遗址博物馆等。还有一些设计较新颖的遗址博物馆，如成都的金沙遗址博物馆，是专门有博物馆设计人员参与设计的，考虑到了采光、通风以及空气调节等。

20世纪90年代中期以后，随着信息化时代的到来，在博物馆的发展中出现了从"实物导向"转变为"信息导向"，不再以实物为基础，而以信息为基础向社会提供更广泛的服务。这就是方兴未艾的数字化博物馆，也称虚拟博物馆。

数字博物馆通过虚拟现实、互联网、多媒体、特效等技术手段，将实体博物馆呈现到网络上。过音频讲解、实境模拟、立体展现等多种形式，让用户通过互联网即可身临其境地观赏珍贵展品，更便捷地获取信息、了解知识。目前我国具有代表性的数字博物馆有南通博物苑、苏州博物馆、浙江省博物馆、中国共产党第一次全国代表大会会址纪念馆等。

数字博物馆不只是局限在现存的实体展馆，在应用上基本分为两大类：一是未建成的展馆里面包含了物质（文物复原来）和非物质（社科人文类）的；二是已建成的博物馆，结合互联网实现线上科普宣传，随着物联网技术的发展和应用数字博物馆可延伸的空间更加广阔。

尽管数字博物馆在中国只有一二十年的探索发展历程，但在强大网络技术的支持下它却对传统博物馆产生了较大影响和冲击。数字博物馆是要替代或是削弱传统博物馆职能还是促进其发展，传统博物馆如何面对数字博物馆带来的变化，数字博物馆与传统博物馆之间到底是一种什么样的关系，这是在弄清楚数字博物馆概念后接下来要面对的另一重要问题。否则，数字博物馆建设就将失去动力和方向。

数字博物馆除了缺乏实体博物馆的一些特点外，还存在数字化信息贮存载体寿命有限；数字化方式存贮的信息极易受到外力（磁场、计算机病毒、黑客侵入等）干扰、破坏；数字化信息很容易下载和复制，知识产权难以保障等不足。而实体博物馆则除了不具备数字博物馆的那些特点外，还存在着藏品展示空间有限、展示内容更换周期长、展示手段单一、互动性差、与观众沟通交流困难等缺陷。

与实体博物馆相比较，"数字博物馆具有信息实体虚拟化、信息资源数字化、信息传递网络化、信息利用共享化、信息提供智能化、信息展示多样化等特点"。在这里，最为关键的是信息实体虚拟化，即数字博物馆的一切活动，都是对实体博物馆工作职能的虚拟体现，都以实体博物馆为依托，同时又反过来作用于实体博物馆，是对实体博物馆职能的拓展和延伸。

●美国博物馆学会

美国博物馆学会是美国一系列博物馆和研究机构的集合组织。该组织囊括19座博物馆、9座研究中心、美术馆和国家动物园以及1.365亿件艺术品和标本。也是美国唯一一所由美国政府资助、半官方性质的第三部门博物馆机构，同时也拥有世界最大的博物馆系统和研究联合体。管理和经费来源于由美国政府拨款，其他捐助以及自身商店和杂志销售盈利也在其中。该机构大多数设施位于华盛顿特区，此外还有部分设施散布在从纽约到弗吉尼亚州，甚至巴拿马的广阔区域。该机构与1846年成立，资金源于英国科学家詹姆斯·史密森（James Smithson）对美国的遗赠。该机构的诸多博物馆除圣诞节外，全年对公众免费开放。

第二节 我国博物馆的类型划分

中华人民共和国成立以来，博物馆事业有了很大发展，因此，博物馆的划分也有了新的发展：

1. 划分为综合性、纪念性和专门性（也称专题性）三类这是中华人民共和国成立以来，国家统计机关一直使用的分类办法，国家文物局对全国博物馆基本情况的统计也按这种办法进行。这种博物馆分类简单、易行，至今仍然是通常采用的划分博物馆的办法。

2. 从隶属关系按主管部门和领导系统划分

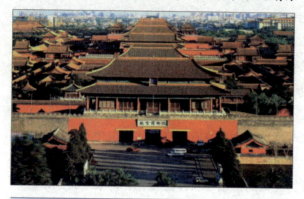

●我国规模最大的文化系统博物馆——北京故宫博物院

我国博物馆一般分为：文化系统博物馆，即国家和省市县博物馆；国家科技系统博物馆，即中国科学院和各地方科委主管的自然博物馆和其他专门博物馆；教育系统博物馆，即大学、专科学校的博物馆；军事系统的博物馆和纪念馆；此外，还有园林管理系统的博物馆，如北京定陵博物馆。民政系统管理的博物馆，如淮海战役纪念馆，南京雨花台烈士陈列馆，其他有关政府部门主管或筹建的博物馆，如煤炭博物馆，邮票博物馆，铁道博物馆，交通博物馆，石油博物馆等。文化系统的博物馆数量最多，到1998年有1289所。规模最大的是北京故宫博物院，中国历史博物馆和中国革命博物馆。地方博物馆占绝大多数，包括省、市、自治区博物馆，地市级博物馆、县级博物馆。

3. 按照博物馆的性质和陈列教育活动内容划分

《中国大百科全书·博物馆》认为，根据中国的实际情况，划分为历史类、艺术类、科学与技术类、综合类这四种类型是适合的。

《北京博物馆年鉴》中将北京近百个博物馆分为社

●我国第一座现代化博物馆——陕西历史博物馆

会历史类、自然科学类和综合类。社会历史类包括：历史类、革命史类、纪念馆类、文化艺术类、民族民俗类。自然科学类包括：自然类、科技类。

一种意见认为我国的革命纪念性博物馆占全国博物馆的四分之一，因此主张把历史类博物馆分成历史和革命史两类。还有的认为遗址类博物馆如秦始皇兵马俑博物馆等，将是今后我国博物馆发展的一个重要方面，应当将其从历史类博物馆中分离出来，自成一个类型。

博物馆类型的划分，是一个需要研究的课题。它既要符合博物馆事业的现实情况，又需适当考虑今后的发展趋势。我国博物馆在类型建设上，要从建设有中国特色社会主义文化的战略出发，充分考虑人口多、民族众多、地域辽阔、经济文化发展不平衡和科学技术迅速发展需求的国情，通盘研究，精心规划，国家投入与社会兴办并举，积极发展多种类型的博物馆。

● 重庆中国三峡博物馆 实施总分馆制的探索与实践

　　2018 年 4 月 16 日，重庆中国三峡博物馆的又一家分馆——重庆师范大学分馆正式挂牌。重庆中国三峡博物馆副馆长唐昌伦与重庆师范大学副校长杨如安分别代表双方签订了总分馆合作共建协议书，并向重庆师范大学博物馆授予了"重庆中国三峡博物馆重庆师范大学分馆"牌。

　　重庆中国三峡博物馆与重庆师范大学的合作共建于 2016 年启动，双方在深入调研座谈基础上达成合作意向。2016 年 4 月 22 日，重庆师范大学校长周泽扬与重庆中国三峡博物馆馆长程武彦签署了共建框架协议。两年来，双方充分发挥各自的资源优势，在人才培养、学科建设等方面开展合作，相关工作得到提升。

　　重庆中国三峡博物馆与重庆师范大学主要从三个方面开展合作共建。一是在人才培养方面加强合作。重庆中国三峡博物馆和重庆师范大学为对方人才培养搭建平台、提供支持。二是在学术研究方面加强合作。整合双方科研力量，系统梳理区域历史文化，开展博物馆学等方面研究，共同推进科研项目等。三是在博物馆运行管理方面加强合作。重庆中国三峡博物馆和重庆师范大学博物馆建立总分馆合作关系，并在教育研究、合作办展等方面开展合作。

第三节 各种各样的博物馆

1. 德国鲁尔工业遗址博物馆

提到工业遗址改造，不得不提的就是德国的鲁尔。它现在已是绝佳的旅游目的地，但鲁尔工业区原本是以煤炭和钢铁为基础、以重化工业见长的重工业区，二战后煤矿和钢铁厂纷纷倒闭，鲁尔工业区逐渐荒废。1989年，鲁尔工业区的复兴计划正式实施，旨在通过景观再设计手段让它重现生机。

鲁尔区位于德国的北莱因－威斯特法伦州，处于莱茵河、鲁尔河、利伯河之间，具有发达的河港口、铁路和公路运输条件。鲁尔区工业历史悠久，在德国的近代工业发展历史中占有重要地位，素有"德国工业的引擎"之称。鲁尔以煤炭开采和钢铁生产为基础，逐渐发展成包括煤炭、钢铁、机械制造、化工、电力等重工业的在德国乃至欧洲最大的工业区。第二次世界大战期间，鲁尔区作为重要的资源生产和加工制造工业区为德国战争机器的运转起到了不可替代的支撑作用，但在战争后期遭到了严重破坏。战后经过重建该地区仍为德国西部最重要的工业基地。进入20世纪50年代中期以后，由于受到世界能源结构的转变和科学技术发展的冲击，鲁尔区传统的采煤和钢铁工业走向衰落，面临着严重的结构性危机。针对这种状况，政府采取了一系列措施推动鲁尔区经济结构的转变和地区复兴。在鲁尔区复兴的各项对策中，工业遗产的保护与再利用在物化地区历史发展进程、彰显工业文化特质以及塑造独特的地区形象等方面发挥了不可替代的作用。

●鲁尔博物馆中实物机械结合幻灯投影与音响效果展示

如今的鲁尔工业区已经摇身一变，成为一个全新的科学公园，不仅保留了炼钢厂、煤渣山等生产旧址，还留出了空旷的大片绿地和湖泊，大大增加了旅游观赏性。工业区内第一家铁器铸造厂的废弃地还建立了一个大型的购物中心，配套建有咖啡馆、酒吧、美食街、各类游乐设施和娱乐中心等。

2. 重庆工业博物馆

重庆工业博物馆，位于重庆市大渡口区，依托重钢原型钢厂部分工业遗存建设而成，由主展馆、"钢魂"馆以及工业遗址公园等室内外公共空间工业展品装置式陈列共同构成。这座新落成的博物馆面积为7500平方米，新建建筑采用的是轻钢框架结构，从而满足在既有老厂

●重庆工业博物馆外景

房混凝土结构柱之间置入新体块的可能。建筑师受到保留下来的层层老结构梁柱穿插在场所的启发，决定打破原有厂房狭长空间的印象，新建建筑采用的是轻钢框架结构，从而满足在既有老厂房混凝土结构柱之间置入新体块的可能。

其中主展馆利用老厂房遗留的柱、梁、基础，采用钢结构体系，成为泛博物馆的主要载体。展馆围绕近代以来重庆工业120多年的发展历程，全面展示了重庆对外开埠后民族工业的振兴，以及重庆工业为中国抗战、国民经济恢复、重庆城市化进程、中国工业化进程做出的巨大贡献。

由 Wallace Liu 建筑设计事务所设计的重庆工业博物馆，是在既有钢铁厂遗留骨架的基础上改建而来的。

重庆工业博物馆主要收集能够反映、记录重庆工业发展各个不同历史阶段的代表性实物。主要包括机器设备、生产产品、文献资料、音像资料、专利技术资料、生产工艺、商标广告、生产生活用具用品等具有标志和典型意义的物质和非物质形态物品。特别是反映重庆近现代工业发展六个历史阶段的有关文物及展品。六个历史阶段分别为：起步时期（1890–1937年）；抗日战争时期（1937–1945年）；国民经济恢复巩固时期（1949–1964年）；三线建设时期（1964–1984年）；改革开放时期（1978–1997年）；直辖市时期（1997年至今）。

3. 贵州梭戛长角苗生态博物馆

梭戛苗族生态博物馆位于贵州省六盘水市六枝特区与织金县的交界处的梭戛乡,海拔 1400—2200 米。梭戛乡面积 120 平方公里,下辖 12 个社区(自然村寨),总人口 5000 余人,距六枝特区政府所在地 40 公里。梭戛生态博物馆是中(国)挪(威)两国元首——江泽民总书记和哈拉尔五世共同签署的文化项目,于 1998 年 10 月 31 日建成开馆。梭戛生态博物馆是亚洲第一座民族文化生态博物馆。

据当地传说,清初吴三桂平定水西宣慰使安坤后,很多依附安氏的苗民四处散逃,躲到织金、郎岱交界森林中,这部分"箐苗"逐渐聚居在梭戛方圆近百公里的地界内,为了哄吓、迷惑林子里的野兽,头上便戴上了奇特的头饰,这种头饰先是在头发中扎上牛角样的木板,然后用麻线、毛线、头发等盘结而成。"头发"重者 2 公斤有余,

●长角苗族发饰

披散下来的长发竟有 3 米,这种头饰今天成了这支苗裔的标志。

陇戛寨位于梭戛乡东北部,是长角苗居住的一个村寨。陇戛民族节日中有特色的是跳花坡、祭树节、祭山节及耗子粑节。由于梭戛乡与外界少有联系,原汁原味的民族文化才得以保存至今,因而备受文博界的青睐,现今,除了这 12 个村寨,周边方圆 50 公里,其他村寨民居建筑格局变化超过了 50%,而陇戛村寨保护区内的民居建筑格局变化小于 15%。在周边村寨,很难看到身穿民族服装的人。在陇戛,不仅仅可以看到身穿民族服装的人,而且仍然可以看到头着传统硕大头饰的妇女。

梭戛苗族社区是一个完整的生态博物馆,资料信息中心则是博物馆的一个信息库,它记录和储存着本社区的文化信息,如通过录音记录下口碑历史,存放相关的文字资料、具有特殊意义的实物、文化遗产登记清单和其他本社区内的遗产等,通过陈列展览向观众介绍即将参观的文化的基本情况,并对观众提出行为要求,这些都通过视听媒介的综合介绍来完成。

1998 年 10 月 31 日，中国第一座生态博物馆——梭戛生态博物馆正式开馆，并对外开放。

4.福州三坊七巷

三坊七巷是国家 5A 级旅游景区，是福州老城区经历了新中国成立后的拆迁建设后仅存下来的一部分。是福州的历史之源、文化之根。它占地约 40 万平方米，由三个坊、七条巷和一条中轴街肆组成，分别是衣锦坊、文儒坊、光禄坊；杨桥巷、郎官巷、塔巷、黄巷、安民巷、宫巷、吉庇巷和南后街，因此自古就被称为"三坊七巷"。

●福州三坊七巷鸟瞰图

三坊七巷起于晋，完善于唐五代，至明清鼎盛，古老的坊巷格局至今基本保留完整，是中国都市仅存的一块"里坊制度活化石"。坊巷内保存有 200 余座古建筑，其中全国重点文物保护单位有 15 处，省、市级文保单位和历史保护建筑数量众多，是一座不可多得的"明清建筑博物馆"。

三坊七巷因地灵而人杰，这里一直是"闽都名人的聚居地"，林则徐、沈葆桢、严复、陈宝琛、林觉民、林旭、冰心、林纾等大量对当时社会乃至中国近现代进程有着重要影响的人物皆出自于此，使得这块热土充满了特殊的人文价值和不散的灵性及才情，成为福州的骄傲。三坊七巷为国内现存规模较大、保护较为完整的历史文化街区，是全国为数不多的古建筑遗存之一，有"中国城市里坊制度活化石"和"中国明清建筑博物馆"的美称。2009 年 6 月 10 日，三坊七巷历史文化街区获得文化部、国家文物局批准的"中国十大历史文化名街"荣誉称号。

5.中国科学技术馆

中国科学技术馆是我国唯一的国家级综合性科技馆，是实施科教兴国战略、人才强国战略和创新驱动发展战略，提高全民科学素质的大型科普基础设施。中国科学技术馆的建设经历 3 次工程。一期工程于 1984 年 11

●中国科学技术馆外景

月 21 日奠基，1988 年 9 月 22 日建成开放；二期工程于 1998 年 2 月 24 日奠基，2000 年 4 月 29 日建成开放；新馆于 2006 年 5 月 9 日奠基，2009 年 9 月 16 日正式开放，建筑面积 10.2 万平方米，其中展览面积 4 万平方米，展教面积 4.88 万平方米。中国科学技术馆新馆位于朝阳区北辰东路 5 号，东临亚运居住区，西濒奥运水系，南依奥运主体育场，北望森林公园。新馆建筑很有特色，整体是一个体量较大的单体正方形，利用若干个积木般的块体相互咬合，使整个建筑呈现出一个巨大的"鲁班锁"，又像一个"魔方"，蕴含着"解锁""探秘"的寓意。

新馆设有"科学乐园""华夏之光""探索与发现""科技与生活""挑战与未来"五大主题展厅、公共空间展示区，常设展览以"创新、和谐"为主题，以激发科学兴趣、启迪科学观念为目的，努力为公众营造从实践中学习科学的情境，通过互动、体验等方式，引导公众进入探索与发现科学的过程。展览展示中国古今重要科技成就及其在经济、社会、文明发展中的作用，展示古代中国文明与世界文明的互动、交融，展示当代中国通过创新促进和谐的科学发展之路；展现自然规律的和谐之美，揭示物质世界的基本运动规律及相互之间的关系，展示人类通过科技创新逐步加深对于自然规律的认识过程；展示在人类发展过程中最能体现科技与经济、社会互动关系和代表未来科技发展方向的内容，揭示科技创新对改变人类生活、推动经济发展、促进社会进步、开拓美好未来的巨大作用；展示与资源、环境、生态和可持续发展问题密切相关的内容，揭示人类、科学、技术、自然之间的相互关系，传播科学的资源观、环境观、生态观。

另外还有球幕影院、巨幕影院、动感影院、4D 影院等四个特效影院，其中球幕影院兼具穹幕电影放映和天象演示两种功能。此外，新馆设有多间实验室、教室、科普报告厅、多功能厅及短期展厅。

中国科技馆以科学教育为主要功能，通过科学性、知识性、互动性相结合的展览展品和参与体验式的教育活动，反映科学原理及技术应用，鼓励公众探索实践，不仅普及科学知识，而且注重传播科学思想、科学方法和科学精神。在开展基于展览的教育活动同时，还组织各种科学实践和培训实验，让观众通过亲身参与，加深对科学与技术的理解和感悟，激发对科学的兴趣和好奇心，在潜移默化中提高科学素质。

2017年3月28日，中国科技馆被国家旅游局、中国科学院推选为"首批中国十大科技旅游基地"。2017年12月，入选教育部第一批全国中小学生研学实践教育基地、营地名单。

6. 自贡恐龙博物馆

自贡恐龙博物馆位于四川省自贡市的东北部，距市中心9千米。自贡恐龙博物馆是在世界著名的"大山铺恐龙化石群遗址"上就地兴建的一座大型遗址类博物馆，也是我国第一座专业恐龙博物馆，世界三大恐龙遗址博物馆之一，自贡联合国教科文组织世界地质公园的核心园区，国家一级博物馆。

● 1981年，省发掘队在大山铺恐龙化石发掘现场系统清理化石的情景之一

博物馆占地面积7万多平方米，馆藏化石标本几乎囊括了距今2.05—1.35亿年前侏罗纪时期所有已知恐龙种类，是目前世界上收藏和展示侏罗纪恐龙化石最多的地方，被美国《国家地理》评价为"世界上最好的恐龙博物馆"。自贡恐龙博物馆内的侏罗纪古生物化石资源极为丰富，化石遗迹众多。尤其以恐龙化石数量丰富、种类众多、埋藏集中、保存完好等特点著称于世，是世界闻名的侏罗纪"恐龙之乡"。化石种类极为丰富。从鱼类、两栖类、爬行类到似哺乳类、哺乳类，是至少由5个纲、11个目、

博学善思

你还知道哪些恐龙的种类？

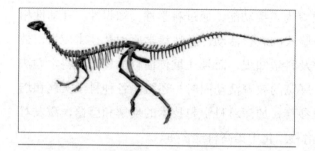

16个科、40余个属种组成的门类齐全的脊椎动物群组合，几乎涵盖了侏罗纪时期所有陆生脊椎动物门类，具有生物演化的系统性和完整性。

● 鸟脚类恐龙

世界上最原始、最完整的剑龙——太白华阳龙

世界上生存时代最晚的迷齿两栖类——扁头中国短头鲵

世界上最完整的小型鸟脚类恐龙——劳氏灵龙

世界上首次发现的蜥脚类恐龙尾锤——蜀龙和峨眉龙尾锤

世界上保存最完整的肉食性恐龙——和平永川龙

世界上首次发现的剑龙皮肤化石——四川巨棘龙皮肤化石

我国发现的首例蜥脚类恐龙皮肤化石——杨氏马门溪龙皮肤化石

馆内有20余个完整而特别珍贵的恐龙及其他脊椎动物头骨，以及恐龙皮肤、恐龙蛋、恐龙足迹、恐龙尾锤、恐龙肩棘等珍贵的化石和遗迹。

博物馆先后荣获"中国旅游胜地四十佳""国家地质公园""国家AAAA级景区""全国青少年科技教育基地"，以及文化部"文化工作先进集体""全国十大陈列精品奖""四川省重点博物馆""20世纪最有代表性的30个中国精品建筑"和"ISO国际环境管理体系认证"等殊荣，是中宣部、科技部命名的全国100个"青少年科技教育基地"之一，"中国古生物科普教育基地""四川省爱国主义教育基地"以及"四川省科普教育基地"。

7. 中国人民抗日战争纪念馆

中国人民抗日战争纪念馆，坐落在北京丰台区卢沟桥畔宛平城内，距市中心约15千米，是全国唯一一座全面反映中国人民抗日战争历史的大型综合性专题纪念馆（截至2014年），是国家一级博物馆、全国优秀爱国主义教育示范基地、全国国防教育基地、全国廉政教育基地、全国百家红色旅游经典景区，是中国抗日战争史学会秘书处所在地、中国博物馆协会纪念馆专业委员会主任委员单位。

中国人民抗日战争纪念馆的文物藏品以1931年至1945年抗日战争时期的各种历史文献和相关实物为主，同时也收藏日本自1874年以来侵略和占领台湾的各类文物，内容涉及军事、政治、经济、文化、社会等诸多历史侧面。截至2014年，馆藏各类文物达两万余件（套），其中一级文物达百余件（套）。

●中国人民抗日战争纪念馆外景

展览以"伟大胜利"为主题，全面再现了中国人民14年浴血抗战的历史画卷。共分八个部分：第一部分——民族危机，救亡兴起；第二部分——国共合作、共赴国难；第三部分——抗战灯塔、中流砥柱；第四部分——日军暴行、惨绝人寰；第五部分——浴血疆场、民族壮歌；第六部分——得道多助、国际支援；第七部分——历史胜利、巨大贡献；第八部分——以史为鉴、面向未来。

2017年12月，中国人民抗日战争纪念馆入选教育部第一批全国中小学生研学实践教育基地、营地名单。2019年2月27日，中国人民抗日战争纪念馆入选第五批全国学雷锋活动示范点名单。

8. 中国民族博物馆

中国民族博物馆是我国唯一的国家级民族博物馆，为国家民族事务委员会直属事业单位，同时接受相关部门的业务指导。于1984年11月开始筹建，1995年5月正式挂牌。中国民族博物馆是为体现党的民族政策，体现"各民族共同团结奋斗、共同繁荣发展"的执政理念，维护祖国统一与民族团结，塑造中华各民族的国家认同，收藏、保护和弘扬少数民族优秀文化遗产而建立的代表国家文化形象的重点公共文化设施。建成后的中国民族博物馆，将成为我国系统收藏和展示多元一体的中华民族形成与发展史的文物中心，成为我国最为权威的少数民族文物收藏、展示、研究、保护中心，成为我国少数民族文化遗产数据信息中心，承担起我国少数民族文博领域高级人才的培养任务，并担负起为相关社会工作提供咨询服务的职责。

●雅灰苗百鸟衣

苗族服饰作为历史符号和文化符号的承载体，被称为"穿在身上的史诗"，具有区别支系、记载历史、传承文化的功能。苗族服饰的款式类型有贯首衣、交襟衣、大襟衣、对襟衣、斜襟衣、琵琶襟衣等，堪称一部活的服装发展史。苗族服饰在各地各有其特点，尤以女服款式复杂多样而著称，不仅省与省、县与县之间有所区别，甚至寨与寨之间，也常有不同。无论是发髻头帕、色彩花样、刺绣织染，乃至于裙长裙短，不同地区的苗族服饰都发展出鲜明的特点。

中国民族博物馆以收藏56个民族的文化遗产为己任，充分尊重文化的差异性，珍视中华民族多元一体的文化价值形象，力求以各民族具有代表性的实物来展现中华民族的悠久历史和绚丽多彩的民族文化。其中尤以黎族文物为重，可以说是目前国内黎族文物收集最为全面、精品最为丰富的博物馆之一。中国民族博物馆致力于民族文化遗产的保护、研究与开发，抢救和征集了一大批民族文物；拍摄了一系列电视专题片及资料照片；多次在国内外举办各类文化展览；撰写、编辑出版了一批专业书籍和相关研究文章。

馆藏文物立足于"中华民族形成史与发展史""中华民族文化多样性""党和国家处理和解决民族问题的历程"三大主题，覆盖56个民族，包含生产生活用具、服装饰品、乐舞器具、宗教器物、工艺美术品、书法绘画等17个类别，较为系统完整地记录和呈现了中华民族悠久的历史与丰富的文化。

第五章 怎么参观博物馆

第一节 参观博物馆前的准备

俗话说"知己知彼，百战不殆"，在参观博物馆前，我们有必要将所要参观的博物馆相关情况调查清楚，如博物馆的地址、到达方式、开放时间、票价、注意事项等基本信息，并做好相应的准备工作。

第一，可以通过博物馆的官网或公众号了解所参观博物馆的开放时间。我国博物馆种类广、数量多，不同博物馆的开放时间千差万别。绝大多数博物馆周一闭馆，但也有的博物馆为与其他博物馆错开闭馆时间，选择其他时间闭馆，例如郑州博物馆和西安博物院是周二闭馆，也有的博物馆全年午休；此外每天开放时间也不一致，大多数博物馆是九点到五点，中午不休息，但也有的市县博物馆中午休息，还有的博物馆是十点到六点，例如深圳博物馆和南山博物馆。查询时可以注意一下博物馆的特殊开放时段。除了之前提到的免费开放时间以外，很多博物馆也会在一周的某天延长开放时间，通常参观人数会比平时少，观展体验更佳。

第二，查询博物馆的简单介绍，了解基本情况。如有几层，几个展区，有哪些常展文物，都是哪些时代与门类，了解一下这些文物的时代背景与门类常识，这样才能更有效地了解文物信息。推荐通过所参观博物馆的官网来了解这方面讯息，许多世界知名博物馆的网上作品介绍都非常详细，不仅包含了作品图片和作者、创作年代、材料、尺寸等基本信息，还提供相关扩展书目和视频。此外还可

> **博学善思**
>
> 查询资料，制订一个五一期间的博物馆参观计划。

●博物馆推荐路线

以在参观常展文物之余，关注临展、讲座和特展。近年来馆际交流很流行，很多临展与讲座都会请外省的文物或专家来，有时候甚至会有多个外省博物馆的文物集合起来办的主题展。

第三，在了解了博物馆的基本信息之后，制定参观路线了。一般来说，博物馆都有官方推荐路线，尤其是世界级的博物馆和美术馆甚至会达到五、六条、上十条，时间、主题不一，可以满足各种参观者的需求。有些路线相当有趣。比如卢浮宫博物馆就有条路线是以吃为主题的，名字叫作"吃的艺术，仪式与象征"(The Art of Eating, Rituals and Symbolism)。喜欢丹·布朗的朋友则一定不要错过路线"达·芬奇密码,虚构与现实之间"(The Da Vinci Code, Between Fiction and Fact)。

第四，要合理预估好参观时间。不同的博物馆，展品数量不同、展厅布置不同、观者感兴趣的领域不同，都会影响到总体参观时间的多少。所以，参观者一定要通过官网信息、百科信息或博物馆现场的导览信息，预估一下自己需要多长时间看完全部展览，哪些展览是自己很感兴趣甚至有研究的需要多预留时间，哪些展览对自己的价值不大可以匆匆略过，这些都需要斟酌。可以尽量赶在早上开馆前去博物馆，一些博物馆推出了早场票，购票者可以比普通参观者提前30分钟到1个小时进入。虽然比正常门票要贵一些,但能够独自享受未被游客大军占领的展馆。绝大多数博物馆3-4个小时观展是足够的。不过，像国博、故宫、辽博这类体量巨大的博物馆，可能需要逛2-3天才能真正参观完。

第五,一些额外的信息也是需要关注的。如票价及证件，是否免费、是否需要出示证件、学生票是否半价；是否允许拍照、是否允许使用闪光灯、是否允许使用三脚架等；馆内的餐饮情况，有些大型博物馆花费时间多，需要计划好用餐的时间。

第二节 参观博物馆的注意事项

1. 科学拍摄

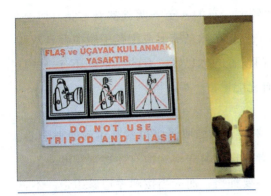

●博物馆禁止使用闪光灯、三脚架标识

大部分博物馆的公开展品，在不用闪光灯、三脚架、自拍杆的情况下是可以拍照的。一般国际间的交流展览或文物等级比较高的展览都会禁止拍照，所以这种情况下，拿眼睛或纸笔纪录是最佳选择。

大多数情况下，禁止用闪光灯，一些娇贵的文物可经不起谁都来"闪"一下。因为每一件艺术品都面临着"光漂白"的威胁。

禁止使用闪光灯是对艺术品在物质层面上的保护，而禁止使用三脚架则是对艺术品知识产权的保护。

故宫博物院规定："按照国际惯例，在展厅请勿使用闪光灯和三脚架拍照。在故宫与其他博物馆合作举办的展览以及特色商品店，因有版权协议，不允许观众拍照展品，请注意警示标志，服从展厅工作人员的管理。"

2. 动眼不动手

博物馆内大多数展品都有一定的保护措施，比如玻璃罩，隔离带，但其中也有一部分是全开放式展示。这就引起观者的好奇心——不由自主想去摸一下，虽然很多纤纤玉手看起来很干净，但手上的油脂和水汽对千百年的文物来说会是致命伤。

除了摸文物，还有一种就是对文物投币，一部分参观者认为，这些文物都是老祖宗留下的，许愿撒钱能给

●不文明参观行为

自己带来好运，所以即使明文规定"禁止投币"，但仍有观众向文物扔钱祈福许愿，此类行为屡禁难止。

3. 休息

很多博物馆的展示面积都比较大，有的甚至一两天都看不完，但是，不管你有多累，也不能坐在展品上。躺在休息椅上或把鞋子脱掉释放双脚也不合适。一般博物馆都会有专门设置的休息区，有的休息区还有一些点心和热水供应，休息的时候适当补充能量，一举两得。

4. 文明参观

参观博物馆时应保持安静，不要大声喧哗。听讲解员讲解时要专心，不要出言不逊，妄加评论。参观者应自觉遵守博物馆有关规章制度，不要一边参观一边吃零食。人多时，不要拥挤，而应当按顺序边看边走。不宜在一件展品前长时间驻足，以免影响他人欣赏。超越他人时要讲礼貌，注意不要从他人面前经过，以免妨碍他人观赏，而应当从其身后走过。如果必须从他人面前经过，则应说："对不起，请让我过一下。"

史海博览

● 被炸毁的巴米扬大佛

巴米扬大佛，英文名（Bamyan/Bamian）位于阿富汗巴米扬省巴米扬市境内，深藏在阿富汗巴米扬山谷的巴米扬石窟中，被联合国教科文组织列为世界文化遗产。在巴米扬石窟群中有两座大佛，一尊凿于5世纪，高53米，着红色袈裟，俗称"西大佛"；一尊凿于1世纪，高37米，身披蓝色袈裟，俗称"东大佛"。两尊大佛相距400米，远远望去十分地醒目。佛像脸部和双手均涂有金色。两佛像的两侧均有暗洞，洞高数十米，可拾级而上，直达佛顶，其上平台处可站立百余人。中国晋代高僧法显和唐代玄奘都曾瞻仰过宏伟庄严的巴米扬大佛。巴米扬大佛历尽沧桑，至今已有1500多年的历史，曾经历3次劫难。2001年3月12日，大佛遭到塔利班政权的残酷轰炸，已面目全非。

第六章 博物馆学的基础知识有哪些

第一节 什么是博物馆学

日本《大百科事典》认为："博物馆学是明确博物馆本质，科学地研究博物馆的真正目的及实现的方法，使得博物馆正确发展的学问。"

荷兰博物馆学者彼得·门施提出："博物馆学是包括关于管理和使用文化和自然遗产在内的理论和实践的完整复合。"

美国爱达荷大学博物馆学研究室主任艾利斯·G·博尔考教授认为："博物馆学是有关博物馆制度、历史、演进，现在的地位和将来发展，以及博物馆对社会的独特责任的研究。"

苏联《苏联大百科全书》认为："博物馆学是研究博物馆产生，研究它的社会职能，以及研究博物馆事业的理论和工作方法问题的科学。"

国际博物馆协会对博物馆学的定义是："博物馆学是一种对博物馆的历史和背景、博物馆在社会中的作用，博物馆的研究、保护、教育和组织，博物馆与自然环境的关系以及对不同博物馆进行分类的研究。"

《中国大百科全书·博物馆卷》提出："博物馆学是研究博物馆的性质、特征、社会功能、实现方法、组织管理和博物馆事业发展规律的科学。"目前，这是我国大多数博物馆学研究者的共识。一般而言，博物馆学应该既研究微观的博物馆系统，又研究宏观的博物馆事业，但其中微观的博物馆系统是博物馆学研究的核心。

博物馆学的研究对象是保存、研究和利用自然标本与人类文化遗存，以进行社会教育的理论和实践，包括博物馆事业发生、发展的历史及其与社会的关系，也包括博物馆社会功能的演进、内部机制的运营和相互作用的规律。

而博物馆学的研究内容是由它的研究对象决定的。主要包括两个方面：一是研究博物馆藏品、陈列、观众以及各项工作及相互关系，博物馆事业建设各个方面以及各级各类博物馆之间的关系等；二是研究博物馆与社会公众，以及社会经济、政治、文化教育、科学技术发展的关系。只有既从博物馆的内部联系，又从博物馆的外部联系；既从博物馆的历史演进，又从其未来的发展趋向，全面地历史地探讨其客观规律性，才能形成比较完整的博物馆学体系。

第二节 博物馆学的历史

博物馆学是西方近代社会的产物。自英国人杰·格拉瑟 1885 年正式使用博物馆学（Museology）这一术语，迄今已有一百多年的历史。

博物馆学和许多学科一样是从描述开始的。博物馆志(Museogrophy)一词在西方语言中的出现早于博物馆学（Museology）。17 世纪出版了一批博物馆藏品目录，其中最著名的是 1656 年在伦敦出版的《特拉德斯坎特博物馆目录》。1727 年第一部以博物馆方法学命名的著作在莱比锡出版，作者是 C.D.F. 尼克利乌斯。该书主要探讨藏品的分类、管理和补充来源。他认为博物馆应该根据便于学习的原则展出藏品，自然标本必须与人工制品分开，自然标本应从人体解剖开始，人工制品则应按时间顺序排列。1837 年 G.F. 克莱姆发表了第一部关于博物馆史的论著《论德国科学和艺术藏品的历史》。19 世纪中叶，随着博物馆事业的发展，博物馆的社会教育功能越来越受到人们的注意。美国史密森学会的第一任会长 J. 亨利十分注意博物馆普及科学知识的功能。在他的影响下，G.B. 古德于 1888 年起发表了《博物馆历史和历史博物馆》《未来的博物馆》和《博物馆管理原则》，系统地论述了博物馆在传播科学知识、提高人们知识水平、促进社会进步等方面所具有的重要作用。

1904 年英国博物馆学者 D. 默里发表了三卷本的《博物馆的历史及其利用》，系统地论述了欧洲博物馆的历史和现状，肯定了博物馆传播知识、普及教育、娱乐公众的功能，也强调了为研究服务的作用。

20 世纪 30 年代博物馆学研究进一步发展。1934 年国际博物馆事务局出版了两卷本《博物馆学》，并很快被译成多种文字，促进了各国博物馆学的研究。博物馆在普及教育、传播文化方面的作用，日益得到普遍重视。T.R.亚当姆的《博物馆的公民价值》《博物馆与大众文化》和 G.F.拉姆齐的《美国博物馆的教育工作》是这方面的重要著作。

第二次世界大战后，博物馆学研究进入新的发展时期，取得了新的研究成果。苏联和东欧国家的博物馆学研究有了显着的进展，以辩证唯物主义的理论，建立了自己的博物馆学体系。1955 年出版的《苏联博物馆学基础》总结了十月革命以来社会主义国家博物馆事业的经验，在东欧国家和中国有较大影响。在前德意志民主共和国，1958 年出版了 H.A.克诺尔的《地方文化与历史博物馆的登录工作与藏品》，《新博物馆》杂志也于同年创刊。近年来，又有 K.施莱纳博士的《博物馆学概论》(1982)、《博物馆领域史》(1983)、《博物馆学基础》(1984) 等著作陆续出版，提出了博物馆物质、博物馆实物、博物馆领域等概念，使以藏品学为核心的博物馆学体系得到进一步发展。

在西欧、北美和日本也有许多重要的博物馆学研究成果问世。A.S.维特林的《博物馆：它的历史及其教育任务》一书，对于收藏活动和博物馆的起源、博物馆发展的各个历史阶段、各种类型博物馆、博物馆在教育中的作用等都有较全面的论述。法国 G.巴赞的《博物馆时代》是继维特林之后的一部重要博物馆史著作。1969 年纽约出版的《神圣的园林：博物馆论文集》作者是美国著名博物馆学家、史密森学会会长 S.D.里普利。此书探索了博物馆的起源和发展，分析了博物馆的现状，并有专门篇章讨论博物馆的未来。1970 年在前联邦德国出版的论文集《未来的博物馆》，在美国出版的维特林新着《寻求有用的未来博物馆》以及 1972 年在纽约出版的《危机中的博物馆》等著作，着重探讨了当代博物馆面临的种种问题，强调博物馆应该为大多数公众服务的思想。英国 K.赫德森的《八十年代的博物馆》以及其他著作则对新技术革命的到来与博物馆面临的新任务进行了探讨。在日本，继棚桥源太郎之后，鹤田总一郎、仓田公裕等人都对博物馆学的研究做出了贡献。

1946 年国际博物馆协会成立以来，一直致力于促进博物馆学的发展。历次大会和各专业委员会均以博物馆事业和博物馆学所面临的重大问题为会议讨论的中心。国际博协 1974 年哥本哈根大会的议题是"博物馆与现代世界"。1977 年莫斯科大会讨论了"博物馆与文化交流"。1980 年墨西哥大会以"博物馆对世界文化遗产的职责"为题,1983 年伦敦大会探讨的是"博物馆如何适应发展中的世界",1986 年布宜诺斯艾利斯大会则着重讨论了博物馆专业人员的职业道德规范和发展中国家的博物馆在保存和发扬民族文化遗产中的作用。1989 年荷兰海牙大会的讨论主题是"博物馆:文化的创造与传播者"。1992 年国际博协大会在加拿大魁北克召开,主题是"博物馆:重新界定的反思"。1995 年挪威斯塔万格大会的主题是"博物馆和社区"。国际博协于 1998 年 10 月在澳大利亚墨尔本举行了第 19 次大会,考虑到我们今天所生活的世界正在发生着剧烈的变革,大会的主题是:"博物馆与文化多元性:古老的文化,崭新的世界"。国际博协所属的国际博物馆学委员会自 1977 年成立以来,举行过多次学术会议,先后讨论了"博物馆科学研究的可能性与局限性""博物馆的生态学与社会活动""博物馆学的分类与系统""博物馆学的专业培训"等问题,为发展普通博物馆学做了不懈的努力。每年的世界博物馆日也都提出了很有针对性和启发性的主题,如"为明天而收集今天""与非法贩运文物作斗争"等,以促进博物馆学研究和博物馆事业的发展。

第三节 博物馆学与其他学科的关系

博物馆学与教育学、心理学、管理等学科的关系非常密切。毫无疑问,随着各种不同类型博物馆的发展,以及新的学科的出现,这种关系将会更进一步发展。

1. 博物馆学与教育学

教育学是研究教育现象,揭示教育规律的科学。博物馆是社会文化教育机构,向广大观众进行科学文化知识教育,进行思想道德教育,是博物馆的主要任务之一。为了卓有成效地开展教育工作,就必须研究博物馆教育的内容、方法,组织形式,教育工作者的训练与培养,以及教育与人的关系。而这种研究则要依据教育学的理论与方法。这样博物馆学与教育学就发生了联系。在许多问题上,两门学科都要进行研究,只是研究的角度和侧重点不同。随着博物馆社会教育功能的加强,博物馆学与教育学的关系将愈来愈紧密。

2. 博物馆学与心理学

心理学是一门研究人的心理规律的科学。心理学既研究人们的感觉、想象、动机、意志（支配行动的内心活动）等心理过程，也研究诸如兴趣、习惯、能力、气质、性格等个性心理特征。博物馆学研究博物馆的观众，根本说来就是要解决如何以自己独特的方式、方法吸引观众感染观众的问题。这就需要运用心理学的理论与方法分析各种不同观众的心理状态，剖析观众的心理特征和实质，探讨影响观众的心理性因素，以便使博物馆工作更加符合观众心理活动的客观规律，最大限度地收到理想的社会效果。不同地区、不同类型的博物馆，观众状况也不同，工作方式也会有所区别。儿童心理学、教育心理学、艺术心理学等，都可以在博物馆学观众研究工作上作为借鉴，逐步建立博物馆观众心理学。

3. 博物馆学与社会学

社会学研究的范围很广，它是研究社会现象和人们社会行为规律的科学。从社会学角度研究博物馆，其中主要应研究人们是什么思想支配下参观博物馆的，这种思想是怎样产生的，与其本人的其他社会行为有什么内在的必然联系等。而博物馆学研究博物馆的社会职能，其中一个主要方面，就是要研究博物馆这种社会现象，是怎样对人们发生作用的，它的社会地位如何。这样，博物馆学与社会学就有了一个交接点，由此也就产生了一个新的研究领域——博物馆社会学。日本的博物馆学家就主张把博物馆社会学列为博物馆学重要的分支学科之一。

4. 博物馆学与目录学

目录学是研究目录形成和发展一般规律的科学。卷帙浩繁的图书文献，只有通过编制目录的工作，进行鉴别、着录、介绍和评论，才能将有关文献的信息揭示并传递给读者。这一程序与博物馆藏品的科学研究工作，在一定意义上是相同的。博物馆的藏品编目，与图书编目基本原理一样。因此，博物馆学应该不断吸取目录学的研究成果，使博物馆藏品编目工作更加科学化。

5. 博物馆学与管理学

管理学是研究管理活动的理论、方法和规律的一门科学。社会系统的各部门为了发挥最高的效率，必须讲究管理科学，博物馆也不例外。博物馆学要研究博物馆的管理体制、组织机构、人员组成、职责及其活动方式，研究博物馆的管理目标、管理过程、原则和方法，就要运用管理学的知识和理论。博物馆管理学也可说是博物馆学与管理科学之间边缘性的分支学科。

6. 博物馆学与人才学

人才学是研究人才成长和人才培养规律的一门科学。它既研究人才成长的内在因素和规律，又研究人才辈出的社会因素和规律。博物馆担负着促进社会培养人才成长的任务，同时博物馆本身也需要大批不同类型、不同层次的专门人才。如何扩大和加强博物馆人员队伍的建设，如何任用、考核、管理在职博物馆工作者，这些都是博物馆学应该深入具体研究的课题。这方面需要引入人才学的理论和方法，而博物馆学的研究成果也可以直接丰富人才学的内容。

7. 博物馆学与公共关系学

公共关系学是研究一个组织如何在社会公众中建立了解和信赖，树立良好的形象和信誉，以取得理解、支持和合作达成组织既定目标的科学。博物馆作为一种社会公益机构，始终必须与社会公众保持良好关系，它的需求和利益必须与其交往的各种公众的需求和利益结合起来，这就要借鉴和运用公共关系学的理论和知识，按照公共关系学有关公关工作的要求，发挥其公众性、交流性与传播性、协调性和服务性以及预见性和公正性的特点，努力发展有特色的博物馆公共关系学。

除了以上相关学科外，博物馆学与美学、经济学、未来学、情报学等也有关系，与数学、物理学、化学、微生物学、光学、电子学、环境保护学和建筑学等自然科学也有关系。特别是某些自然科学学科对认识和解决藏品保存、保护中的某些技术问题有着重要作用。随着科学技术的飞速发展，先进的科学技术被日益广泛地引进博物馆各项工作中来，更使博物馆学与自然科学的关系日趋密切。

不难理解，博物馆学不是孤立的封闭领域，而是整个科学体系中的一个组成部分。它与其他学科相联系，需要不断吸收其他学科的知识和成果，促进自己的发展。同时也以自己的研究成果，在某些方面给予其他学科以启示，并向其他学科提出新的课题。博物馆学与其他学科的相互依存，相互作用，互为补充的关系为丰富和发展博物馆学创造了有利条件。

第四节 博物馆学的发展

现代社会的迅速发展，博物馆所处的社会环境不断变化，公众对博物馆功能也不断提出新的要求，因而博物馆学的研究内容不断扩展，对博物馆学的总体认识也不断深化，出现了许多新的研究趋向。

1. "以人为本"为宗旨，人与物相结合，以"有助于人的发展和愉悦"为重要任务，参与社会，服务社会。

这是 21 世纪初期博物馆和博物馆学重要的发展趋向。这也是 2001 年 7 月 1 日将在西班牙巴塞罗那举行的第 19 次国际博协（ICOM）全体会议和第 20 届国际博协全体大会讨论的重要内容。大会讨论的主题则是"管理变革：博物馆面临着经济与社会挑战"。

国际博协主席雅克·佩罗特（Jacques Perot）指出："当代的经济和社会问题影响着每个博物馆和博物馆工作人员。近年来，博物馆已越来越快地触及这些新的问题，新的财政政策，新的管理手段，对信息使用、网页和电子商务的新认识，都已成为许多博物馆每天必须注意的问题。""博物馆在长期发展过程中，其组织形式和管理体制已发生了变化，博物馆所处的社会也发生了变化，国际博协成员都应认识到，博物馆须置身于变化和多元的世界中，同时也应保持自身特性。"

当今世界，经济全球化、政治多极化、文化多元化已成为发展的大趋势。各国都非常重视教育和文化对人类生存的重要作用。因此，博物馆应以"以人为本"为宗旨，应将有助于人的发展和愉悦作为主要任务，坚持为社会和社会发展服务，适应这些新变化，利用科学和技术的新成果。

"以人为本""人与物相结合""有助于人的发展和愉悦"将是重要的发展趋向。与此同时，经费短缺已日益成为世界博物馆的普遍性问题。因此，博物馆必须改革经营管理，争取社会公众支持，增加资金收入，否则难以为继。博物馆这种不以赢利为目的的社会公益性文化教育事业，既是为了服务社会和社会发展而兴办，又需要依靠社会支持才能办下去。这种社会支持，既有社会各界公众的资助，也必须有来自纳税人的国家财政投入。当然，博物馆也必须锐意改革在争取更大社会效益的同时，努力扩大经济效益，以谋求自身的生存和发展。

2. 博物馆信息化的发展与信息博物馆学形成问世

随着电子技术的发展和在信息传播中的应用，早在20世纪50年代，信息论美学率先在法国出现。20世纪70年代以来，信息社会学、信息经济学相继出现于欧美和日本。20世纪80年代以来，博物馆信息化的进程已日益发展起来。

博物馆信息化，是指博物馆工作的各个部门和各项职能都能够利用电脑作为日常工具，并且构成一个以藏品信息数据库为核心的网络平台。博物馆信息化应该涵盖保管、研究、陈列、教育和行政管理等博物馆工作的各个方面。从信息技术的角度看，至少包涵信息管理、自动化系统和知识工程等三大门类。

●信息技术为博物馆带来的改变

现在，我国已将"国民经济与社会信息化"列入"十五计划"，即将有步骤的全面起动，博物馆信息化也将相应发展。因此，可以预见，随着各国博物馆信息化的发展，一门全新的博物馆学分支学科——信息博物馆学将在进入21世纪后不太远的年代形成；信息博物馆学的形成又将进一步推动博物馆信息化的发展。

3. 生态博物馆和新博物馆学运动继续在探索中前进

生态博物馆是博物馆中的一个新的类型。它是在人类社会现代环境意识与现代生态意识不断觉醒的背景下产生的。1971年国际博协第9次大会在法国举行期间，国际博协领导人乔治·亨利·里维埃谈到博物馆发展的新趋向时，第一次使用了"生态博物馆"（Ecomuseum）这个名词。此后，环境科学的系统性、整体性原则被引入到博物馆，从而在法国诞生了"法国地方天然公园""克勒索蒙特索矿区生态博物馆"等第一批生态博物馆。

生态博物馆在空间上、时间上、人与自然的关系上、管理人员上，都与以往一般的博物馆不同。生态博物馆是由地方当局和居民共同筹划、建造和运作的设施。地方当局负责提供专家、设备和资金，而当地人民则依靠他们自己的意愿、知识和个人力量推动工作。所以生态博物馆是地方人民关注自己的一面镜子，以寻求把他们祖祖辈辈在各个生态领域的成就进行展示并做出解释。它也是当地居民让参观者拿着的一面镜子，以便更好地了解当地的产业、生活习惯和共同崇敬的事物。

"新博物馆学"运动实际是博物馆学中的一个学派。这个学派于1972年在智利首都圣地亚哥宣布成立，经过10多年的努力，其学术思想和社会实践逐渐充实。1984年"新博物馆学"运动在加拿大发表了《魁北克宣言》，公布了它的思想原则和组织原则。它的思想内容主要有：扩大博物馆功能，协调人类与自然环境的生态关系；深入社会为社区和特定的群体服务，社区居民是博物馆的主人；把历史与未来衔接起来，使博物馆能反映社会的演变。与此同时国际上反对文化一体化、弘扬民族文化的呼声汇合成文化多元化的潮流。一些国家在这个学派的影响下，促进了生态博物馆、社区博物馆、邻里博物馆、民族地区博物馆的出现。新博物馆学运动的思想原则也丰富了生态等博物馆的思想和实践，推动了生态博物馆社区化和大众化进程。

生态博物馆和新博物馆运动都是20世纪最后二三十年出现的富有创新精神的实践，这种实践也带有试验的性质，在新的世纪中它将继续在探索中前进。

4. 关于博物馆学的学科建设

前国际博物馆学委员会主席、瑞士博物馆学者马丁·施尔对博物馆学学科建设问题指出："博物馆学要成为一个学科必须使博物馆这个专业群体接受博物馆学，并且，当前最重要的是博物馆学应在大学中有一席之地，要有人去研究它。"他还进一步指出：作为科学，首先要有专业语汇体系，第二要有逻辑体系，第三要有学科独立性或称排他性。谈到排他性，可以说博物馆学是具有排他性。博物馆学研究的是人与物的关系，而考古学主要是研究遗产的时代；社会学主要研究社会整体而很难接触个体；传播学只是传播不牵扯保护；博物馆学则研究人与物的整体。

在我国博物馆学是一门新兴学科，面临着学科建设的繁重任务。当前，随着我国社会主义市场经济体制的确立和发展，"科教兴国"战略的提出，博物馆在逐步适应市场经济的过程中，出现了许多新情况、新问题，同时在深化博物馆体制改革中,也积累了新的经验。对此,博物馆学要及时加以总结,促使不断发展的博物馆事业更加充满活力。

所以,我国博物馆学研究的任务是在马克思主义的指导下,加强博物馆学基础理论研究,从我国国情出发,密切结合实际,吸收外国博物馆学研究的最新成果,提高本学科的研究水平与质量。在完善普通博物馆学的基础上,适应知识经济时代的需要,大力开展专门博物馆学的研究,革新与发展博物馆学,建立完整的、具有中国特色的博物馆学体系。这是我国博物馆学研究者的光荣任务和奋斗目标。

第五节 博物馆学相关词汇术语

新博物馆学运动:"新博物馆学"运动实际是博物馆学中的一个学派。这个学派于 1972 年在智利首都圣地亚哥宣布成立,经过 10 多年的努力,其学术思想和社会实践逐渐充实。1984 年"新博物馆学"运动在加拿大发表了《魁北克宣言》,公布了它的思想原则和组织原则。它的思想内容主要有:扩大博物馆功能;博物馆与教育的结合;协调人类与自然环境的生态关系;深入社会为社区和特定的群体服务;衔接历史与未来,使博物馆能反映社会的演变。该运动促进了生态博物馆、社区博物馆、邻里博物馆、民族地区博物馆的出现,丰富了生态等博物馆的思想和实践,推动了生态博物馆社区化和大众化进程。

国际博物馆协会:国际博物馆协会(International Council of Museums)是博物馆的国际学术组织。1946 年 11 月,由美国博物馆协会会长 C·J·哈姆林倡议创立。总部设在法国巴黎联合国教科文组织内。1947年 10 月,国际博物馆协会和联合国教科文组织签订了《关于两组织之间进行合作的途径和方法》的协定。从此,国际博物馆协会成为执行联合国教科文组织发展博物馆事业规划的合作者,并逐渐成为联合国教科文组织中活跃的组织之一。

国际博物馆日:国际博物馆日定于每年的 5 月 18 日,是由国际博物馆协会(ICOM)发起并创立的。1977 年国际博物馆协会为促进全球博物馆事业的健康发展,吸引全社会公众对博物馆事业的了解、参与和关注,向全世界宣告 1977 年 5 月 18 日为第一个国际博物馆日,并每年为国际博物馆

博学善思

你还知道哪些博物馆日的主题？

日确定活动主题。2016 年国际博物馆主题是：博物馆与文化景观。这一天世界各地博物馆都将举办各种宣传、纪念活动，庆祝自己的节日，让更多的人了解博物馆，更好地发挥博物馆的社会功能。

2020 年博物馆日的主题是："致力于平等的博物馆：多元和包容"(Museums for equality：Diversity and Inclusion)。国际博协官方还为此做了主题阐释，译文如下：

在为不同身世和背景的人们创造有意义的体验方面的潜力，是各博物馆社会价值的中心。作为变革的推动者和被信赖的机构，博物馆从未像今天这样以建设性的姿态参与现代社会政治、社会、文化议题，以此展示其与社会的紧密联系。在日趋极端化的环境下，多元与包容面临挑战和各种社会问题的复杂性，虽不是博物馆和文化机构所独有的，却因为社会对博物馆的高度重视而显得尤为重要。

公众对社会变革日益增长的期望，催生了一场围绕博物馆服务社会利益的潜力的对话。这场对话通过展览、会议、演出、教育项目及倡议的形式呈现出来。然而，博物馆在克服某些有意或无意的权利机制方面还有大量工作要做，这些权力机制在博物馆与观众中制造了不平等，反映在种族、性别、性倾向、社会经济背景、受教育程度、健康状况、政治派别和宗教信仰等诸多方面的问题。

博物馆信息化：博物馆信息化，是指现行的博物馆工作的各个部门和一切职能都能够利用电脑成为日常工具，并且构成一个以藏品信息数据库为核心的一个网络平台。

博物馆信息化应该涵盖收藏保管、研究、陈列、教育和行政管理等博物馆工作的各个方面。从信息技术的角度，可以大致分成信息管理、自动化系统、知识工程等三大门类。博物馆信息管理就是数据库和通用网络平台的建设。这是博物馆信息化的基本内容。此外，博物馆信息化还应该包含相应的电子化出版工作。最后，在上述博物馆信息化的基础上，升华成为一个全方位的数值化博物馆。

博物馆信息化是与博物馆的现代化互为表里的一个渐进，乃至无穷的过程。它需要不断的完善和更新以及坚持不懈的长期努力。

●非物质文化遗产：川剧

文化遗产：包括物质文化遗产和非物质文化遗产。物质文化遗产主要是指具有历史、艺术和科学价值的文物，包括不可移动文物和可移动文物。不可移动文物包括古文化遗址、古墓葬、古建筑、石窟寺、石刻、壁画、近现代重要史迹和代表性建筑等。可移动文物指馆藏文物（可收藏文物），即历史上各时代重要实物、艺术品、文献、手稿、图书资料、代表性实物等，分为珍贵文物和一般文物。非物质文化遗产是指各种以非物质形态存在的、与群众生活密切相关且世代相承的传统文化。包括：口头传说和表述，包括作为非物质文化遗产媒介的语言；表演艺术；社会风俗、礼仪、节庆；有关自然界和宇宙的知识及实践；传统的手工艺技能。

故宫文物修复技艺：故宫内保存的传统文物修复技艺，包括古书画装裱修复、青铜器的修复与复制、古书画的临摹复制、木器类文物的修复复制、纺织品类文物修复、漆器类文物修复、

●古画修复专家杨泽华

百宝镶嵌类文物修复、古钟表文物修复、文物囊匣的制作与修复以及古陶瓷的修复技术等。其中，古字画的装裱修复技艺、古书画的临摹复制技艺、青铜器的修复和复制技艺这三项技艺已先后被列入了国家级的非物质文化遗产。

博物馆科学研究：我国博物馆既是文物标本的主要收藏机构和社会教育机构，也是科学研究机构。博物馆不仅为国家收藏宝贵的科学文化财富，并通过举办陈列展览等活动，向社会公众传播科学文化知识进行社会教育与服务，同时，它还承担有科学研究的任务。博物馆的科学研究任务包含着两个方面：

博物馆本身的科学研究，首先要结合各项工作的需要，研究博物馆学，研究本馆藏品，同时，也要研究与本馆性质、任务有关的学科。

为社会上有关学科的研究工作提供以实物为主的资料、信息和咨询。

博物馆管理：博物馆的管理，是博物馆事业中一个十分重要的问题。管理水平如何，一定程度上决定着博物馆工作的优劣和事业发展前景。许多事实证明，一个博物馆虽然具备优越的人员、藏品、建筑、设备和经费等条件，如果管理水平较低，也很难做出应有的贡献，使博物馆事业得到应有的发展。因此科学有效的管理是博物馆事业发展的关键所在。离开了这种管理，博物馆的基本职能就很难充分实现。

博物馆管理的任务，一般来说，主要包括两个方向：

以全国或一个省（自治区、直辖市）为范围，进行博物馆事业的宏观规划和管理；

从一个博物馆的性质、任务、现状和发展前景出发，进行单体博物馆的工作和事业发展的管理。

第七章 《博物馆条例》

第一章 总 则

第一条 为了促进博物馆事业发展，发挥博物馆功能，满足公民精神文化需求，提高公民思想道德和科学文化素质，制定本条例。

第二条 本条例所称博物馆，是指以教育、研究和欣赏为目的，收藏、保护并向公众展示人类活动和自然环境的见证物，经登记管理机关依法登记的非营利组织。

博物馆包括国有博物馆和非国有博物馆。利用或者主要利用国有资产设立的博物馆为国有博物馆；利用或者主要利用非国有资产设立的博物馆为非国有博物馆。

国家在博物馆的设立条件、提供社会服务、规范管理、专业技术职称评定、财税扶持政策等方面，公平对待国有和非国有博物馆。

第三条 博物馆开展社会服务应当坚持为人民服务、为社会主义服务的方向和贴近实际、贴近生活、贴近群众的原则，丰富人民群众精神文化生活。

第四条 国家制定博物馆事业发展规划，完善博物馆体系。

国家鼓励企业、事业单位、社会团体和公民等社会力量依法设立博物馆。

第五条 国有博物馆的正常运行经费列入本级财政预算；非国有博物馆的举办者应当保障博物馆的正常运行经费。

国家鼓励设立公益性基金为博物馆提供经费，鼓励博物馆多渠道筹措资金促进自身发展。

第六条 博物馆依法享受税收优惠。

依法设立博物馆或者向博物馆提供捐赠的，按照国家有关规定享受税收优惠。

第七条　国家文物主管部门负责全国博物馆监督管理工作。国务院其他有关部门在各自职责范围内负责有关的博物馆管理工作。

县级以上地方人民政府文物主管部门负责本行政区域的博物馆监督管理工作。县级以上地方人民政府其他有关部门在各自职责范围内负责本行政区域内有关的博物馆管理工作。

第八条　博物馆行业组织应当依法制定行业自律规范，维护会员的合法权益，指导、监督会员的业务活动，促进博物馆事业健康发展。

第九条　对为博物馆事业做出突出贡献的组织或者个人，按照国家有关规定给予表彰、奖励。

第二章　博物馆的设立、变更与终止

第十条　设立博物馆，应当具备下列条件：

（一）固定的馆址以及符合国家规定的展室、藏品保管场所；

（二）相应数量的藏品以及必要的研究资料，并能够形成陈列展览体系；

（三）与其规模和功能相适应的专业技术人员；

（四）必要的办馆资金和稳定的运行经费来源；

（五）确保观众人身安全的设施、制度及应急预案。

博物馆馆舍建设应当坚持新建馆舍和改造现有建筑相结合，鼓励利用名人故居、工业遗产等作为博物馆馆舍。新建、改建馆舍应当提高藏品展陈和保管面积占总面积的比重。

第十一条　设立博物馆，应当制定章程。博物馆章程应当包括下列事项：

（一）博物馆名称、馆址；

（二）办馆宗旨及业务范围；

（三）组织管理制度，包括理事会或者其他形式决策机构的产生办法、人员构成、任期、议事规则等；

（四）藏品展示、保护、管理、处置的规则；

（五）资产管理和使用规则；

（六）章程修改程序；

（七）终止程序和终止后资产的处理；

（八）其他需要由章程规定的事项。

第十二条　国有博物馆的设立、变更、终止依照有关事业单位登记管理法律、行政法规的规定办理，并应当向馆址所在地省、自治区、直辖市人民政府文物主管部门备案。

第十三条　藏品属于古生物化石的博物馆，其设立、变更、终止应当遵守有关古生物化石保护法律、行政法规的规定，并向馆址所在地省、自治区、直辖市人民政府文物主管部门备案。

第十四条　设立藏品不属于古生物化石的非国有博物馆的，应当向馆址所在地省、自治区、直辖市人民政府文物主管部门备案，并提交下列材料：

（一）博物馆章程草案；

（二）馆舍所有权或者使用权证明，展室和藏品保管场所的环境条件符合藏品展示、保护、管理需要的论证材料；

（三）藏品目录、藏品概述及藏品合法来源说明；

（四）出资证明或者验资报告；

（五）专业技术人员和管理人员的基本情况；

（六）陈列展览方案。

第十五条　设立藏品不属于古生物化石的非国有博物馆的，应当到有关登记管理机关依法办理法人登记手续。

前款规定的非国有博物馆变更、终止的，应当到有关登记管理机关依法办理变更登记、注销登记，并向馆址所在地省、自治区、直辖市人民政府文物主管部门备案。

第十六条　省、自治区、直辖市人民政府文物主管部门应当及时公布本行政区域内已备案的博物馆名称、地址、联系方式、主要藏品等信息。

第三章　博物馆管理

第十七条　博物馆应当完善法人治理结构，建立健全有关组织管理制度。

第十八条　博物馆专业技术人员按照国家有关规定评定专业技术职称。

第十九条　博物馆依法管理和使用的资产，任何组织或者个人不得侵占。博物馆不得从事文物等藏品的商业经营活动。博物馆从事其他商业经营活动，不得违反办馆宗旨，不得损害观众利益。博物馆从事其他商业经营活动的具体办法由国家文物主管部门制定。

第二十条　博物馆接受捐赠的，应当遵守有关法律、行政法规的规定。

博物馆可以依法以举办者或者捐赠者的姓名、名称命名博物馆的馆舍或者其他设施；非国有博物馆还可以依法以举办者或者捐赠者的姓名、名称作为博物馆馆名。

第二十一条　博物馆可以通过购买、接受捐赠、依法交换等法律、行政法规规定的方式取得藏品，不得取得来源不明或者来源不合法的藏品。

第二十二条　博物馆应当建立藏品账目及档案。藏品属于文物的，应当区分文物等级，单独设置文物档案，建立严格的管理制度，并报文物主管部门备案。

未依照前款规定建账、建档的藏品，不得交换或者出借。

第二十三条　博物馆法定代表人对藏品安全负责。

博物馆法定代表人、藏品管理人员离任前，应当办结藏品移交手续。

第二十四条　博物馆应当加强对藏品的安全管理，定期对保障藏品安全的设备、设施进行检查、维护，保证其正常运行。对珍贵藏品和易损藏品应当设立专库或者专用设备保存，并由专人负责保管。

第二十五条　博物馆藏品属于国有文物、非国有文物中的珍贵文物和国家规定禁止出境的其他文物的，不得出境，不得转让、出租、质押给外国人。

国有博物馆藏品属于文物的，不得赠与、出租或者出售给其他单位和个人。

第二十六条　博物馆终止的，应当依照有关非营利组织法律、行政法规的规定处理藏品；藏品属于国家禁止买卖的文物的，应当依照有关文物保护法律、行政法规的规定处理。

第二十七条　博物馆藏品属于文物或者古生物化石的，其取得、保护、管理、展示、处置、进出境等还应当分别遵守有关文物保护、古生物化石保护的法律、行政法规的规定。

第四章　博物馆社会服务

第二十八条　博物馆应当自取得登记证书之日起 6 个月内向公众开放。

第二十九条　博物馆应当向公众公告具体开放时间。在国家法定节假日和学校寒暑假期间，博物馆应当开放。

第三十条　博物馆举办陈列展览，应当遵守下列规定：

（一）主题和内容应当符合宪法所确定的基本原则和维护国家安全与

民族团结、弘扬爱国主义、倡导科学精神、普及科学知识、传播优秀文化、培养良好风尚、促进社会和谐、推动社会文明进步的要求；

（二）与办馆宗旨相适应，突出藏品特色；

（三）运用适当的技术、材料、工艺和表现手法，达到形式与内容的和谐统一；

（四）展品以原件为主，使用复制品、仿制品应当明示；

（五）采用多种形式提供科学、准确、生动的文字说明和讲解服务；

（六）法律、行政法规的其他有关规定。

陈列展览的主题和内容不适宜未成年人的，博物馆不得接纳未成年人。

第三十一条　博物馆举办陈列展览的，应当在陈列展览开始之日10个工作日前，将陈列展览主题、展品说明、讲解词等向陈列展览举办地的文物主管部门或者其他有关部门备案。

各级人民政府文物主管部门和博物馆行业组织应当加强对博物馆陈列展览的指导和监督。

第三十二条　博物馆应当配备适当的专业人员，根据不同年龄段的未成年人接受能力进行讲解；学校寒暑假期间，具备条件的博物馆应当增设适合学生特点的陈列展览项目。

第三十三条　国家鼓励博物馆向公众免费开放。县级以上人民政府应当对向公众免费开放的博物馆给予必要的经费支持。

博物馆未实行免费开放的，其门票、收费的项目和标准按照国家有关规定执行，并在收费地点的醒目位置予以公布。

博物馆未实行免费开放的，应当对未成年人、成年学生、教师、老年人、残疾人和军人等实行免费或者其他优惠。博物馆实行优惠的项目和标准应当向公众公告。

第三十四条　博物馆应当根据自身特点、条件，运用现代信息技术，开展形式多样、生动活泼的社会教育和服务活动，参与社区文化建设和对外文化交流与合作。

国家鼓励博物馆挖掘藏品内涵，与文化创意、旅游等产业相结合，开发衍生产品，增强博物馆发展能力。

第三十五条　国务院教育行政部门应当会同国家文物主管部门，制定利用博物馆资源开展教育教学、社会实践活动的政策措施。

地方各级人民政府教育行政部门应当鼓励学校结合课程设置和教学计划，组织学生到博物馆开展学习实践活动。

博物馆应当对学校开展各类相关教育教学活动提供支持和帮助。

第三十六条 博物馆应当发挥藏品优势，开展相关专业领域的理论及应用研究，提高业务水平，促进专业人才的成长。

博物馆应当为高等学校、科研机构和专家学者等开展科学研究工作提供支持和帮助。

第三十七条 公众应当爱护博物馆展品、设施及环境，不得损坏博物馆的展品、设施。

第三十八条 博物馆行业组织可以根据博物馆的教育、服务及藏品保护、研究和展示水平，对博物馆进行评估。具体办法由国家文物主管部门会同其他有关部门制定。

第五章 法律责任

第三十九条 博物馆取得来源不明或者来源不合法的藏品，或者陈列展览的主题、内容造成恶劣影响的，由省、自治区、直辖市人民政府文物主管部门或者有关登记管理机关按照职责分工，责令改正，有违法所得的，没收违法所得，并处违法所得 2 倍以上 5 倍以下罚款；没有违法所得的，处 5000 元以上 2 万元以下罚款；情节严重的，由登记管理机关撤销登记。

第四十条 博物馆从事文物藏品的商业经营活动的，由工商行政管理部门依照有关文物保护法律、行政法规的规定处罚。

博物馆从事非文物藏品的商业经营活动，或者从事其他商业经营活动违反办馆宗旨、损害观众利益的，由省、自治区、直辖市人民政府文物主管部门或者有关登记管理机关按照职责分工，责令改正，有违法所得的，没收违法所得，并处违法所得 2 倍以上 5 倍以下罚款；没有违法所得的，处 5000 元以上 2 万元以下罚款；情节严重的，由登记管理机关撤销登记。

第四十一条 博物馆自取得登记证书之日起 6 个月内未向公众开放，或者未依照本条例的规定实行免费或者其他优惠的，由省、自治区、直辖市人民政府文物主管部门责令改正；拒不改正的，由登记管理机关撤销登记。

第四十二条 博物馆违反有关价格法律、行政法规规定的，由馆址所在地县级以上地方人民政府价格主管部门依法给予处罚。

第四十三条　县级以上人民政府文物主管部门或者其他有关部门及其工作人员玩忽职守、滥用职权、徇私舞弊或者利用职务上的便利索取或者收受他人财物的，由本级人民政府或者上级机关责令改正，通报批评；对直接负责的主管人员和其他直接责任人员依法给予处分。

第四十四条　违反本条例规定，构成犯罪的，依法追究刑事责任。

第六章　附　则

第四十五条　本条例所称博物馆不包括以普及科学技术为目的的科普场馆。

第四十六条　中国人民解放军所属博物馆依照军队有关规定进行管理。

第四十七条　本条例自 2015 年 3 月 20 日起施行。

第二单元

国内部分知名博物馆

第八章 中国国家博物馆

第一节 概 览

中国国家博物馆是代表国家收藏、研究、展示、阐释能够充分反映中华优秀传统文化、革命文化和社会主义先进文化代表性物证的最高机构，是国家最高历史文化艺术殿堂。现有藏品数量140余万件（套），涵盖古代文物、近现代文物、图书古籍善本、艺术品等多种门类。其中，古代文物藏品81.5万件(套)，近现代文物藏品34万件(套)，图书古籍善本24万余件(册)，共有一级文物近6000件（套）。近年来特别是党的十九大以来，中国国家博物馆加大反映革命文化、当代先进文化代表性物证的征集力度，面向社会公开征集文物藏品，每年平均征集古代文物50件(套)左右，近现代文物、实物和艺术品1000余件（套）。

●中国国家博物馆标志

中国国家博物馆的前身可追溯至1912年成立的国立历史博物馆筹备处。1912年7月9日，民国政府教育部决定设立国立历史博物馆筹备处，以国子监为馆址。2003年根据中央决定，中国历史博物馆和中国革命博物馆合并组建成为中国国家博物馆。2007年，中国国家博物馆启动改扩建工程，2011年3月新馆建成开放。新馆建筑保留了原有老建筑西、北、南建筑立

●中国国家博物馆外景

面。新馆总用地面积7万平方米，建筑高度42.5米，地上5层，地下2层，展厅48个，建筑面积近20万平方米，是世界上单体建筑面积最大的博物馆。

中国国家博物馆包含基本陈列、专题展览和临时展览三大展览部分。

基本陈列由"古代中国""复兴之路""复兴之路·新时代"三部分组成。"古代中国"部分位于地下一层展厅，它以王朝更替为主要脉络，从远古时期到明清时期共八个部分。该陈列以古代珍贵文物为主要见证，较为全面地展示了古代中国不同历史时期在政治、经济、文化、社会生活以及中外交流等方面的发展状况，突出展现了中华文明绵延不绝的发展特点和各族人民共同缔造多民族国家的历史进程，展现了中华民族所取得的辉煌成就和对人类文明所做出的伟大贡献。"复兴之路"部分位于北馆展厅，回顾了1840年鸦片战争以来陷入半殖民地半封建社会深渊的中国各阶层人民在屈辱苦难中奋起抗争，为实现民族复兴进行的种种探索，特别是中国共产党领导全国各族人民争取民族独立、人民解放、国家富强、人民幸福的光辉历程。"复兴之路·新时代部分"共十个单元，展示了以习近平为核心的党中央以巨大的政治勇气和强烈的责任担当为实现中国伟大复兴的中国梦提出的一系列方针政策。

专题展览立足馆藏实际，近年来举办了"中国古代钱币""中国古代玉器艺术""中国古代瓷器

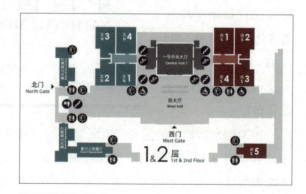
●展厅分布

艺术""友好往来历史见证——党和国家领导人外交活动受赠礼品展"等专题展览。

临时展览逐步形成主题展览、精品文物展、历史文化展、考古发现展、科技创新展、地域文化展、经典美术展、国际交流展等展览系列。

开放时间

开馆时间：09:00；

停止入馆：16:00；

观众退场：16:30；

闭馆时间：17:00；

周六延长至晚9点闭馆；

每周一例行闭馆。

位置信息

北京东城区东长安街16号天安门广场东侧。

融媒矩阵

●微信服务号　　●微信订阅号　　●新浪微博　　●抖音短视频

数字博物馆

随着科技的进步，博物馆也实现了在家即可云游览，登陆中国国家博物馆官网，点击首页的展览，即可进入网上展厅。网上展厅分为若干个专题，例如"伟大的变革——庆祝改革开放40周年大型展览""万里同风——新疆文物精品展""归来——意大利返还中国流失文物展""证古泽今——甲骨文文化展""云鬓珠翠——弗吉尼亚美术馆藏二十世纪珍宝艺术展"等，进入相应专题即可实现在家游览中国国家博物馆。

第二节 馆藏文物

1. 人面鱼纹彩陶盆

● 人面鱼纹彩陶盆

人面鱼纹彩陶盆是新石器时期仰韶文化出土的丧葬用品，高 16.5 厘米，口径 39.8 厘米。此彩陶盆呈红色，口处绘间断黑彩带，内壁以黑彩绘出两组对称人面鱼纹。人面呈圆形，头顶有似发黑的尖状物和鱼鳍形装饰。前额右半部涂黑，左半部为黑色半弧形。眼睛细面平直，似闭状。鼻梁挺直，成倒立的"T"字形。嘴巴左右两侧分置一条变形鱼纹，鱼头与人嘴外廓重合，似乎是口内同时衔两条大鱼。另外，在人面双耳部位也有相对的两条小鱼分置左右，从而构成形象奇特的人鱼合体。在两个人面之间，有两条大鱼作相互追逐状。

古代半坡人在许多陶盆上都画有鱼纹和网纹图案，这应与当时的图腾崇拜和经济生活有关，半坡人在河谷地区建起聚落，过着以农业生产为主的定居生活，兼营采集和渔猎，这种鱼纹装饰是他们生活的写照。

仰韶文化的彩陶图案中有大量的动物形纹饰，如鱼、鹿、蛙等，以鱼纹最为典型。人面鱼纹彩陶盆是公认的彩陶艺术精品。类似

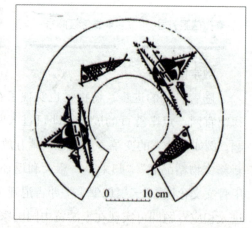

0   10 cm

● 人面鱼纹彩陶盆底部图案

内容的彩陶盆在遗址中出土了很多件，多作为儿童瓮棺的棺盖来使用，很像一种特制的葬具。人面由人鱼合体而成，人头装束奇特，像是进行某种宗教活动的化妆形象，具有巫师的身份特征，因此这类图画一般被认为象征着巫师请鱼神附体，为夭折的儿童招魂祈福。也有人认为人面与鱼纹共存构成人鱼合体，寓意鱼已经被充分神化，可能是作为图腾来加以崇拜。

2013年1月18日，国家文物局将新石器时代人面鱼纹彩陶盆列入《第三批禁止出国（境）展览文物目录》。

2. 大盂鼎

大盂鼎是西周时期的生活用品、祭器、礼器。通高101.9厘米，口径77.8厘米，重153.5千克。大盂鼎系清道光初年出土于陕西郿县礼村，先后为当地乡绅郭氏县令周广盛以及左宗棠、潘祖荫等所有，1951年潘氏后人潘达于女士将其捐赠予上海博物馆，1959年入藏中国历史博物馆（今中国国家博物馆）。而另一尊同为盂所铸之

●大盂鼎

鼎，形制略小，习称"小盂鼎"，器上铭文涉及西周与鬼方之间的战事，但此器在辗转收藏的过程中已不见踪迹，仅于著录中保存铭文拓本。

大盂鼎器壁较厚，立耳微外撇，折沿，敛口，腹部横向宽大，壁斜外张，近足外底处曲率较小，成垂腹状，下承二蹄足。器以云雷纹为地，颈部饰带状饕餮纹，足上端饰浮雕式饕餮纹，下衬两周凸弦纹，是西周早期大型、中型鼎的典型式样，雄伟凝重。

器腹内部铸有铭文，铭文共19行291字，记述了西周康王二十三年九月作器者盂所受之"册命"。铭文自首行"王若曰"始，至第七行"故丧师已"，系西周康王向盂讲述文王、武王立国之勤勉与商内、外之臣僚因沉湎于酒以致亡国之教训。《史记·殷本纪》记载，商纣王"好酒淫乐"，甚至到了"以

试着读一读左侧的铭文。

隹「唯」九月，王才「在」宗周，令「命」盂。王若曰：盂，不「丕」顯玫「文」王，受天有大令「命」。珷「武」王嗣玫「文」王乍「作」邦，闢厥匿「慝」，匍「敷」有四方，畯正厥民。在于御事，□我一人亯「享」其「祀」酒，無敢酖，有柴「祡」烝祀，無敢醻。古「故」天異「翼」臨子，灋「法」保先王，□有四方。我聞殷述「墜」令「命」，隹「唯」殷邊侯田「甸」雩「與」殷正百辟，率肆「肄」于「於」酒，古「故」喪師巳「已」。女「汝」妹「昧」辰又「有」大服。余隹「唯」即「型」朕小學，女「汝」勿克余乃辟一人。今我隹「唯」即井「型」㢭于「於」玫「文」王正德，若玫「文」王令「命」二三正。今余隹「唯」令「命」女「汝」盂召「紹」榮，苟「敬」雝德經，敏朝夕入諫「諫」，亯「享」奔走「走」，畏天威。王曰：盂，廼「乃」令「命」女「汝」盂井「型」乃嗣「嗣」且「祖」南公。王曰：盂，廼「乃」詔夾死「尸」司戎，敏誎「諫」罰訟，夙夕召「紹」我一人烝四方，□「叀」我其遹省先王受民受彊「疆」土。易「錫」女「汝」鬯一卣、冂「門」衣、巿「韍」、舄、車、馬；易「錫」乃且「祖」南公旂，用狩。易「錫」女「汝」邦司「嗣」四白「伯」，人鬲自馭至于庶人六百又五十又九夫。易「錫」尸「夷」司「嗣」王臣十又三白「伯」，人鬲千又五十夫，亟「極」□遷自厥土。王曰：盂，若苟「敬」乃正，勿灋「廢」朕令「命」！盂用對王休，用乍「作」且「祖」南公寶鼎。隹「唯」王廿又三祀。

● 器腹内部铸有铭文

"酒为池"的奢靡程度。《尚书·微子》篇中，商兄微子亦云纣"沉酗于酒"。《尚书酒》系周公旦所作，用以告诫被封在商故地朝歌的少弟康叔封；文中有一语句"唯荒腆于酒，不唯自息乃逸，厥心疾很，不克畏死。辜在商邑，越殷国灭无罹"，大意是说商纣王好酒，不思其过，最终导致国灭邦亡。此与上举《大盂鼎》第五行至第七行中语句"我闻殷坠命，唯殷边侯甸与殷正百辟，率肄于酒，故丧师已"所言相合，透露出周人对于商人嗜酒误国这一前车之鉴的警示。自第七行"汝昧辰有大服"，至第十三行"夙夕绍我一人烝四方"，文中康王"册命"盂之职事，并教诲盂效法其祖先，竭诚辅佐王室。

《大盂鼎》篇首"唯九月"与篇尾"唯王廿又三祀"，是作器者"受命"之时间。此种以时王在位年次纪年，且置纪年于篇尾，是西周初年金文的纪时程式，秉承殷制。大盂鼎是目前所见西周时期最早的"册命"类出土文献，与其他西周中、晚期"册命"类金文相校，可以了解西周时期"册命"制度的演变，具有极高的史料价值。

《大盂鼎》通篇章法规整，分为左右两段，奠定了西周时期长篇铭文布局之规范；铭中结字方正、大小参差、笔画粗细不等，且如"王""在""正""士"等字中有许多圆形或方形团块，象形意味仍较浓；但铭中如"有""厥""又"等字捺笔与商代末年相比，区别较大，形成了西周早期独特的凝重书风。

《大盂鼎》铭文虽属西周早期金文，但书法体势严谨，结字、章法都十分质朴平实，用笔方圆兼备、端严凝重，雄壮而不失秀美，布局整饬中又见灵动，达到了十分精美的程度，是西周前期金文的代表作。加之器形巨大，造型端庄堂皇、浑厚雄伟，故作品更呈现出一种磅礴气势和恢宏的格局，从而为世人所瞩目。大盂鼎被列入《首批禁止出国（境）展览文物目录》。

3. 后母戊鼎

商后母戊鼎，又称司母戊鼎、司母戊大方鼎，是商后期（约前14世纪至前11世纪）铸品，于1939年出土于河南省安阳市武官村。鼎高133厘米、口长110厘米、口宽79厘米，重832.84千克。器厚立耳，折沿，腹部呈长方形，下承四柱足。器腹四转角、上下缘中部、足上部均置扉棱。商后母戊鼎器身与四足为整体铸造，鼎耳则是在鼎身铸成之后再装范浇铸而成。商后母戊鼎，形制巨大，雄伟庄严，工艺精巧。鼎身四周铸有精巧的盘龙纹和饕餮纹，增加了文物本身的威武凝重之感。足上铸的蝉纹，图案表现蝉体，线条清晰。腹内壁铸有"后母戊"

●后母戊鼎

三字，字体笔势雄健，形体丰腴，笔画的起止多显峰露芒，间用肥笔。

关于此鼎名称曾经引发争议，因为商代的字体较自由，可以正写，也可以反写。所以"司"和"后"字形可以一样。1976年安阳殷墟妇好墓发掘出后母辛鼎，对比发现后母辛鼎的形制、纹饰和铭文的风格均和后母戊鼎一致，而历史记载妇好是商王武丁的一

●商后母戊鼎——腹内壁铸"后母戊"字样

个王后，专家由此断定出土后母戊
鼎的墓的主人也是武丁之妻。后母
戊鼎是商王祖庚或祖甲为祭祀母亲
戊而作的祭器。这样反推，"司"
应当是"后"的意思。因此学术界
更多人赞同"后"。

博学善思

查一查资料，为什么王的妻子称
为"后"？

商后母戊鼎是已知中国古代最重的青铜器。商后母戊鼎的铸造，充分
说明商代后期的青铜铸造不仅规模宏大，而且组织严密，分工细致，足以
代表高度发达的商代青铜文化。2002年1月18日，后母戊鼎被国家文物局
作为国家一级文物列入《首批禁止出国（境）展览文物目录》。

4. 鹳鱼石斧图彩绘陶缸

鹳鱼石斧图彩绘陶缸是新石器仰韶文化中出土的丧葬用品。高47厘米、
口径32.7厘米、底径20.1厘米。此彩绘陶缸外表呈红色，作直壁平底圆筒状。
陶缸外壁彩绘一幅画面：左侧为一只站立的白鹳，通身洁白，圆眼、长嘴、
昂首挺立。嘴上衔着一条大鱼，也全身涂白，并用黑线条清晰描绘出鱼身
的轮廓。画面右侧竖立一柄石斧，斧身穿孔，柄部有编织物缠绕并刻画符号。
白鹳的眼睛很大，目光炯炯有神，鹳身微微后仰，头颈高扬。鱼眼则画得很小，
身体僵直，鱼鳍低垂，毫无挣扎反抗之势，与白鹳在神态上形成强烈的反差。

作者为表现鹳的轻柔白羽，把鹳身整个涂抹成白色，犹如后代中国画的"没骨"画法。石斧和鱼的外形则采用"勾线"画法，用简练、流畅的粗线勾勒出轮廓。斧、鱼身中填充色彩，犹如后代中国画的"填色"画法。由于这幅画具备了中国画的一些基本画法，有的学者认为它是中国画的雏形。

彩绘陶缸属于仰韶文化瓮棺葬具，因在河南伊川附近出土较多，故又被称为"伊川缸"。它主要作为成人葬具来使用。普通伊川缸大多造型简单，素朴无彩。鹳鱼

●鹳鱼石斧图彩绘陶缸

石斧图彩绘陶缸不但施彩，而且构图复杂，在题材选择与画面构思上都强调了图案自身的独立性。一般认为此陶缸应该是氏族首领的葬

博学善思

你还知道哪些原始图腾？

具。白鹳应是首领本人所属氏族的图腾，鱼则是敌对氏族的图腾。石斧是权力的标志，是首领所用实物的写真。首领生前曾经率领白鹳氏族同鱼氏族进行了殊死的战斗，并取得了决定性的胜利。人们将这些事迹寓于图画当中，记录在首领本人的瓮棺上，通过图腾形象与御用武器的顶级组合来表现重大历史事件，以纪念首领的英雄业绩。

在绘画史上，这幅《鹳鱼石斧图》不仅反映了人类童年绘画萌芽时期的艺术风格且已经具备了中国画的基本画法，而且以其宏伟的气势，体现了中国史前彩陶画艺术创作的最高成就。它是仰韶文化的杰出代表作，标志着中国史前绘画艺术由纹饰绘画向物象绘画的发展，展现了中国史前绘画艺术家把现实主义与浪漫主义相结合的创作思想。

从民族艺术而言，鹳鱼石斧图彩绘陶缸证明了中国先民很早就成功掌握了点、线、面的艺术表现方法和绘画法则，整个器皿和构图展示出一种较强的民族时代精神与艺术魅力。从科学角度而言，先民很早就能够利用黏土，经水湿润，塑成形状，彩绘加工，干燥烧成，整个工艺流程掌握得既熟练又恰到好处，展示了先民开发大自然，利用化学变化创造发明的科技水平。鹳鱼石斧图彩绘陶缸2002年被列入《首批禁止出国（境）展览文物目录》。

5. 鹰形陶鼎

鹰形陶鼎属新石器仰韶文化时期的丧葬用品，高35.8厘米，口径23.3厘米。此陶鼎采用伫足站立的雄鹰造型。鹰体健硕，双腿粗壮，两翼贴于身体两侧，尾部下垂至地，与两只鹰腿构成三个稳定的支点。鹰眼圆睁，喙部有力呈钩状，结构简洁，威武雄壮，彰显出一种强大的张力。鼎口设置于背部与两翼之间，紧密结合似背抱状，将鼎形器物特征与鹰的动物美感巧妙地融为一体。

更为可贵的是，鹰形陶鼎的主要优点并不在于通常所谓的"写实"和"逼真"，而在于经过作者艺术加工后获得的夸张和变形，既保持并强化了它们各自所固有的形神特征，又与陶器的工艺造型取得了和谐的统一，从

●鹰形陶鼎

而成为原始时代雕刻艺术不可多得的珍品，为其后盛行于商周时期的青铜鸟兽形器奠定了很高的起点。

仰韶文化以精美彩陶而著称，鹰形陶鼎的问世表明此时的人们不但擅长彩绘图案的创作，在造型艺术方面也有很强的实力。鹰形陶鼎出土于一座成年女性墓葬，与其共出的物品还有十多件骨匕，数件石圭、石斧及一批生活器皿等。石圭、骨匕等物品通常作为礼器来使用。鹰鼎与它们放置于同一墓内，形式与众不同，可能与当时的祭祀活动有关。中国最早的陶塑艺术品出现在新石器时代早期的裴李岗和河姆渡遗址，距今约7000至6000年。早期的陶塑制品题材广泛，有猪、猪头、羊和人像等，但一般均小而简单，制作也较粗糙，有些还可能是儿童的玩具，有些或与祭祀活动有关。到新石器时代晚期，如仰韶文化的这件陶鹰鼎、大汶口文化的陶鬶、梅堰遗址出土的海兽壶等，器形大，注重造型与实用相结合。陶鹰鼎被列为《首批禁止出国（境）展览文物目录》。

6. 孝端皇后凤冠

孝端皇后凤冠，明生活用品，通高48.5厘米、冠高27厘米、径23.7厘米，重2320克。

1957年10月20日下午，北京明定陵地宫的最后一扇石门被开启，考古工作人员发现了静静摆在地宫里的三具棺木，分别属于万历皇帝、孝端皇后和后来被万历的孙子天启皇帝追封为皇太后的孝靖太后。其中万历和孝端的棺木保存较好，孝靖因为是迁葬来的，已腐朽不堪。经过清理，地

●孝端皇后凤冠

宫里的29个随葬储物箱里共出土了2648件精美的文物，包括纺织品、衣物、金器、银器、铜器、锡器、瓷器、琉璃器、玉器、石器、漆器、木器、首饰、宝石、珍珠、冠、带、佩饰、钱币、武器等，其中大部分都堪称稀世之宝，全面直观地反映了明中后期高度发达的物质文化水平。特别是丝织工艺、金属制作工艺等可谓是登峰造极，无与伦比。其中的4个储物箱内各有一个六角形的朱漆囊匣，内各装着1件凤冠，出土时漆匣已朽，凤冠珠翠散乱，考古工作者根据原物修复成3龙2凤、12龙9凤、9龙9凤和6龙3凤的凤冠各一件，其中这件属于孝端皇后的9龙9凤冠后入藏中国国家博物馆。根据《明史·舆服志》，洪武三年定："（皇后）受册、谒庙、朝会，服礼服。其冠圆匡，冒以翡翠，上饰九龙四凤，大花十二树，小花数如之。两博鬓十二钿。"永乐三年定制："其冠饰翠龙九，金凤四，中一龙衔大珠一，上有翠盖，下垂珠结，余皆口衔珠滴，珠翠云四十片，大珠花、小珠花数如旧。三博鬓，饰以金龙、翠云，皆垂珠滴。翠口圈一副，上饰珠宝钿花十二，翠钿如其数。托里金口圈一副。珠翠面花五事。珠排环一对。"而出土实物与定制均不符。由此可知万历时冠服制度已有所变化。

孝端皇后的这件凤冠，是用漆竹扎成帽胎，面料以丝帛制成，前部饰有九条金龙，口衔珠滴，下有八只点翠金凤，后部也有一金凤，共九龙九凤。金凤凤首朝下，口衔珠滴。珠滴可以在走动的时候，像步摇那样随步摇晃。翠凤下有3排以红蓝宝石为中心的珠宝钿，其间点缀着翠兰花叶，冠檐底部有翠口圈，上嵌宝石珠花，后侧下部左右各饰点翠地嵌金龙珠滴三博鬓，博鬓上嵌镂空金龙、珠花璎珞，似金龙奔腾在翠云之上，翠凤展翅翱翔于珠宝花丛之中，金翠交辉，富丽堂皇。此冠共嵌未经加工的天然红宝石百余粒，珍珠5000余颗，造型庄重，制作精美，采用的工艺有花丝、点翠、镶嵌、穿系等。

花丝即用金做原材料，拔成细丝后，用堆、垒、编、织等方法，将花丝成型，加以烧焊，编结成龙的形状。点翠是将金、银片按花形制作成一个底托，再用金丝沿着图案花形的边缘焊个槽，在中间部位涂上胶水，再把从翠鸟身上拔取的羽毛镶嵌在座上，形成吉祥精美的图案。图案上镶嵌珍珠、翡翠等珠宝玉石。翠鸟的羽毛光泽感好，色彩艳丽，再配上金边，显得富丽堂皇，且永不褪色。这件凤冠的点翠难度相当大，不仅点翠的面积大（有翠凤、翠云、翠叶、翠花），而且形状复杂，尤其是翠凤，均作展翅飞翔状，凤尾展开，羽毛舒展，富灵动感。镶嵌即用金片裁成条状，做出与宝石形状相似的"托"，托两侧焊两爪抱住宝石，必要时用黏蜡黏住。穿系是将颗颗珍珠全部穿孔后，按一定的排列顺序或图案将它们穿系起来。

这件凤冠的主人孝端皇后生前无子，结果引发了一场是立恭妃所生的长子朱常洛还是郑贵妃所生的三子朱常洵为太子的"国本"之争，影响明末政局甚深，使万历朝成为明朝历史上由治转乱的转折期。

这顶凤冠2002年被列入《首批禁止出国（境）展览文物目录》。

第三节 相关研究

国家博物馆有其专门的研究院，旨在充分发挥国家博物馆在文物藏品方面的突出优势和研究特色，调动国家博物馆广大研究人员开展藏品研究的积极性、主动性、创造性，与国内外文博专家广泛开展科研交流，持续拓展研究领域。下设若干研究所，包括青铜器研究所、佛造像研究所、古代钱币研究所、古代陶瓷研究所、古代玉器研究所、古代舆服研究所、古代书画研究所、地图研究所、近现代文物研究所、近现代人物研究所、工业与科学研究所、外国文物研究所、展览与设计、文物科技与保护、文献典籍研究所、博物馆管理研究所等，另设1个综合办公室。

研究院多年来取得了丰硕的成果，包括学术论文约500余篇，学术著作40余部，展览图录10余部。国家博物馆还拥有自己的馆刊《中国国家博物馆馆刊》，2019年第12期的封面如左：

● 《中国国家博物馆馆刊》封面

2002年1月18日，国家文物局印发《首批禁止出国（境）展览文物目录》，规定64件（组）一级文物为首批禁止出国（境）展览文物。禁止出国（境）展览文物，依据的是《中华人民共和国文物保护法实施条例》，目的是保护国家一级文物中的孤品和易损品，禁止其出境展览。

名称	时代	出土地点	出土时间	现藏
彩绘鹳鱼石斧图陶缸	新石器时代	河南省临汝县	1978年	中国国家博物馆
陶鹰鼎	新石器时代	陕西省华县	1958年	中国国家博物馆
后母戊铜鼎	商	河南省安阳	1939年	中国国家博物馆
利簋	西周	陕西省临潼县	1976年	中国国家博物馆
大盂鼎	西周	陕西省宝鸡市岐山县	清道光初年	中国国家博物馆
虢季子白盘	西周	陕西省宝鸡市陈仓区	清道光年间	中国国家博物馆
凤冠	明	北京市昌平县	1957年	中国国家博物馆
嵌绿松石象牙杯	商	河南省安阳市	1976年	中国社会科学院考古研究所
晋侯苏钟（一套14件）	西周	山西省	不明	上海博物馆
大克鼎	西周	陕西省宝鸡市扶风县	1890年	上海博物馆
太保鼎	西周	山东省梁山	19世纪中叶	天津博物馆
河姆渡出土朱漆碗	新石器时代	浙江省余姚市	1977年	浙江省博物馆
河姆渡出土陶灶	新石器时代	浙江省余姚市	1977年	浙江省博物馆

名称	时代	出土地点	出土时间	现藏
良渚出土玉琮王	新石器时代	浙江省余杭县	1986 年	浙江省文物考古研究所
水晶杯	战国	浙江省杭州市	1990 年	浙江省文物考古研究所
淅川出土铜禁	春秋	河南省淅川县	1978 年	河南博物院
新郑出土莲鹤铜方壶	春秋中期	河南省新郑	1923 年	原物为一对，一件藏于北京故宫博物院，另一件藏于河南博物院
齐王墓青铜方镜	西汉	山东省淄博市	1980 年	淄博博物馆
铸客大铜鼎	战国	安徽省寿县	1933 年	安徽省博物馆
朱然墓出土漆木屐	三国（吴）	安徽省马鞍山市	1984 年	马鞍山市博物馆
朱然墓出土贵族生活图漆盘	三国（吴）	安徽省马鞍山市	1984 年	马鞍山市博物馆
司马金龙墓出土漆屏	北魏	山西省大同市	1965 年	大同市博物馆
娄睿墓鞍马出行图壁画	北齐	山西省太原市	1979 年	山西省考古研究所
涅槃变相碑	唐	—	—	山西省博物馆
常阳太尊石像	唐	—	—	山西省博物馆
大玉戈	商	湖北省武汉市	1974 年	湖北省博物馆
曾侯乙编钟	战国	湖北省随县	1978 年	湖北省博物馆
曾侯乙墓外棺	战国	湖北省随县	1978 年	湖北省博物馆
曾侯乙青铜尊盘	战国	湖北省随县	1978 年	湖北省博物馆
彩漆木雕小座屏	战国	湖北省江陵县	1965 年	湖北省博物馆

名称	时代	出土地点	出土时间	现藏
红山文化女神像	新石器时代晚期	辽宁省凌源市	—	辽宁省考古研究所
鸭形玻璃注	北燕	辽宁省北票市	1965 年	辽宁省博物馆
青铜神树	商	四川省广汉市	1986 年	四川省考古研究所
三星堆出土玉边璋	商	四川省广汉市	1986 年	四川省考古研究所
摇钱树	东汉	四川省绵阳市	1990 年	绵阳市博物馆
铜奔马	东汉	甘肃省武威市	1969 年	甘肃省博物馆
铜车马	秦	陕西省临潼县	1980 年	秦始皇兵马俑博物馆
墙盘	西周	陕西省宝鸡市扶风县	1967 年	扶风周原博物馆
淳化大鼎	西周	咸阳市淳化县	1979 年	淳化县博物馆
何尊	西周早期	陕西省宝鸡市渭滨区	1963 年	宝鸡市博物馆
茂陵石雕	西汉	陕西省咸阳市	—	茂陵博物馆
大秦景教流行中国碑	唐	陕西省	1623 年	西安碑林博物馆
舞马衔杯仿皮囊式银壶	唐	陕西省西安市	1970 年	陕西历史博物馆
兽首玛瑙杯	唐	陕西省西安市	1970 年	陕西历史博物馆
景云铜钟	唐景云年间	—	—	西安碑林博物馆
银花双轮十二环锡杖	唐	陕西省宝鸡市扶风县	1987 年	法门寺博物馆
八重宝函	唐	陕西省宝鸡市扶风县	1987 年	法门寺博物馆

名称	时代	出土地点	出土时间	现藏
铜浮屠	唐	陕西省 宝鸡市扶风县	1987 年	法门寺博物馆
"五星出东方" 护膊	东汉至 魏、晋	新疆民丰县	1995 年	新疆考古研究所
铜错金银四龙 四凤方案	战国	河北省平山县	1974 年	河北省 文物研究所
中山王铁足 铜鼎	战国	河北省平山县	1977 年	河北省 文物研究所
刘胜金缕玉衣	西汉	河北省满城县	1968 年	河北省博物馆
长信宫灯	西汉	河北省满城县	1968 年	河北省博物馆
铜屏风构件 5 件	西汉	广东省广州市	1983 年	西汉南越王 博物馆
角形玉杯	西汉	广东省广州市	1983 年	西汉南越王 博物馆
人物御龙帛画	战国中晚期	湖南省长沙市	1949 年	湖南省博物馆
人物龙凤帛画	战国中晚期	湖南省长沙市	1949 年	湖南省博物馆
直裾素纱禅衣	西汉	湖南省长沙市	1972 年	湖南省博物馆
马王堆一号 墓木棺椁	西汉	湖南省长沙市	1972 年	湖南省博物馆
马王堆一号 墓 T 型帛画	西汉	湖南省长沙市	1972 年	湖南省博物馆
红地云珠 日天锦	北朝	青海省都兰县	1983 年	青海省 文物考古研究所
西夏文佛经 《吉祥遍至口 和本续》纸本	西夏	宁夏回族 自治区贺兰县	1991 年	宁夏 文物考古研究所
青花釉里 红瓷仓	元	江西省景德镇	1974 年	江西省博物馆
竹林七贤 砖印模画	南朝	江苏省南京市	1960 年	南京博物院

第九章 北京故宫博物院

第一节 概　览

"北京故宫博物院"不同于一般的博物馆，它有三重职能，它既是明清故宫（紫禁城）建筑群与宫廷史迹的保护管理机构，也是以明清皇室旧藏文物为基础的中国古代文化艺术品的收藏、研究和展示机构。1961 年经国务院批准被定为全国重点文物保护单位，1987 年被联合国教科文组织列入"世界文化遗产"名录。

1911 年辛亥革命胜利后，清王朝政府宣布退位，这座宫殿本应全部收归国有。1924 年成立"办理清室善后委员会"，负责清理清皇室公、私财产及处理一切善后事宜。"办理清室善后委员会"曾对故宫文物逐宫逐室地进行了清点查收，事竣后整理刊印出《故宫物品点查报告》共 6 编 28 册，计有 9.4 万余个编号 117 万余件文物。1925 年 10 月 10 日在乾清门前广场举行了盛大的建院典礼，并通电全国，宣布北京故宫博物院正式成立。

至中华人民共和国成立之前，故宫博物院随时局经历了南迁、一分为二等变化。中华人民共和国成立后，北京故宫博物院的职工终于以崭新的精神面貌投入工作，拔除杂草，疏通河道，清理垃圾。50 年代初，从宫内清除出去的上百年的垃圾竟达 250000 立方米，自此院

●北京故宫博物院标志

容焕然一新，经过几十年的努力，许多残破、渗漏、濒临倒塌的大小殿堂楼阁得到了修复和油饰，愈显金碧辉煌。院内各处高大宫殿都安装了避雷设施，又以巨额投资建设了防火防盗监控系统和高压消防给水管网，使这座古老的宫殿建筑得到了更加有效的保护。特别是改革开放后，在政府的大力支持下，彻底整治了环绕故宫的筒子河，更好地凸现了昔日皇城的风貌。

紫禁城南北长 961 米，东西宽 753 米，四面围有高 10 米的城墙，城外有宽 52 米的护城河，真可谓有金城汤池之固。紫禁城有四座城门，南面为午门，北面为神武门，东面为东华门，西面为西华门。城墙的四角，各有一座风姿绰约的角楼，民间有九梁十八柱七十二条脊之说，形容其结构的复杂。紫禁城内的建筑分为外朝和内廷两部分。外朝的中心为太和殿、中和殿、保和殿，统称三大殿，是国家举行大典礼的地方。三大殿左右两翼辅以文华殿、武英殿两组建筑。内廷的中心是乾清宫、交泰殿、坤宁宫，统称后三宫，是皇帝和皇后居住的正宫。其后为御花园。后三宫两侧排列着东、西六宫，是后妃们居住休息的地方。东六宫东侧是天穹宝殿等佛堂建筑，西六宫西侧是中正殿等佛堂建筑。外朝、内廷之外还有外东路、外西路两部分建筑。

故宫博物院成立之初，设置古物、图书两馆，图书馆下设图书、文献二部，文献部于 1929 年独立为文献馆，由此三馆鼎足而立。故宫博物院藏书以清代宫中旧藏为主要特色。其渊源可上溯至宋元，风格特色鲜明。虽因历史原因多有流散，但仍荟萃了珍稀精品。其中，尽善尽美的武英殿刻本、明清内府精抄本，品种繁多的历代佳刻、地方史志及满、蒙、藏等民族文字古籍等，均为善本旧籍之属。而异彩纷呈的帝后服饰图样、皇家建筑图样、旧藏照片、升平署戏本和陈设档案，以及佛释经籍、皇帝御笔和名臣写经等，统为特藏之属。各种精缮佳刊将通过各个栏目展示给读者。栏目的设置标准有所不同：或按文献类型，或按版本特点，或按书籍内容，皆为突出馆藏特色，以方便检索。

"北京故宫博物院"院藏文物体系完备、涵盖古今、品质精良、品类丰富。现有藏品总量已达 180 余万件（套），以明清宫廷文物类藏品、古建类藏品、图书类藏品为主。藏品总分 25 种大类别，其中一级藏品 8000 余件(套)，堪称艺术的宝库。

北京故宫博物院的展览包括近期展览（常设或者特定时间的展览）、专馆、原状陈列和赴外展览。

故宫博物院官网游览须知处有详细的游览地图供游客下载使用，还可以根据游览时间、想要参观的主题选择最适合自己的游览路线。

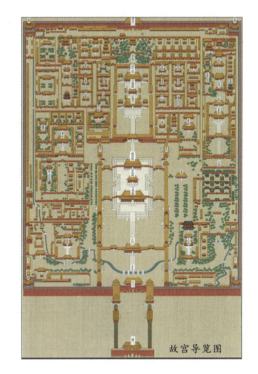

故宫导览图

展厅分布
开放时间

周一全天闭馆；

每年 4 月 1 日至 10 月 31 日采用旺季开放时间：

开始售票、开放进馆时间：8:30；

止票时间（含钟表馆、珍宝馆）：16:00；

停止入馆时间：16:10；

闭馆时间：17:00。

每年 11 月 1 日至来年 3 月 31 日采用淡季开放时间：

开始售票、开放进馆时间：8:30；

止票时间（含钟表馆珍宝馆）：15:30；

停止入馆时间：15:40；

闭馆时间：16:30。

位置信息

北京市东城区景山前街 4 号。

自 2011 年 7 月 2 日起，北京故宫博物院实行自南向北单向参观路线：午门（南门）只作为参观入口，观众一律从午门进入故宫；神武门（北门）只作为参观出口，观众参观结束后可由神武门或东华门（东门）离开故宫。西华门（故宫博物院的西门）平时仅作工作人员通道。

融媒矩阵

●新浪微博　　　　●微信公众号

除此之外，北京故宫博物院还有一系列手机 App，供广大游客随时可以一饱眼福。部分列举如下：

●紫禁城 600　●故宫陶瓷馆　●每日故宫　●清代皇帝服饰　●紫禁城祥瑞

数字博物馆

故宫博物院已实现数字化，数字多宝阁、数字文物库、全景故宫、V 故宫、云游故宫等板块全面地展示了故宫的藏品以及精美建筑，另外还有针对儿童的《我要去故宫》免费公益视频课，视频课时间不长，讲解深入浅出，语言通俗易懂，是孩子们了解故宫宫廷建筑、历史文化和文物精品的好渠道。此外与其同名的系列童书也已经出版。

除此之外，故宫博物院还开设了故宫讲坛，主要是各类关于故宫的讲座，是了解和增加文物知识、历史知识的良好平台。

第二节 馆藏文物

1. 金瓯永固杯

金瓯永固杯，高 12.5 厘米，口径 8 厘米。杯金质，鼎式，圆形，直口。口沿錾回纹一周，一面中部錾篆书"金瓯永固"，一面錾"乾隆年制"四字

● 金瓯永固杯

款。外壁满錾宝相花，花蕊以珍珠及红、蓝宝石为主。两侧各有一变形龙耳，龙头上有珠。三足皆为象首式，象耳略小，长牙卷鼻，额顶及双目间亦嵌珠宝。

乾隆年间，清宫造办处制造了各式酒杯，其中不乏龙耳作品，且式样颇多，但这种以象鼻为足的作品却很少。这件金杯的设计及加工皆属上乘，是皇帝专用的酒杯。

金瓯永固杯是清朝皇帝每年元旦（农历正月初一）举行开笔仪式时专用的酒杯。根据清"内务府活计档"记载，乾隆皇帝对"金欧永固"杯的制作十分重视，不仅要领用内库的黄金、珍珠、宝石等珍贵材料，而且制作之前都要先画图样呈览，经乾隆过目批准后才能承做。制作过程中又再三修改，直至皇帝十分满意方可，而且不止做了一件。现知存世"金瓯永固"亦有四件，伦敦华莱士金杯、鎏金铜杯各一件，两岸故宫金杯各一件，"玉烛长调"烛台两件，两岸故宫各藏一件。北京故宫博物院珍宝馆陈列的那一件，是乾隆六十二年清宫内务府造办处制作的。

博学善思

试着搜一搜其他几件"金瓯永固"文物，看一看它们外形上的异同。

2.《清明上河图》

《清明上河图》卷，北宋，张择端作，纵 24.8 厘米，横 528 厘米。《清明上河图》描绘的是清明时节北宋都城汴京（今河南开封）东角子门内外

● 《清明上河图》（局部）

和汴河两岸的繁华热闹景象。全画可分为三段：

首段描绘市郊景色，茅檐低伏，阡陌纵横，其间人物往来。

中段以"上土桥"为中心，另画汴河及两岸风光。中间那座规模宏敞、状如飞虹的木结构桥梁，概称"虹桥"，正名"上土桥"，为水陆交通的汇合点。桥上车马来往如梭，商贩密集，行人熙攘。桥下一艘漕船正放倒桅杆欲穿过桥孔，艄工们的紧张工作吸引了许多群众围观。

后段描绘的是市区街道，城内商店鳞次栉比，大店门首还扎结着彩楼欢门，小店铺只是一个敞棚。此外还有公廨寺观等。街上行人摩肩接踵，车马轿驼络绎不绝。行人中有绅士、官吏、仆役、贩夫、走卒、车轿夫、作坊工人、说书艺人、理发匠、医生、看相算命者、贵家妇女、行脚僧人、顽皮儿童，甚至还有乞丐。他们的身份不同，衣冠各异，同在街上，而忙闲不一，苦乐不均。城中交通运载工具，有轿子、驼队、牛、马、驴车、人力车等。车辆有串车、太平车、平头车等诸种，再现了汴京城街市的繁荣景象。高大的城门楼名东角子门，位于汴京内城东南。

全卷画面内容丰富生动，集中概括地再现了12世纪北宋全盛时期都城汴京的生活面貌。

此画用笔兼工带写，设色淡雅，不同一般的界画，即所谓"别成家数"。构图采用鸟瞰式全景法，真实而又集中概括地描绘了当时汴京东南城角这一典型的区域。作者用传统的手卷形式，采取"散点透视法"组织画面。画面长而不冗，繁而不乱，严密紧凑，如一气呵成。画中所摄取的景物，大至寂静的原野，浩瀚的河流，高耸的城郭；小到舟车里的人物，摊贩上的陈设货物，市招上的文字，丝毫不失。在多达500余人物的画面中，穿插着各种情节，组织得有条不紊，同时又具有情趣。

《清明上河图》不仅仅是一件伟大的现实主义绘画艺术珍品，同时也为我们提供了北宋大都市的商业、手工业、民俗、建筑、交通工具等详实形象的第一手资料，具有重要历史文献价值。其丰富的思想内涵、独特的审美视角、现实主义的表现手法，都使其在中国乃至世界绘画史上被奉为经典之作。

白寿彝任顾问的《中国通史（彩图本）》对《清明上河图》的评价：全卷所绘人物五百余位，牲畜五十多只，各种车船二十余辆（艘），房屋众多，道具无数，场面巨大，段落分明，结构严密，有条不紊。技法娴熟，用笔细致，线条遒劲，凝重老练。反映了高度精纯的绘画功力和出色的艺术成就。同时，因为画中

博学善思

你认为《清明上河图》主要表现繁荣市井，还是一幅"盛世危图"？

所绘为当时社会实录，为后世了解研究宋朝城市社会生活提供了重要的历史资料。

2015 年 9 月，有专家表示，《清明上河图》虽然场面热闹，但表现的并非繁荣市景，而是官兵懒散税务繁重之下的一幅带有忧患意识的"盛世危图"。

3. 郎窑红釉穿带直口瓶

郎窑红釉穿带直口瓶，清康熙时期文物，高 20.8 厘米，口径 6.1 厘米，足径 9.1 厘米。瓶直口，长颈，垂腹，圈足外撇。足外墙两侧各有一长方形穿孔，可穿系绳带。在容器上系带是对无梁、无系、无扳手的器物进行提拿的传统方法，拆卸容易而又非常实用，也可以使器物在摆放位置上固定，不致被损坏。明高濂《遵生八笺》中记载："故官哥古瓶，下有二方眼者，为穿皮条，缚于几足，不令失损。"

该器通体施红釉，因釉质在高温烧造时垂流而使口部显露出白色胎体，底部红釉凝聚，釉色浓重。外底施白釉并镌刻乾隆御制诗："晕如雨后霁霞红，出火还加微炙工。世上朱砂非所拟，西方宝石致难同。插花应使花羞色，比尽翻嗤画是空。数典宣窑斯最古，谁知皇祐德尤崇。乾隆乙未仲春月御题。"由此可见乾隆皇帝对郎窑红瓷器的喜爱和推崇。

清康熙郎窑红釉穿带直口瓶是 18 世纪初，江西巡抚郎廷极奉康熙之命到景德镇主持御窑时烧制出的。当时，郎廷极试图烧制出失传数百年的祭红，但是没有成

● 郎窑红釉穿带直口瓶

●郎窑红釉穿带直口瓶底款

功，却成功地烧制出另外一种更为鲜亮的红釉瓷器，因此人们把这种瓷器以他的姓氏命名。

清康熙郎窑红釉使用的郎红釉属高温釉，在1300℃以上高温烧成，是我国名贵铜红釉中色彩最鲜艳的一种。郎窑红无论瓶、碗、盘各种器物的底足旋削十分讲究，为了流釉不过底足，工匠用刮刀在圈足外侧刮出一个二层台，阻挡流釉淌下来，这是郎窑红瓷器制作过程中一个独特的技法，因此郎窑红器的施釉技术有"脱口、垂足、郎不流"之称。从传世实物看，大瓶之类器物也有红釉垂流过足边，又经人工打磨修正的。当代景德镇烧制颜色釉的技术很高，尤其所烧红釉浑然一体，非常艳丽，带有刺目的釉光。器底为亮青釉，足边釉也进行过打磨。清康熙郎窑红釉穿带直口瓶之所以选择红颜色，主要是受中国传统文化的影响。在传统文化里，红色一直被视为是一种表示喜庆的正色，寓意着庄严、幸福、吉祥。

4. 米芾行书《苕溪诗》卷

《苕溪诗》卷，北宋，米芾书，纸本，行书，纵30.3厘米，横189.5厘米。全卷35行，共394字，末署年款"元祐戊辰八月八日作"，知作于宋哲宗元祐三年戊辰（1088年），时米芾38岁。开首有句"将之苕溪戲作呈諸友，襄陽漫仁黻"。知所书为自撰诗，共6首。

此卷用笔中锋直下，浓纤兼出，落笔迅疾，纵横恣肆。尤其运锋，正、侧、藏、露变化丰富，点

●米芾行书《苕溪诗》卷（局部）

画波折过渡连贯，提按起伏自然超逸，毫无雕琢之痕。其结体舒畅，中宫微敛，保持了重心的平衡。同时长画纵横，舒展自如，富抑扬起伏变化。通篇字体微向左倾，多敧侧①之势，于险劲中求平夷。全卷书风真率自然，痛快淋漓，变化有致，逸趣盎然，反映了米芾中年书的典型面貌。吴其贞《书画记》评

此帖曰："运笔潇洒，结构舒畅，盖教颜鲁公化公者。"道出了此书宗法，颜真卿又自出新意的艺术特色。此卷末有其子米友仁跋："右呈诸友等诗，先臣芾真足迹，臣米友仁鉴定恭跋。"后纸另有明李东阳跋。据鉴藏印记，知此帖曾藏入南宋绍兴内府，明杨士奇、陆水村、项元汴诸家，后入清乾隆内府，并刻入《三希堂法帖》。

5. 玉云龙纹炉

玉云龙纹炉，宋，高 7.9 厘米，口径 12.8 厘米。炉青玉质。体圆形，侈口②无颈，垂腹，圈足外撇，两侧对称饰兽首吞耳。通体以"工"字纹为地，上饰游龙、祥云和海水纹。器内底阴刻乾隆七言诗一首：

何年庙器赞天经，刻作飞龙殿四灵。
毛伯邢侯异周制，祖丁父癸似商形。
依然韫匵阅桑海，所惜从薪遇丙丁。
土气羊脂骨变幻，只余云水淡拖青。
末署"乾隆戊戌孟秋御题"。

●玉云龙纹炉

宋时，受理学"格物致知"思想的影响，文玩鉴赏成为时尚，对三代青铜器的研究

---

① qī cè，意为倾斜。
② chǐ，专业术语，多用于陶瓷、金属器皿。又称广口，其形状一般为口沿外倾。

●青铜簋

博学善思

　　左边所述列鼎制度还与什么制度有关？

也颇有成果。于是宋代的玉器形制便又多出了一个类别，那就是仿古青铜器玉器，简称仿古玉器。本器即以青铜簋[guǐ]为蓝本，但在器型和纹饰上多有增损变化，玉料也不是黄色。

　　青铜簋是西周早期的典范之作，相当于今天的碗，是商周时期的盛饭工具。文献中说是用来盛黍稷稻粱的器皿，容量为一升或二升，用途已明。青铜簋出现在商代早期，但数量较少，商晚期逐渐增加。商周时期，簋是重要的礼器。特别是在西周时代，它和列鼎制度一样，在祭祀和宴飨[xiǎng]时以偶数组合与奇数的列鼎配合使用。据记载，天子用九鼎八簋，诸侯七鼎六簋，大夫五鼎四簋，元士三鼎二簋。出土的簋也是以偶数为多。这件铜簋出自陕西省扶风县周原遗址，是西周早期青铜铸造业的典范之作。

　　6. 掐丝珐琅缠枝莲纹象耳炉

●掐丝珐琅缠枝莲纹象耳炉

●掐丝珐琅缠枝莲纹象耳炉（局部）

　　掐丝珐琅缠枝莲纹象耳炉，元，通高 13.9 厘米，口径 16 厘米，足径 13.5 厘米，清宫旧藏。

炉铜胎，圆形，鼓腹，象首卷鼻耳，圈足。炉颈部浅蓝釉地，饰黄、白、红、紫四色菊花 12 朵。腹部宝蓝釉地，饰红、白、黄三色掐丝珐琅缠枝莲花 6 朵。其下饰莲瓣纹一周。

此器釉质莹润，有的部分釉质呈玻璃般的透明状，珐琅色泽浑厚协调，富丽典雅，是一件高水平的元代掐丝珐琅作品。唯其铜胆、象耳和圈足为后配。

第三节 相关研究

北京故宫博物院下设有专门的研究院。故宫研究院是北京故宫博物院设立的学术研究与交流的非建制机构，是以故宫研究院为基本力量，吸纳故宫院内学术人才，汇集国内外知名专家学者，共同搭建的开放式高端学术平台。故宫研究院以创建"学术故宫"为宗旨、以服务"平安故宫"为指针，引领学术发展，制定科研规划，考评学术成果，实现故宫学术研究、人才培养、学术出版和对外交流等事业的可持续发展。

故宫研究院下分设明清史研究所、古建筑研究所、书画研究所、陶瓷研究所等二十余个研究所。

故宫学院是人才培养的专门机构，它是一所业务培训和教育机构，也是国内首家以博物馆办学模式成立的"学院"。故宫学院响应我国博物馆和文化遗产保护事业发展的最新形势和需要，围绕故宫博物院整体事业的发展，面向自身、面向行业、面向全国、面向世界开展多层次、多渠道、多形式的培训项目与教育活动，为博物馆发展提供专业人才支持，践行博物馆公众教育和社会服务的使命。

北京故宫博物院同样有自己的院刊，《故宫博物院院刊》创刊于 1958 年，在 1958 年和 1960 年先后出版两期后即停刊，直到 1979 年复刊。至今共出版近 200 期。刊物复刊后为季刊，每期 6 个印张，2000 年改为双月刊，2004 年印张增加到 10 个，并扩大开本，重新装帧设计，形成了崭新的面貌。2019 年，《故宫博物院院刊》改版为月刊。多年来，《故宫博物院院刊》坚持党的出版方针和政策，坚持习主席传播优秀传统文化的舆论导向，坚持把社会效益放在首位，自觉维护学术的严肃和诚信。

●宋代书法四大家

综观宋代书法，尚意之风为其鲜明的时代特征。宋书不是简单否定唐人，也不是简单回归晋人，禅宗"心即是佛""心即是法"，影响了宋人的书法观念，而诗人、词人的加入，又给书法注入了抒情意味。

●蔡襄行书《自书诗》卷局部（现藏北京故宫博物院）

在强调意趣的前提下，宋代书法家重视自身的修养，胸次高，读书多，见识广，诗词、音乐方面的功力也为前人所不及。

其著名代表书法家有：蔡襄、苏轼、黄庭坚、米芾四大家。四家之外，宋徽宗赵佶独树一帜，亦堪称道。

蔡襄（1012-1067），字君谟，兴化仙游人。官至端明殿学士。《宋史·列传》称他："襄工于手书，为当世第一，仁宗由爱之。"宋四家中，蔡襄年龄辈份，应在苏、黄、米之前。从书法风格上看，苏轼丰腴跌宕；黄庭坚纵横拗崛；米芾俊迈豪放，他们书风自成一格，苏、黄、米都以行草、行楷见长，而喜欢写规规矩矩的楷书的，还是蔡襄。

蔡襄擅长正楷、行书和草书。其书法浑厚端庄，淳淡婉美，自成一体。展卷蔡襄书法，顿觉有一缕春风拂面，充满妍丽温雅气息。蔡襄的书法在其生前就受时人推崇备至，极负盛誉，最推崇他书艺的人首数苏轼、欧阳修。苏轼在《东坡题跋》中指出："独蔡君谟天资既高，积学深至，心手相应，变态无穷，遂为本朝第一。"欧阳修对蔡襄书法的评价真是到了无以复加的地步，欧阳修说："自苏

●苏轼行书《治平帖》卷

子美死后，遂觉笔法中绝。近年君谟独步当世，然谦让不肯主盟。"

苏轼，字子瞻，号东坡居士，眉山（今属于四川）人。他和他的父亲苏洵，弟弟苏辙以诗文称著于世，世称"三苏"。他的书法从"二王"、颜真卿、柳公权、褚遂良、徐浩、李北海、杨凝式各家吸取营养，在继承传统的基础上努力革新。

他在对书法艺术深刻理解的基础上用传统技法进行书法艺术创造，在书法艺术创造中去丰富和发展传统技法，不是简单机械的去模古。他在执笔方法上运用异于常人的特殊方法，还注意书写工具的改革。

黄庭坚，字鲁直，号山谷道人，涪翁，江西修水人。后世称他黄山谷。《宋史·文苑传》称他："庭坚学问文章，天成性得，陈师道谓其诗得法杜甫，善行草书，楷法亦自成一家。与张耒[lěi]、晁补之、秦观俱游苏轼门，天下称为四学士。"

●黄庭坚草书《诸上座帖》卷

宋徽宗赵佶（1082－1135），他政治上昏庸，生活上荒唐，艺术上聪颖。北宋王朝因他而亡，但在艺术上他是个天份极高的书画家，也是艺术活动的组织者和倡导者。他广泛收集民间文物，特别是金石书画，命文臣编辑《宣和书谱》和《宣和画谱》等。他的书法，早年学薛稷，黄庭坚，参以褚遂良诸家，出以挺瘦秀润，融会贯通，变化二薛（薛稷、薛曜），形成自己的风格，号"瘦金体"。其特点是瘦直挺拔，横画收笔带钩，竖划收笔带点，撇如匕首，捺如切刀，竖钩细长；有些联笔字像游丝行空，已近行书。其用笔源于褚、薛，写得更瘦劲；结体笔势取黄庭坚大字楷书，舒展劲挺。

●赵佶《枇杷山鸟图》页

第十章 中国台北故宫博物院

第一节 概　览

　　台北故宫博物院，又称台北故宫、中山博物院，是中国大型综合性博物馆、也是中国三大博物馆之一，是研究古代中国艺术史和汉学的重镇。

　　台北故宫博物院始建于 1962 年，是仿照北京故宫样式设计建筑的宫殿式建筑，1965 年落成，1966 年启用，原名中山博物院，后改为"国立"故宫博物院。台北故宫博物院是中国著名的历史与文化艺术史博物馆。建筑设计吸收了中国传统的宫殿建筑形式，淡蓝色的琉璃瓦屋顶覆盖着米黄色墙壁，洁白的白石栏杆环绕在青石基台之上，风格清丽典雅。

　　台北故宫藏品包括清代北京故宫、沈阳故宫和原热河行宫等处旧藏之精华，以及海内外各界人士捐赠的文物精品，共约 60 余万件，分为书法、古画、碑帖、铜器、玉器、陶瓷、文房用具、雕漆、珐琅器、雕刻、杂项、刺绣及缂丝、图书、文献等 14 类。所藏的商周青铜器，历代的玉器、陶瓷、古籍文献、名画碑帖等皆为稀世之珍。博物院经常维持有 5000 件左右的书画、文物展出，并定期或不定期地举办各种特展。馆内的展品每 3 个月更换 1 次。

　　该院陈列展览强调配合旅游观光事业及为大众服务的原则，院内设有铜器、瓷器、玉器、书画等各种陈列室。先后举办"商周青铜礼器展""我国瓷器的发展""书画精华特展""故宫藏玉""中华民国开国史料展"等展览。在建院 60 周年之际，举办了大型综合陈列"华夏文化与世界文化之关系特展"。还在院内开辟了三希堂古典茶艺雅座和仿宋、明庭园至善园。为了方便外地民众参观，还举办了巡回文物展览，深入许多市县展出。

　　台北故宫博物院占地总面积约 16 万平方米，依山傍水，气势宏伟，碧瓦黄墙，充满了中国传统的宫殿色彩。博物院的主体建筑分为四层，正院呈梅花形，第一层是办公室、图书馆、演讲厅；第二层是展览书画、铜器、瓷器、侯家庄墓园模型及墓中出土文物；第三层陈列书画、玉器、法器、雕刻及图书、文献、碑帖、织绣等；第四层为各种专题特展。在第三层后面建有一座 26 米长的走廊直通山腹的山洞，山洞离地面 50 米，内有拱形洞三座，每座长 180 米，高、宽均为 3.6 米，分隔成许多小库房，中间为通道，分类收藏着各种文物。

展厅分布

开放时间

展览馆一区（正馆）：8：30——18：30；

周五、周六夜间开放 18：30——21：00，全年无休。

图书文献馆：9：00——17：00，周日、假日休馆。

张大千先生纪念馆：周二到周日开放，周一、张大千先生的忌日（4月2日）及假日休馆，需提前一周在台北故宫官方网站申请预约，并于参观前三日，到官网查询是否申请成功。

至善园：9：00——19：00，周二至周日开放，周一休园。

儿童学艺中心：8：30——18：30，周五、周六延长至 21：00，周三下午 13：00 以后闭馆。需申请预约，5-12 岁学童为主。

位置信息

台北市士林区至善路二段 221 号。

第二节 馆藏文物

1. 毛公鼎

毛公鼎通高 54 厘米，腹深 27.2 厘米，口径 47 厘米，重 34.5 千克，由作器人毛公而得名。鼎为直耳，半球腹，足为兽蹄形，矮短而庄重有力，鼎的口沿还装饰有环带状的重环纹。整个造型浑厚凝重，饰纹简洁古雅朴素，具有浓厚的生活气息，是西周晚期的鼎由宗教转向世俗生活的代表作品。

●毛公鼎

毛公鼎为西周晚期的重器，鼎内壁铸有铭文，32行，近500字，是现存青铜器铭文中最长的一篇，堪称西周青铜器中铭文之最。其内容叙事完整，记载详实，被誉为"抵得一篇《尚书》"，是研究西周晚期政治史的重要史料。

铭文释文如下：

周王这样说："父歆啊！伟大英明的文王和武王，皇天很满意他们的德行，让我们周国匹配他，我们衷心地接受了皇天的伟大命令。循抚怀柔了那些不来朝聘的方国，他们没有不在文王、武王的光辉润泽之中的。这样，老天爷就收回了殷的命令而给了我们周国。这也是先辈大臣们辅助他们的主君，勤恳奉天大命的结果。所以皇天不懈，监护着我们周国，大大巩固了降给先王的匹配命令。但是严肃的上天突然发出威怒，嗣后的我虽没来得及领略天威，却知道对国家是不吉利的。扰扰四方，很不安宁。唉！我真害怕沉溺在艰难之中，永远给先王带来忧惧。"

周王说："父歆啊！我严正地遵守先王的命令，命令你治理我们国家和我们家族的里里外外，操心大大小小的政事。屏卫我的王位，协调上下关系，考绩四方官吏，始终不使我的王位动摇。这需要发挥你的智慧。我并不是那么平庸而昏聩的，你也不能怠忽苟安，虔诚地时刻地惠助于我，维护我们国家大大小小的谋划，不要闭口不说话。经常告诉我先王的美德，以便我能符合天意，继续勉力保持大命，使四方诸国康强安定，使我不造成先王的担忧！"

周王说："父歆啊！这些众官出入从事，对外发布政令，制定各种徭役赋税，不管错对，都说是我的英明。这是可以造成亡国的！从今以后，出入或颁布命令，没有事先报告你，也不是你叫他们颁布的，就不能对外胡乱发布政令！"

周王说："父歆啊！现在我重申先王的命令，命令你做一方的政治楷模，光大我们的国家和家族。不要荒怠政事，不要壅塞庶民，不要让官吏中饱私囊，不要欺负鳏公寡妇。好好教导你的僚属，不能酗酒。你不能从你的职位上坠落下来，时刻勉力啊！恭恭敬敬地记住守业不易的遗训。你不能不以先王所树立的典型为表率，你不要让你的君主陷入困难境地！"

周王说："父歆啊！我已对这些卿事僚、太史僚说过，叫他们归你管束。还命令你兼管公族和三有司、小子、师氏、虎臣，以及我的一切官吏。你率领你的族属捍卫我。取资三十孚，赐你香酒一坛、祼祭用的圭瓒宝器、红色蔽膝加青色横带、玉环、玉笏、金车、有纹饰的蔽较、红皮制成的靯和艰、虎纹车盖绛色里子、轭头、蒙饰车厢前面栏杆的画缚、铜车辖、错纹衡饰、金踵、金枙、金章席、鱼皮箭袋、四匹马、镳和络、金马冠、金缨索、红旗二杆。赐你这些器物，以便你用来岁祭和征伐。"

该铭书法极其饱满庄重，充满了无与伦比的古典美。以致于出土以来，清末书法家们无不为之倾倒，书法表现出上古书法的典型风范和一种理性的审美趋尚，体势显示出大篆书体高度成熟的结字风貌，瘦劲修长，不促不懈，仪态万千。章法纵横，宽松疏朗，错落有致，顺乎自然而无做作，呈现出一派天真烂漫的艺术意趣。通过毛公鼎文字书写的完美布局，表现出西周晚期的文字书写形成了具有纯熟书写技巧和表现手法的形式和规律。

2. 颜真卿《祭侄文稿》

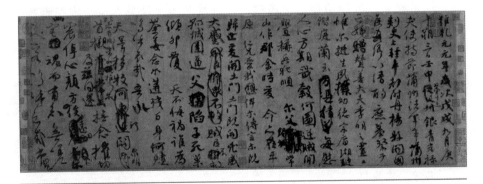

●颜真卿《祭侄文稿》

颜真卿《祭侄文稿》是颜真卿的书法帖本。原本为行草墨迹，纵28.2厘米，横72.3厘米，25行，共230字。这是颜真卿侄季明与其父杲卿于至德元年（756）间殉安史之乱后，颜真卿于乾元元年（758）祭侄灵前，在极度悲愤中写下此稿。

安史之乱时，颜真卿堂兄颜杲卿任常山郡太守，叛军进逼，颜季明，即颜杲卿第三子，颜真卿堂侄，在其父揭旗反正，与颜真卿共同声讨安禄山叛乱时，由他往返于常山、平原之间传递消息，使两郡联结，形成犄角之势，齐心效忠王室，抵抗叛军。但太原节度使拥兵不救，以至城破，颜杲卿与子颜季明先后罹难，所以文中说"贼臣不救，孤城围逼，父陷子死，巢倾卵覆"。

事后颜真卿派长侄泉明前往善后，仅得杲卿一足、季明头骨，乃有《祭侄文稿》之作。则鲁公在援笔作文之际，抚今追昔，萦纡忿激，血泪交进，悲愤交加，情不能自禁。颜真卿此文，正义凛凛，有不忍卒读之感，故黄庭坚《山谷题跋》说："鲁公《祭侄季明文》文章字法皆能动人。"

此稿意不书而在天机自动，以篆法入行，如熔金出冶，随地流走，一泻千里，时出遒劲，杂以流丽。如苏东坡所说"书法无意乃佳"，被人称为"天下第二行书"，与王羲之《兰亭序》媲美。

《祭侄文稿》原文：

维乾元元年，岁次戊戌，九月庚午朔，三日壬申，第十三叔银青光禄（大）夫、使持节蒲州诸军事、蒲州刺史、上轻车都尉、丹阳县开国侯真卿，以清酌庶修，祭于亡侄赠赞善大夫季明之灵曰：

惟尔挺生，夙标幼德，宗庙瑚琏，阶庭兰玉，每慰人心，方期戬穀。何图逆贼间衅，称兵犯顺。尔父竭诚，常山作郡，余时受命，亦在平原。仁兄爱我，俾尔传言。尔既归止，爰开土门。土门既开，凶威大蹙。贼臣不救，孤城围逼。父陷子死，巢倾卵覆。天不悔祸，谁为荼毒？念尔遘残，百身何赎？

呜呼，哀哉！

吾承天泽，移牧河关。泉明比者，再陷常山。携尔首榇，及兹同还。抚念摧切，震悼心颜。方俟远日，卜尔幽宅。魂而有知，无嗟久客。

呜呼，哀哉！

尚飨！

3.散氏盘

散氏盘，又称夨人盘，西周晚期青铜器，因铭文中有"散氏"字样而得名。清乾隆年间出土于陕西凤翔（今宝鸡市凤翔县）。

盘高 20.6 厘米，腹深 9.8 厘米，口径 54.6 厘米，底径 41.4 厘米。圆形，浅腹，双附耳，高圈足。腹饰夔纹，间以兽首三，圈足饰兽面纹。

散氏盘铭文19行、357字。内容为土地转让，记述矢人付给散氏田地之事，并详记田地的四至及封界，最后记载举行盟誓的经过，是研究西周土地制度的重要史料。

●散氏盘

首句"用矢扑散邑，迺即散用田"说明了纷争的伊始：因为矢国攻打（偷袭）散国的田邑，造成散国损失，于是由矢国割田地二区以为赔偿。文中两段割地树封的履勘纪录，紧接着是矢人与散氏参与定界的见证名单，末段则为割地后盟誓立契的实景：（在豆国新宫东廷）原属矢人土地第一区的三员首长与第二区的二名主管相继盟誓，确定守约后，将所割田地绘图，交由矢氏执守，史正仲农则执左券以为文书之认证。

散氏盘铭文用笔粗放豪犷，但并不粗野，而是凝重含蓄，朴茂豪迈。其线质是能将稚拙与老辣、恣肆与稳健、粗犷与内蕴极为完美和谐地结合在一起。它既不同于早期以时有肥厚用笔及点团来华饰其形，呈现出线与块面的结合，也不同于其后的晚周金文刻意整饬，而是于不规整之中见其错落摇曳之趣，给人以欹正相生、自由活泼的艺术美感。可以说散氏盘既凝重遒美，又不失潇洒畅达。

博学善思

大盂鼎、毛公鼎、虢（guó）季子白盘、散氏盘，这四样青铜重器有晚清四大国宝之称。

4.黄公望《富春山居图》

《富春山居图》是元代画家黄公望于1350年创作的纸本水墨画，中国十大传世名画之一。黄公望为师弟郑樗[chū]（无用师）所绘，几经易手，并因"焚画殉葬"而身首两段。前半卷：剩山图，现收藏于浙江省博物馆。后半卷：无用师卷，现藏台北故宫博物院。

《富春山居图》原画画在六张纸上，六张纸接裱而成一副约七百公分的长卷。而黄公望并没有一定按着每一张纸的大小长宽构思结构，而是任凭

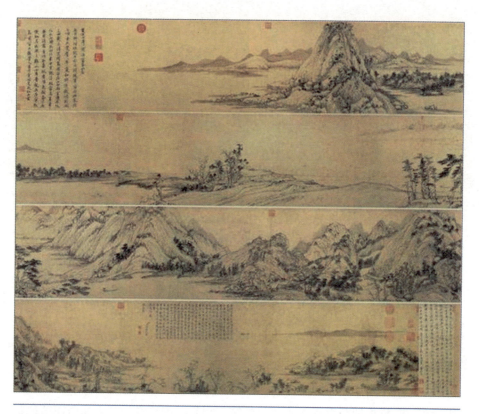

●黄公望《富春山居图》局部

个人的自由创作悠然于山水之间，可远观可近看。这种浏览、移动、重叠
的视点，或广角深远，或推近特写，浏览过程中，视觉观看的方式极其自
由无拘，角度也非常千变万化。

　　樵夫的形象是中国古代最具有特色的，将《富春山居图》放大 10 倍后
再看，江中垂钓的老者任由小船飘荡，无所依从的在水中恣意游荡。山间
云雾缭绕，老者垂钓于江河之中独钓寒江雪。对于现代人来说，对于这种
意境以及完全原生态的追求，更是让人心旷神怡。但这样美好的景色就类
似于桃花源，大多数都只能生活在人们的思想意念之中，在现实生活中往
往没有这样的人文景色，或许《富春山居图》的魅力之处也正是如此，是
对于现实世界的一种缺憾美。

　　《富春山居图》被誉为"画中之兰亭"，属国宝级文物。

5. 翠玉白菜

长：18.7厘米，宽：9.1厘米，厚：
5.0厘米。菜叶上雕刻有两只昆虫，
分别是螽斯和蝗虫，寓意多子多孙。
此件翠玉白菜原是永和宫的陈设器，
永和宫为清末瑾妃所居之宫殿，据说
翠玉白菜即为其随嫁的嫁妆。白菜寓
意清白，象征新嫁娘的纯洁，昆虫则
象征多产，祈愿新妇能子孙众多。自
然色泽、人为形制、象征意念，三者
搭配和谐，遂成就出一件不可多得的
珍品。

翠玉白菜的原料来自缅甸，它
的翠色晶润淡雅，通透无暇。自古
以来，人们鉴赏翡翠首先要看它的

●翠玉白菜

"种"。"种"多指翠玉的颜色和通透程度，有"玻璃种""水种""蛋清种""金
丝种""芙蓉种"和"紫罗兰种"等。玉，在中国是非常珍贵的质材，琢磨
玉料成为器物则相当的费工、费时，如何节料、省工遂成为玉器设计过程
中空间思考的准则之一，而"量材就质"便是此思考方向下产生的艺术特质。
所谓"量材就质"，简而言之，就是顺应玉料自然天成的外形或色泽设计玉
器形制，是一种在外设条件的限制下发挥创造力的创作方式。协调天然与
人为，则是此创作方式最重要的理念。

天津博物馆、北京博物馆分别有一棵翠玉白菜。可以与台北故宫相媲
美的是天津博物馆的翠玉白菜。论起质地，天津博物馆的这棵翠玉白菜没
有台北故宫的好，但是天津的翠玉白菜拥有白绿黄三个颜色。

除此之外，另外有一棵精妙绝伦的翠玉白菜不知所踪。这棵翠玉白菜
曾是慈禧太后陪葬品，绿叶白心，菜梗上还刻着一只振翅的蝈蝈，还有两
只红白相间的马蜂，这棵举世绝品的翠玉白菜不知去向，可能在1982年的
慈禧陵寝盗墓案中走失掉。

6. 北宋汝窑莲花式温碗

●北宋汝窑莲花式温碗

以莲花或莲瓣作为器物之纹饰及造型，随佛教之传入而盛行，尔后更取其出泥不染之习性，寓意廉洁，广为各类器所采用。莲花碗呈十瓣莲花形，似宋代常见的注碗形制，宋代南北方瓷窑均有烧造，为宋代常见器型，此莲花碗造型比例适度，器身随花口亦呈十瓣，该器状似未盛开莲花，线条温柔婉约，高雅清丽。原器应与一执壶配套，为一温酒用器，晚唐至宋所常见。

汝窑窑址位于河南省宝丰县。宝丰宋代隶属汝州，故简称汝窑，又因其是烧宫廷用瓷的窑场，故也称"汝官窑"。汝窑瓷器胎均为灰白色，深浅有别，与燃烧后的香灰相似，故俗称"香灰胎"，这是鉴定汝窑瓷器的要点之一。

汝窑瓷器传世最少，且后代从未仿烧到九成像者，鉴别真伪不是很难，尤其是记住汝窑的主要特征，更不会轻易上当。除胎釉、支钉痕外，汝窑瓷器至今未有高度超过 30 厘米、圆器口径超过 20 厘米的完整传世品。汝窑未烧造官窑瓷以前也曾生产青瓷，同时也生产磁州窑类型产品，真正的汝官窑产品，传世的仅见 70 余件，且汝窑烧宫廷用瓷的时间仅 20 年左右，约在北宋哲宗元祐元年（1086）到徽宗崇宁五年（1106），故传世品极少，被人们视为稀世之珍。

第三节 相关研究

台北故宫博物院出版有《中华五千年文明集刊》《国之重宝》《惠风和畅》《文物光华》《故宫宝藏》《元四大家》《唐寅的研究》《山水画皴法点苔之研究》《清代通鉴长编》等著作，并影印出版了文渊阁《四库全书》。院内还有定期刊物《故宫文物月刊》和《故宫学术季刊》等。

● 东坡肉形石

在台北故宫博物院还有一件十分接地气的宝贝——东坡肉形石，与翠玉白菜、毛公鼎共称为"猪肉白菜锅"。

东坡肉形石：高 5.73 厘米，宽 6.6 厘米，此件肉型玉石乍看之下，就是一块出锅不久似乎都能闻出香味的东坡肉，不知者以其创意构思之巧妙，雕刻技法令人叹为观止。东坡肉石，它其实是一块天然的玉石，没有经过任何人工雕刻，其色泽纹理全是天然形成，看上去是一块栩栩如生的东坡肉，肉的肥瘦层次分明，肌理清晰，甚至连猪肉皮上面的毛孔都能看见，真正人间极品，价值连城。

第十一章 陕西历史博物馆

第一节 概 览

三秦大地是中华民族生息、繁衍,华夏文明诞生、发展的重要地区之一,中国历史上最为辉煌的周、秦、汉、唐等十三个王朝曾在这里建都。丰富的文化遗存,深厚的文化积淀,形成了陕西独特的历史文化风貌,被誉为"古都明珠,华夏宝库"的陕西历史博物馆则是展示陕西历史文化和中国古代文明的艺术殿堂。

陕西历史博物馆是一座综合性历史类博物馆。馆区占地 65000 平方米,建筑面积 55600 平方米,文物库区面积 8000 平方米,展厅面积 11000 平方米,馆藏文物 1717950 件(组)。上起远古人类初始阶段使用的简单石器,下至 1840 年前社会生活中的各类器物,时间跨度长达一百多万年。文物不仅数量多、种类全,而且品位高、价值广,其中的商周青铜器精美绝伦,历代陶俑千姿百态,汉唐金银器独步全国,唐墓壁画举世无双。可谓琳琅满目、精品荟萃。

陕西历史博物馆前身为民国三十三年(1944)六月成立的"陕西省历史博物馆",1950 年改称西北历史陈列馆,1952 年改称西北历史博物馆,1955 年 6 月改称陕西省博物馆。1983 年,根据周恩来总理生前指示,开始在现址筹建新馆,1986 年夏破土动工,1991 年 6 月 20 日正式建成开放,并定名现名。

开馆以来,陕西历史博物馆充分发挥文物藏品优势,坚持"有效保护、合理利用、加强管理"的原则,把收藏保管、科学研究和宣传教育功能有机结合,举办了各种形式的陈列展览,形成了基本陈列、专题陈列和临时展览互为补充、交相辉映的陈列体系，从多角度、多侧面向广大观众揭示历史文物的丰富文化内涵，展现中华民族博大精深的文明成就。同时，以开放的姿态走出国门，将灿烂辉煌的中华文明、光彩夺目的三秦文化呈现给世界各国人民。

展厅分布

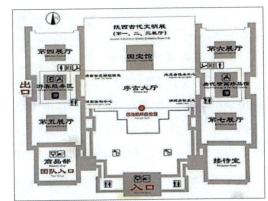

开放时间

免费开放时间为每周二至周日；

参观时间：淡季（11月15日至次年3月14日）9：00—17：30（16：00停止取票）；

旺季（3月15日至11月14日）8：30—18：00（16：30停止取票）；

周一全天闭馆整修（国家法定节假日除外）。

位置信息

陕西省西安市小寨东路91号。

数字博物馆

陕西数字博物馆是2012年陕西省政府推出的一项重要文化惠民工程，是陕西省文物局依托已经建成的陕西馆藏文物数据库资源，着力打造的一个文物数字化展示、保护与交流的专业平台。陕西数字博物馆于2010年开始酝酿筹建，至2011年底实现了上线试运行，于2012年8月28日正式上线。目前已经形成了虚拟现实馆、数字专题展、临展与交流展、精品文物鉴赏、讲坛与讲解等五大特色栏目。截至目前，在网上可以浏览全省144家博物馆虚拟展示，网址为http://www.qinling360.com/sxlsbwgxb

游客还可以手机扫码登陆陕西文物之声网络电台，足不出户聆听"最新展览""文物故事""基层动态"和"文博新闻"。

融媒矩阵

另外，还可以手机扫码登陆讲读博物馆，陕西全省博物馆讲读平台"讲读博物馆 APP"，应用内容包含有陕西省百家博物馆语音讲解导览服务，现场语音讲解、VR 视频讲解、三维文物展示、虚拟漫游等多种功能形式的讲解。

第二节 馆藏文物

1.唐三彩载乐骆驼俑

骆驼站在长方形底座上，引颈长嘶，驼背上的驮架为一平台，铺有色彩斑斓的毛毯，共有八名乐手。其中七名男乐手身着汉服，手持胡人不同乐器，面朝外盘腿坐着演奏，中间有一站立女子正在歌唱，显然这是一个流动演出团。唐代艺术家用浪漫的手法将舞台设置在驼背上，可谓匠心独具。

●唐三彩载乐骆驼俑　　　　　　　　　　　●唐三彩载乐骆驼俑局部

唐代的开放，迎来了世界各地的人们，他们带来的各种奇珍异宝，让唐代人爱不释手。带来的异域音乐和舞蹈，使唐朝人喜不自禁。能歌善舞的各国艺人在唐代首都长安这个大舞台上，尽情演绎着人们对太平盛世的赞美和对美好生活的追求。这件载乐骆驼俑表现了一个以驼代步、歌唱而来的巡回乐团，有主唱、

博学善思

你知道唐三彩指的是哪三种颜色吗？

有伴奏,骆驼背上放置一平台。一般人坐在高高的骆驼背上都有点心惊肉跳,而这七个人却围着圈坐在平台边沿上演奏,个个神态坦然,全神贯注,沉浸在美妙的音乐中,达到了忘我的境界。尤其是那位唱歌的女子,她梳着唐朝妇女典型的发型,身穿高束腰的长裙,线条流畅,头向上扬,右臂动作优美,神态优雅、自信,骆驼在走,她却站在乐队中间婉转歌唱,显然已是唱到了动情之处。整件作品中人物形象个个生动鲜活,连骆驼也显得沉稳有加,好似踏着乐步徐徐行进。

西安地区出土的大量唐代表现乐舞艺术的陶俑与众多的文献资料一起,为我们再现了那个伟大时代震撼人心的乐舞之声。它穿越时空,久久回荡在历史的各个角落里。直到今天,当我们看着这个驼背上的乐队时,耳边又似乎回响起了盛唐时期那优美的歌声和动人的旋律。唐三彩载乐骆驼俑被列入《第三批禁止出国(境)展览文物目录》。

2. 青釉提梁倒注瓷壶

青釉提梁倒注瓷壶,1968年陕西彬县出土,高18.3厘米,腹径14.3厘米。这件造型独特、构思巧妙的倒灌壶,伏凤式提梁,以花蒂象征壶盖。壶身呈圆形,盖、梁、身连为一体。象征性的壶盖为柿蒂形,提梁是一只伏卧着、圆眼短嘴的凤凰。壶嘴为一张口侧卧的母狮,一只幼狮正在腹下吮吸乳汁,非常生动,活泼可爱。壶身一周饰有凸雕的缠枝牡丹花,下饰一周仰莲瓣,纹饰简洁明快。因为凤凰、狮子和牡丹分别为百鸟之王,百兽之王和百花之王,这件壶也被称作"三王壶"。

壶底部中心有五瓣梅花孔,灌水时将壶倒置,水从母狮口外流时为盛满,因壶内有漏柱与水相隔,所以底部虽有孔而不会漏。这是利用了"连通容器内液面等高"的物理原理,反映了工匠艺人的睿智巧思。这件壶釉色呈橄榄色,属于"耀州窑"的产品。耀州窑是我国古代北方著名的八大名窑之一,它始于唐,兴于宋,衰落于明,以生产工艺精湛的刻花青瓷驰名中外。刻花技艺是先用刀具垂直刻出纹样轮廓,再在纹样旁用刀具

● 青釉提梁倒注瓷壶

斜刻，并剔去倒痕中的底泥，使纹样微凸，然后施釉烧制。成品花纹清晰，层次分明，釉色晶莹透亮，有很强的立体效果。这件青瓷刻花倒灌壶实为耀州窑一件罕见的珍品，被列入《第三批禁止出国（境）展览文物目录》。

3.西汉皇后之玺

● 皇后之玺

● 皇后之玺底部刻字

羊脂白玉，温润洁白、有着凝脂般的光泽，极具观赏性，玉质坚硬致密，纯净无瑕，玺体为正方形，纽为高浮雕的匍伏回首状之螭虎，螭虎形象凶猛，体态矫健，四肢有力，双目圆睁，背部刻有一条较粗的随体摆动的曲线。玺台四侧面呈平齐的长方形，并琢出长方形阴线框，其内雕琢出四个互相颠倒并勾连的卷云纹，玺面阴刻篆书"皇后之玺"四字，书体流畅，刀法自然娴熟，可见当时的篆刻艺术已达到了高超的水平。

我国最早的印章实物发现于安阳殷墟，是商代晚期物品。秦统一后，确立玺印制度，规定帝后印章称"玺"，其余均称"印"。从这件"皇后之玺"的质地、钮式和文字来看，应该是属于西汉的物品，又因它的出土地点距汉高祖和皇后吕雉合葬墓东侧只有一千米，由此推测它很可能是吕后生前所用的印章。"皇后之玺"是迄今发现唯一的汉代皇后玉玺，对研究秦汉帝后玺印制度有着十分重要的意义。

皇后之玺并非专门的文物考古所发现，而是一个名叫孔学良的小学生偶然所得。1968 年 9 月的一天傍晚，咸阳市区东北 30 多公里的韩家湾公社韩家湾小学的 14 岁学生孔忠良放学回家，他沿着渭惠渠边的路走到狼家沟，无意中看见渠南边的土坎上有个东西在夕阳斜照下闪闪发光，开始他以为是只躲在草丛中的小兔子在偷看他，就好奇地走近一看，却什么也没有发现，只是那亮光仍在闪烁。于是他放下书包，用手刨挖起来，终于发现有个东西的一角露了出来，由于土质松疏，他很快便把这东西刨了出来。他擦去上面的泥土，原来是一块光亮的玉石，玉石的上部趴着一个动物，下面四四方方的，好像刻着字，可是他一个字也认不出来，于是把它带回了家。到家后便把玉石给哥哥看，两人研究半天，觉得可能是枚印章，准备把上面的字磨掉，刻上自己的名字留着玩。可是这玉石特别坚硬，上面的字怎么也磨不掉。后来他们希望父亲将印章带到西安，找一家店铺将上面的字磨掉，并刻上自己的名字。有一些常识的父亲认识到这枚印章可能并非寻常之物，第二天便将其带到陕西省博物馆，至此，这枚珍贵的皇后之玺才终于得以在艺术殿堂中正式陈列展出，并列入《第三批禁止出国（境）展览文物目录》。

4. 唐懿德太子墓壁画《阙楼图》

《阙楼图》绘制于懿德太子墓。懿德太子墓位于陕西省乾县县城西北约三公里的乾陵东南隅，从墓葬的形制、规模、随葬的玉哀册、贴金甲马骑俑、壁画中的列戟、三出阙来看，都是目前唐代墓葬等级最高者。

懿德太子李重润是唐中宗长子（公元 682 年—公元 701 年），也是中宗李显与韦皇后所生的唯一的儿子。大足元年（701）九月壬申日，邵王李重润与其妹永泰郡主李仙惠、主媚魏王武延基一同被武则天处死，死因是他们三人私下议论："张易之兄弟何得恣之宫中？"死时，李重润年仅 19 岁。

公元 705 年中宗重新即帝位后，追赠其为懿德太子，将其灵柩从洛阳迁回乾陵陪葬，并给予"号墓为陵"的最高礼遇。1971 年发掘，

●唐懿德太子墓壁画《阙楼图》（东壁）

墓全长100.8米，由墓道、6个过洞、7个天井、8个小龛、前甬道、后甬道、前墓室、后墓室八部分组成。如此规模宏大的墓葬中，随葬品十分丰富，出土各类文物多达1000余件，壁画近400平米。这些壁画堪称初唐至盛唐具有代表性的绘画流派杰作，在唐代绘画真品中极为罕见。

墓地表有双层覆斗形封土，周围设围墙，南面有土阙、石狮、石小人、华表等。葬具置于后室，为庑殿式石椁，外壁雕饰头戴凤冠的女官线刻图，墓壁满绘壁画，保留约40幅。墓道东西两侧绘制有两幅阙楼图，阙楼是宫门前的标志性建筑。它由高到低共分三层，表明此阙楼为三出阙，这超出了太子本应使用二重阙的标准，显然是由于"号墓为陵"而使用了皇帝的阙楼规格。在三出阙之后是一座角楼，与侧面的城墙相连。唐代的城墙为夯土筑成，城墙上"凸"字形的建筑称为"马面"，是城墙上的防御工事。画面颜色以赭色（艳红色）为主，绿色为辅，红、黄、青色点缀其间，体现了盛唐时期绘画技巧的高超水平。

此墓壁画用色大胆多变，注重物象的主体感与明暗变化，既有浓彩重墨的绚丽，又有焦墨薄彩的轻淡。线条运用亦很讲究，通过笔法的各种变化，营造出气势磅礴的宏伟场面，塑造出一个个精美的人物形象，可以说是初唐画坛具有代表性的绘画流派在墓葬壁画中留下的杰作，在唐代绘画真品不多见的今天，尤其显得重要。

懿德太子墓壁画的绘制者文献中未有记载。方丹和吴同皆认为此人为张彦远《历代名画记》中之杨跫[qióng]，是一位擅长画山水，取法"李将军"的画家。唐懿德太子墓壁画《阙楼图》被列入《第三批禁止出国（境）展览文物目录》。

5. 兽首玛瑙杯

唐兽首玛瑙杯，又称镶金兽首玛瑙杯、兽首玛瑙杯。1970年西安市南郊何家村出土，长15.5厘米，口径5.9厘米。这件玛瑙杯选材精良，是用一块罕见的五彩缠丝玛瑙雕刻而成，造型写实、生动，杯体是模仿兽角的形状，杯子的前部雕刻为牛形兽首，双眼圆睁，炯炯有神，刻画的神形皆肖。兽嘴处镶金，起到画龙点睛的作用，其实这是酒杯的塞子，取下塞子，酒可以从这儿流出。头上的一对羚羊角呈螺旋状弯曲着与杯身连接，在杯口沿下又恰到好处地装饰有两条圆凸弦，线条流畅自然。工匠又巧妙利用

●兽首玛瑙杯

材料的自然纹理与形状进行雕刻，"依色取巧，随形变化"。细微处刻画地惟妙惟肖，栩栩如生，是至今所见唐代唯一的一件俏色玉雕，其选材、设计和工艺都及其完美，是唐代玉器做工最精湛的一件，在我国是绝无仅有的。

这件玛瑙杯的产地目前学术界仍有争议，但其造型是西方一种叫"来通"的酒具却成为专家学者的共识。"来通"是希腊语的译音，有流出的意思，大多做成兽角形。一般在酒杯的底部有孔，液体可以从孔中流出，功能如同漏斗，用来注神酒。当时人们相信用它来注酒可以防止中毒，举起"来通"将酒一饮而尽是向神致敬的表示，因此也常用于礼仪和祭祀活动。

这种造型的酒具在中亚、西亚，特别是萨珊波斯（今伊朗）十分常见，在中亚等地的壁画中也有出现。在我国，从唐代以前的图像资料来看，这种酒具常出现在胡人的宴饮场面中，唐朝贵族以追求新奇为时尚，而这件器物的出土也是唐朝贵族崇尚胡风，模仿新奇的宴饮方式的见证。

●兽首玛瑙杯局部

玛瑙的主要组成是一种矿物——玉髓。中国产地广泛，晋王嘉《拾遗记》中载：\"当黄帝时，玛瑙瓮至，尧时犹存，甘露在其中，盈而不竭。\"中国古代玛瑙多来自西方，康国、吐火罗、波斯均向唐王朝进献过玛瑙器。《唐门·德宗纪》称\"倭国献玛瑙大如五斗器\"。《珍玩续考》称\"渤海国献玛瑙柜，方二尺，深茜色，上巧无比\"。另外据《唐会要》载吐火罗还将大量未加工的矿石贡献于唐朝廷。另在《旧唐书》中有\"开元十六年大康国献兽首玛瑙杯\"的记载。从这些现象分析，这件珍贵的玛瑙杯很可能是作为文化交流的使者从西域来到中国的，但也不排除这是出自居住在长安的中亚或西亚的工匠之手，亦或是唐代工匠学习外来工艺后利用外国进贡原料琢制而成的杰作。

这件国之重宝，象征着财富和权力，是一件高贵的艺术品，同时它也很可能是中西亚某国进奉唐朝的国礼，意义非同一般，是在东西方文明碰撞的火花中诞生的一件重要文物，被列入《首批禁止出国（境）展览文物目录》。

6. 唐永泰公主墓壁画《宫女图》

●唐永泰公主墓壁画《宫女图》

李仙蕙是唐中宗第七女，初封永泰郡主，后赠永泰公主。这幅壁画绘制在永泰公主墓前室东壁南侧，高 177 厘米，宽 198 厘米，是唐墓壁画中反映女性形象最完美的一幅。此图场面宏大，保存较好，图中描绘了九位风姿绰约的宫女，头梳高髻，肩披纱巾，长裙曳地，个个体态丰盈，婀娜多姿。她们手捧方盒、酒杯、拂尘、如意、团扇、蜡烛等，在为首女官的引领下款款徐行，或低语、或回顾、或凝神，描绘得细致入微，生动传神。

图中宫女不仅服饰华丽，而且发型也是多种多样，非常美观。古代妇女常常将头发束在头顶或脑后形成所谓的"发髻"，通过不同的挽束方式来产生不同的美学效果。从文献记载和考古资料看，隋朝妇女发髻比较简单，一般多为平顶式。初唐时期改为云朵形，且有了上耸的趋势。盛唐时期花样翻新，名目繁多，约有三十余种。开元、天宝年间流行假发，而且越梳越高，上面还缀以花朵，直至出现了"髻鬟峨峨高一尺""一丛高鬓绿云光"的风尚。

她们是公主寝宫中一群端庄娴静的宫女，她们是大唐画风中的标准美人，她们最能体现唐人喜好秀丽丰满、华贵艳媚的女子的风尚，她们也最真实的展示出了唐代皇室贵族奢靡生活的某一瞬间。

整体构图既注意到各人物特点，又顾及到画面和谐统一，色彩丰富，线条流畅，人物的装束、服饰具有很高的史料价值，精美的画面又有极高的艺术性。画师着重通过人物的正、侧、背、转各种微妙的变化，使单调排列的宫女神情相应，构成一个完美的整体，是唐墓壁画中的精品，达到了艺术效果与历史价值的高度统一，为《第三批禁止出国（境）展览文物目录》。

了解一下盛唐时期还有哪些常见的妇女发髻。

第三节 相关研究

陕西历史博物馆设陕西省博物馆协会、区域博物馆专业委员会两大学术机构，目前为止共召开 40 余次学术会议，取得丰硕成果。在此基础之上，陕西历史博物馆出版有《文博》《陕西历史博物馆馆刊》两种读物供学者、游客阅读，并有学术讲座视频可供观看。

其中《文博》创刊于 1984 年，是由陕西省文物局主办、陕西历史博物馆承办的考古学类双月刊，为全国中文核心期刊、中国人文社科核心期刊（扩展版）、首届全国优秀社科期刊，在国内外享有较高学术声誉，拥有多层次的读者群体。《文博》以保护、研究和宣传人类文化遗产为宗旨，关注国内外考古与文物新发现，广纳学术和艺术百川，提倡人文关怀，致力于推动学术交流与发展。常设栏目有：发现与研究、探讨·争鸣、史迹考述、

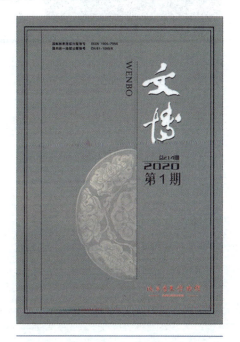

● 《文博》封面

文保科技、宗教视域、博物馆天地、遗产保护等。封面如右：

吕雉（吕后、汉高后，公元前241年–公元前180年8月18日），字娥姁（xū），砀郡单父县（今山东菏泽市单县）人，刘邦的皇后，是中国历史上有记载的第一位皇后和皇太后，也是秦始皇建立皇帝制度之后第一个临朝称制的女性。

吕雉开启了汉代外戚专权的先河，被司马迁列入记录帝王政事的本纪，后世把她与武则天并称为"吕武"。吕雉统治期间实行黄老之术和与民休息的政策，废除挟书律，下令鼓励民间藏书、献书，恢复旧典，为后来的文景之治打下了很好的基础。

第十二章 河南博物院

第一节 概 览

河南博物院是中国历史上创建较早的博物馆之一，1927 年创建于开封，1961 年随省会迁至郑州，1994 年新馆开工建设，1998 年 5 月 1 日正式对外开放。院区占地面积 126 亩，建筑面积 5.5 万平方米，建筑群取"九鼎定中原"之寓意，体现中原

●河南博物院外景

文化源远流长、博大精深的特征。2009 年入选首批中央地方共建国家级博物馆。

●河南博物院标志

河南博物院现有藏品 17 万余件（套），大多数为珍贵文物，其中以青铜器、玉石器、陶瓷器、石刻造像等最具特色，是见证和展示华夏文明起源形成与发展脉络的文化艺术殿堂。包括基本陈列：中原楚系青铜艺术馆、明清珍宝馆、河南古代玉器馆、天地经纬、中原古代文明之光。依据不同的现实情况，还举办了"中国战斗抗日战争时期木刻版画展""窑火神工——鲁山段店窑陶瓷器精品展""骏犬啸天——戊戌狗年新春生肖文物图

片联展""丝绸之路音乐文物展"等临时展览。还有一些外展交流，以及网上的虚拟展览都极大丰富了河南博物院的展览形式。

河南博物院以"发扬固有文化、提倡学术研究、增长民众知识、促进社会文明"为建院宗旨，以建设"国内领先、世界一流"博物馆为目标，不断提高公共文化服务水平，精心打造公益文化服务品牌，是领略中原文化魅力的重要窗口，增进文化交流合作的重要桥梁。

开放时间

开放时间：每周二至周日 9：00—17：30；

冬季开放时间为 9：00—17：00；

闭馆前 1 小时停止发放参观卡；

每周一（国家法定节假日除外）闭馆。

位置信息

河南省郑州市农业路 8 号。

融媒矩阵

●微信公众号　　　●官方微博　　　●头条号　　　●手机 APP

数字博物馆

河南博物院根据主题打造了网上虚拟展览，例如"大象中原——河南古代文明瑰宝展""'金字塔——不朽之宫'埃及文物展""首届中原国际陶瓷双年展""鼎盛中华——中国鼎文化"展等。其他文物还可通过官方拍摄的视频展播以及多媒体展示的方式一睹文物风采。

第二节　馆藏文物

1. 莲鹤方壶

莲鹤方壶属于春秋时期文物，通高 117 厘米，口长 30.5 厘米，口宽

24.9厘米，于1923年在河南省新郑李家楼郑公大墓出土。

壶是古代青铜酒具的一种，也是青铜礼器的重要种类之一，自商代就已有之，主要盛行于春秋战国时期。春秋莲鹤方壶为春秋中期青铜制盛酒或盛水器。

莲鹤方壶为一对两件，只是在高度上有细微的差别。壶身为扁方体，壶的腹部装饰着蟠龙纹，龙角竖立。壶体四面还各装饰有一只神兽，兽角弯曲，肩生双翼，长尾上卷。圈足下有两条卷尾兽，身作鳞纹，头转向外侧，有枝形角。承托壶身的卷尾兽与壶体上装饰的龙、兽向上攀援的动势，互相呼应。壶盖被铸造成莲花瓣的

●莲鹤方壶

形状，一圈肥硕的双层花瓣向四周张开，花瓣上布满镂空的小孔。莲瓣的中央有一个可以活动的小盖，上面有一只仙鹤站在花瓣中央，仙鹤似乎在昂首振翅，正在翘首望着远方，造型灵动。

莲鹤方壶不仅纹饰细腻新颖，而且结构复杂、铸造精美，堪称是春秋时期青铜工艺的典范之作。在通高为116厘米、重65公斤的器身上下，装饰了各种纹样以及附加的配件，设计极其复杂。在莲鹤方壶的整个装饰工艺中采用了圆雕、浅浮雕、细刻、焊接等多种技法。莲鹤方壶精湛的工艺，

●莲鹤方壶顶部

反映了春秋大变革时期的时代风貌，同时也展现了春秋时期郑国工业科技水平特别是青铜铸造水平在当时独领风骚的一面。

郭沫若先生这样评价：此壶（莲鹤方壶）全身均浓重奇诡之传统花纹，予人以无名之压迫，几可窒息。乃于壶盖之周骈列莲瓣二层，以植物为图案，器在秦汉以前者，已为余所仅见

之一例。而在莲瓣之中央复立一清新俊逸之白鹤（仙鹤），翔其双翅，单其一足（郭沫若先生观看莲鹤方壶照片，写下此语，照片上莲瓣遮挡鹤之一足，故有"单其一足"，此鹤实乃双足而立也），微隙其喙作欲鸣之状，余谓此乃时代精神之一象征也。此鹤初突破上古时代之鸿蒙，正踌躇满志，睥睨一切，践踏传统于其脚下，而欲作更高更远之飞翔。此正春秋初年由殷周半神话时代脱出时，一切社会情形及精神文化之一如实表现。

盖顶一鸟耸立，张翅欲飞，壶侧双龙旁顾，夺器欲出，壶底两螭抗拒，跃跃欲试，全部格局，在庞然大器的附着上，有离心前进动态之感。

2002年，莲鹤方壶被列入《首批禁止出国（境）展览文物目录》。

2. 北齐白釉绿彩长颈瓶

北齐白釉绿彩长颈瓶为北齐时期的瓷器，1971年出土于河南省安阳市北齐武平六年（575）范淬墓。

北齐白釉绿彩长颈瓶高22厘米，口径6.8厘米，底径7厘米，侈口、细长颈，鼓腹，浅圈足，底部微凹，颈肩相交处有一道弦纹，庄重饱满又透出一股挺拔与灵气。器饰白釉，白釉泛青。腹部有翠绿斑驳，色彩鲜明，深色的绿彩好似是泼在器上，简洁明快，犹如不经意间在黄白色的大地上绘出了一片绿色的原野，既增加了色彩的变化，也加重了瓶身的尊贵。此瓶从一开始就在白瓷上施以色彩，让人们不得不慨叹古人的思维和胆略。

●北齐白釉绿彩长颈瓶

北齐白釉绿彩长颈瓶施纯正透明釉，釉色薄而滋润，玻璃质感较强，釉色普遍白中泛黄，有些釉厚处泛青色，在乳白色透明釉上施数道绿釉。胎料经过加工淘洗，比较细腻，呈灰白色，胎子外面还施了一层化妆土。

在中国陶瓷发展史上，早期的瓷器均属于青瓷系统，白瓷的生产要晚于青瓷，白瓷生产的条件比青瓷更为严格，必须降低胎、釉料中的铁的含量。北齐白釉绿彩长颈瓶是中国发现的最早的白瓷器之一，它的出现标志着制瓷工艺的巨大进步，它打破了青瓷一统天下的局面，为以后彩瓷的发展奠定了基础，开创了中国陶瓷釉彩装饰的先河，它是单色釉向彩色釉发展的重要一步，为色彩斑斓的唐三彩奠定了工艺基础。

2013年8月19日，国家文物局将其列入《第三批禁止出国（境）展览文物目录》。

3. 武曌金简

武曌 [zhào] 金简，长36.2厘米，宽8厘米，厚约0.1厘米，重223.5克，于1982年在河南省登封嵩山峻极峰北侧石缝中出土。由于武则天的墓穴至今仍未打开，这是现存唯一一件属于武则天的文物。

●武曌金简

金简为长方形，正面镌刻双钩文字63个："大周国主武曌，好乐真道，长生神仙，谨诣中岳嵩高山门，投金简一通，乞三官九府，除武曌罪名。太岁庚子七月庚子（700）七月甲寅，小使臣胡超稽首再拜谨奏。"

有人说，武则天为了掌握权力，连自己子女也牺牲，她晚年也感到罪孽深重，怕自己不能升天，要下地狱。她听说，做一块金简，把自己的罪过刻在金简上，埋在嵩山，就可以除去罪孽。公元700年4月即武则天77岁时，她到登封城三阳宫游幸得了重病，病好后恰逢七月七"乞巧"日，这天她再次游历了嵩山，派道士胡超带上表达自己意思的金简到嵩山山门投递。金简上的文字即武则天对中岳祭拜的祈祷词，有人解释为是武则天拜谒中岳嵩山入门的"名片"，即古代所谓的"入门投刺"。

从先秦到清末，天子皆以"玉"封禅、祭天，为何武则天偏偏用"金"？从考古学上看，金制器物在商代之前已经出现。至少在汉武帝时，金制器物已与延年益寿、封

找一找资料，看看武则天作为女性是如何在中国古代男权主导的社会中获得承认，登上帝位的？

禅成仙连在一起，被赋予神秘的宗教色彩。《史记》云：方士李少君对武帝曾说："祠灶则致物，致物则丹砂可化为黄金，黄金成以为饮食器则益寿，益寿而海中蓬莱仙者可见，见之以封禅则不死……"这一思想，在唐代被进一步发展，唐太宗、唐高宗等，不但使用金属器物，还都"素饵黄金"，服食金丹（仙丹），至武则天，其风更烈。由此可见，用金简承载"好乐真道，长生神仙"，符合她一生所为，也符合神秘神圣的宗教诉求。

4. 贾湖骨笛

贾湖骨笛为新石器时代文物，长 23.6 厘米，于 1987 年出土于河南舞阳贾湖遗址 M282 号墓。

当下所有中国人而言，最早认识"羌"字，几乎都是从唐代诗人王之涣的这首《凉州词》开始的。

凉州词

王之涣

黄河远上白云间，一片孤城万仞山。

羌笛何须怨杨柳，春风不度玉门关。

对汉、唐之后所有中国人而言，"笛"就是"羌笛""胡笛"，它是胡人、也就是西域羌人的发明创造，并非华夏族原有的乐器。

但在 1984 年到 2001 年期间，30 多支截取仙鹤（丹顶鹤）尺骨（翅骨）制成的骨笛，相继在河南舞阳贾湖遗址破土而出。而贾湖遗址，却是距今 7800 年到 9000 年间的、华夏族先民聚居的史前聚落遗址。

贾湖骨笛横空出世，无疑为我们研究中国音乐与乐器发展史，提供了弥足珍贵的实物资料。但贾湖骨笛能够改写的，远非整部中国音乐史那么单纯简单，更为重要的是，贾

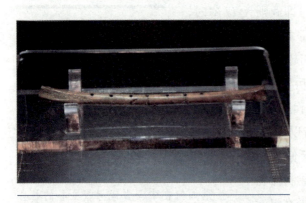

●贾湖骨笛

湖骨笛作为罕见的史前神器，作为中华民族必须翻越的从蒙昧走向文明的第一座珠穆朗玛峰，其对此后闻名于世的中国礼乐制度、土生土长的中国道家、道教，乃至整个中国文化、文明都产生了重要影响。

仙鹤是沟通阴阳两界的使者，仙鹤是凡人羽化升仙的坐骑。贾湖先民以仙鹤尺骨创制骨笛神器，说到底，奠定的是中国文化的原初之基。

河南博物院收藏的这支贾湖骨笛，器形完整，且因石化而晶莹亮洁，近乎可与美玉争辉。在目前发现的 30 多支贾湖骨笛中，这一遗世精品可遇难求，堪为"中华第一笛"代表作品。在挤掉裴李岗遗址出土的石磨盘、石磨棒，大河村遗址出土的彩陶双连壶后，这支贾湖骨笛挺进河南博物院建院八十周年"九大镇院之宝"的行列，成为史前古物序列中唯一一件入选河南博物院"九大镇院之宝"的神器。

博学善思

河南博物院九大镇院之宝

贾湖骨笛、杜岭方鼎、武则天金简、莲鹤方壶、云纹铜禁、妇好鸮尊、四神云气图壁画、玉柄铁剑、汝窑天蓝釉刻花鹅颈瓶。

5. 云纹铜禁

云纹铜禁纵长 131 厘米，横长 67.6 厘米，高 28.8 厘米，身宽 46 厘米，重 94.2 千克，于 1978 年河南省淅川下寺春秋楚墓出土。

禁，是承置酒器的案具，起于西周初年，灭于战国时代。之所以称"禁"，盖因周人总结夏、商两代灭亡之因，均在嗜酒无度。

此禁整体呈长方形，构思非常奇特。铜禁的四周都装饰有透雕的多层云纹，在云纹的下面，由数层粗细不同的铜梗组成错综复杂而又玲珑剔透的花纹。内层以粗而直的铜梗做骨干，中层铜梗稍细且从上而下向两侧伸出后再向上弯曲，外层的铜梗则最细，呈相互独立的卷草状。内、中、外三

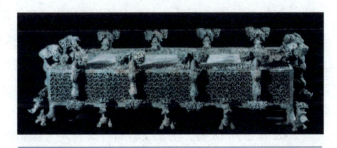

●云纹铜禁

云纹铜禁出土时并不完整。上个世纪，中国青铜古器修复界三大圣手之一、河南博物院高级技师王长青带领4位徒弟，花4年时间，耗资4万元，终于修复。此后铜禁越洋过海，到美国展览，至今没有走位变形，堪称王先生的经典之作。

层铜梗相互套结，但内层粗铜梗起主要支撑禁身的作用。禁面中间留一长方形平整光亮的素面。禁身的上部四周攀附有12条龙形怪兽，前后各4条，左右各2条，它们凹腰卷尾，探首吐舌，面向禁中心，形成群龙拱卫的场面，十分壮观。禁的下部是12条虎形怪兽，两长边各3只，四角及两短边各1只，

蹲在禁下作为足，支撑着器身。这种错落有致的设计、奇巧的造型、精湛的铸造工艺，使整件器物霸气十足，形成了神秘而鲜明的艺术效果，令人叹为观止。云纹铜禁是中国发现的最早的失蜡法铸件。

失蜡法是中国古代发明的三大铸造方法之一，它是利用蜡的可熔性，来铸造结构复杂并且不易分离的部件的铸造方法。据文献记载，中国最早使用失蜡法工艺的时间在唐初，而云纹铜禁的出土，将中国失蜡法铸造工艺的历史向前推进了1100年。

"云纹铜禁"霸气十足，但它不过是楚庄王（曾经问鼎中原）的儿子——子庚的随葬品。子庚墓出土器物，无论数量还是铸造水准，都十分惊人——它是目前发现的楚墓中年代最早、等级最高、随葬品最丰富的一座墓葬，其中收藏在河南博物院的王孙诰编钟，一套26枚，是中国所见编钟中数量最多、规模最大、音域最广、音色最好、制作最精的一套编钟。而云纹铜禁，更是该墓出土的最为摄人心魄的艺术杰作。

公子执政，楚国将相之才背井离乡，如伍子胥、范蠡、文种、李斯等，礼乐之法混乱，政治变革滞后，让貌似强大的楚国失去统一中国的机会。当"秦发兵击之，大破楚师于丹淅"（《史记·屈原列传》）后，作为楚国先王裔孙的屈原，也就只能在《国殇》中凭吊秦、楚大战中阵亡的8万多楚国将士了，而子庚的墓地，就在屈原凭吊的战场上。

2002年1月18日，国家文物局将其列入《首批禁止出国（境）展览文物目录》。

6. 妇好鸮尊

妇好鸮 [xiāo] 尊，商代晚期文物，通高 46.3 厘米，口长 16.4 厘米，足高 13.2 厘米，盖高 13.4 厘米，重 16 千克，出土于 1976 年河南安阳殷墟小屯宫殿宗庙遗址西南侧妇好墓。

妇好墓是目前在殷墟发现的唯一一座不曾被盗掘过的商王室贵族大墓，也是中国迄今发现的、能够确切断定墓主人身份的年代最早的一座大墓。

妇好，是商王朝晚期一代雄主武丁之妻。武丁以其赫赫武功，扭转了商朝一度衰落的国运，史称"武丁中兴"。卜辞记载：武丁征伐的邦国，有 81 个，除主要用兵于西北的"鬼方"，南面的荆楚、巴族外，还对东方等地发动过大规模的战

●妇好鸮尊

争。作为武丁的妻子，妇好在当时非常活跃，不仅主持各种王室典礼，而且经常受命于王，统帅军队征伐四方。在战争中，她多次大获全胜，受到武丁的嘉奖。妇好墓中，出土龙纹大钺、虎纹大钺各一件，重 8~9 公斤。钺是那个时代军权的象征，约略相当于此后的尚方宝剑，能操持如此沉重的兵器征战疆场，其巾帼风姿，自当威风凛凛，也因此，妇好被当下学者称为"中华第一女将"。

鸮，又叫猫头鹰，是一种很奇怪的动物——猫的头，鹰的身子，是兽与禽的不和谐搭配。因为奇怪，所以诡异，它的啸叫，让人毛骨悚然，它的眼珠，黄黝黝圆滚滚，古怪神秘。

在中国，猫头鹰又被称作"夜猫子"，是一种凶兆。在当代，无论是西方人还是东方人，都很讨厌"夜猫子"。而在古代西方，猫头鹰被视为智慧的象征，是雅典娜的爱鸟，它那深不可测的眼神，仿佛能够看穿一切神秘。在古代中国，猫头鹰被视为战争之神，是妇好乃至国王、将军们的爱物，它昼伏夜出的天性、击而必中的本领，自然让其成为"战神"的象征。

著名考古学家李济在他的史学名著《安阳》一书中说：在殷墟发掘出一个可能是战俘被杀后用以献祭的头骨坑，经分析，里面有的类似蒙古人种（可能是北方匈奴的先祖），有的类似东南亚人种（可能是南方土著的先民），甚至有高加索人种（即纯种白人，可能是中亚诸国的先民）。李济特别指出：在殷商时代，中华民族奠基之时，河套地区生活着一个强大的族群（可能就是"鬼方"），于此之际，殷商对"鬼方"的胜利，对中华民族的形成至关重要。而这场战争的统帅，就是甲骨文中所说的领兵三千、讨伐鬼方羌人的妇好。这场战争，是殷商时期规模最大的一场战争，妇好一役而毕全功，取得了最后也是最彻底的胜利。这是一场奠定中国文明历史进程的大决战，其划时代意义，并不亚于传说中的黄帝与蚩尤之战，因此，妇好鸮尊得以从众多文物中脱颖而出。

第三节　相关研究

河南博物院也致力于进行文物研究，并取得了丰硕成果，共有五十余篇学术论文，例如《卜辞所见商代曾国》《甲骨文吕方、方与廬方考》《北方蒙元墓葬墓主人形象与族属问题的再思考》《大金进义校尉焦君墓志研究》等。

博物院还资助了"武则天的嵩洛情结""院藏宋代'石泉'琴复原研究""院藏玉器展的陈列艺术设计研究"等二十余项科研项目。主持完成了"河南文化文物年鉴（2015）""博物馆教育与华夏历史文明传承创新：中原五省博物馆教育论文集""汉代服饰的考古学研究""文明曙光：原始社会时期"等几百项科研课题。

河南博物院 1977 年创办了《中原文物》，原名《河南文博通讯》，1981年更名为《中原文物》，并向国内外公开发行。2000 年由季刊改为双月刊。著名学者郭沫若和赵朴初先生分别为刊物题写了刊名。历经 40 多年，《中原文物》已经发展成为全国中文核心期刊，全国人文社会科学核心期刊，河南省一级期刊。

●外国也有禁酒令

　　禁酒令即国家对酒的生产和消费等有关行为的约束禁止，它属于酒政的一部分内容。在古今中外的历史上，禁酒政策的出台常与饮酒所引发的社会问题及其有悖宗教戒律相关。

　　在美国，公开饮酒是犯法的。21岁以上的人才可以买酒（包括啤酒），亦因此买酒需要出示年龄证明（美国没有统一的身份证制度），而且只能在限定地方买到（啤酒可以在某些地区的超级市场买到，其他酒类有专门的店铺发售）。

　　英国从未颁布禁酒令，但受到自由党员如大卫·罗曼德·乔治，特别是政治本部位于卫理公会地区如威尔士的自由党员的倡议，在第一次世界大战时，英国限制酒品数量、加税，并大幅减少酒馆的营业时间，战争结束后，对数量的限制停止了，但税和营业时间不变。

　　澳洲各处偏远地区分布许多禁酒的原住民社区，将酒运入这些社区会受到严重惩罚，使用的载具也可能会被充公，在北领地的禁酒地区，所有用来运酒的运输工具都会被没收且不得上诉。

第十三章 上海博物馆

第一节 概 览

上海博物馆创建于1952年，1959年10月迁入河南南路16号旧中汇大楼。现位于上海市中心人民广场的南侧黄浦区人民大道201号。1993年8月，上海博物馆人民广场现馆舍开工，1996年10月12日全面建成开放。上海博物馆建筑总面积3.92万平方米，建筑高度29.5米，象征"天圆地方"的巨型圆顶和方体基座构成了不同反响的视觉效果，把传统文化与时代精神巧妙地融为一体。

上海博物馆是一座大型的中国古代艺术博物馆，其收藏、研究、展览和教育以中国古代的艺术品为重点，陈列面积共计12000平方米，馆藏文物近102万件，其中珍贵文物14万余件，包括青铜、陶瓷、书画、雕塑、甲骨、符印、货币、玉器、家具、织绣、漆器、竹木牙角、少数民族文物等31个门类，尤以青铜、陶瓷、书画最为突出，着力体现各艺术门类的完整发展历史，体系之完整、藏品之丰富、质量之精湛，在国内外享有盛誉。一楼为中国古代青铜馆、中国古代雕塑馆和第一展览大厅；二楼为中国古代陶瓷馆、第二展览厅；三楼为中国历代书法馆、中国历代绘画馆、中国历代玺印馆；四楼为中国古代玉器馆、中国历代钱币馆、中国明清家具馆、中国少数民族工艺馆和展览厅。

上海博物馆是拥有藏书量达20多万册的现代化图书馆，有获多项国家科技成

● 上海博物馆标志

果奖的文物保护与考古科学实验室，有知名海内外的书画装裱和青铜、陶瓷等文物修复研究室，还设有具有同声传译设施的多功能国际学术会议讲演厅。

展厅分布

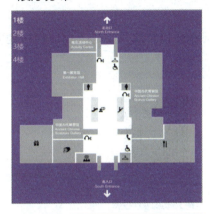

●一楼展厅

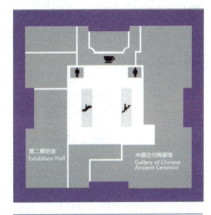

●二楼展厅

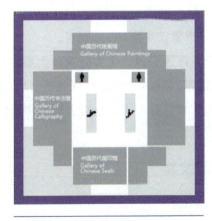

●三楼展厅

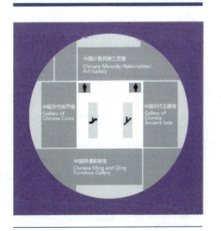

●四楼展厅

开放时间

全年开放时间：9:00—17:00，16:00后停止入场；

全年免费开放，南门入北门出；

每周一闭馆，除国定假日外。

位置信息

黄浦区人民大道 201 号（近武胜路）。

南门：武胜路、延安东路交界处。

北门：人民大道。

融媒矩阵

另外上海博物馆有相应的新浪微博和微信公众号，进入相应程序输入"上海博物馆"搜索即可。

●移动导览　　　　　　　●上海邀您云看展

数字博物馆

手机扫码即可进入"上博邀您云看展"，包括三维展览、网上展览、远程教育、珍品介绍四板块，目前还有部分资源仅支持 PC 端观看。

另外还可进入上海博物馆官网，查看媒体资源，主要分为两大类，即视频、三维。视频下又分为展览、专题、讲座、活动四个板块，视频下分场景、器物两大板块，使游客可以在家选择喜欢的观看方式，一睹上海博物馆藏品的风采。

第二节　馆藏文物

1. 怀素《苦笋贴》

怀素《苦笋帖》，纵 25.1 厘米，横 12 厘米，绢本墨迹，两行十四字。书法俊健，墨彩如新，直逼二王书风，是怀素传世书迹中的精彩之笔。清吴其贞《书画记》评："书法秀健，结构舒畅，为素师超妙入神之书。"

《苦笋帖》墨迹书于绢上，徐邦达考证："唐人写信用绢，是当时的习俗。卢仝 [tóng] 诗云：'口云谏议送书至，白绢斜封三道印'，可为佐证。"

贴上书：苦笋及茗异常佳，乃可径来。怀素上。大意为：苦笋和茗茶

●怀素《苦笋贴》

两种物品异常佳美，那就请直接送来吧。怀素敬上。

沈乐平《新编草书入门五十讲》中提到《苦笋帖》："用笔速度较快，挥洒自如，且增加了提按对比，比如'笋'与'常'，二字反差鲜明，但无论其速度变化还是轻重变化，都基本上控制在中锋运行的状态上，故其线条细处轻盈而不弱，重处厚实而不拙。其次，字形上也相应增加了外形轮廓大小对比和内部空间疏密对比。整体性观照，则全文上疏下紧、上轻下重、上放下收，形成一种'两段式'的视觉感受，这种章法形式颇具特色，极显'个性'"。

怀素《苦笋帖》的书写具有空间节奏特征，即字与字的穿插争让关系已进入到两字之间的字内空间。邱振中在《章法的构成》（1985）中分析："在王羲之的行、草书作品中，二三字连书已成为常见的现象，非连书的单字，书写时的停顿、起止也随机安排，灵活多变。这种运动节奏的变化，引起两字之间过渡空间（字内空间）性质的改变——它们开始向单字内部空间渗透，如《初月帖》中的'遣此''遣信''去月'等处。时间节奏的变化就是这样影响到空间节奏的"；"经过唐代张旭、怀素，宋代黄庭坚，明代祝允明、徐渭、王铎等人的发展、开拓，这一构成方式形成与单字轴线连缀系统并峙的又一大潮流。这种构成方式以粉碎字内空间、重新安排空间节奏为特点。它谋求空间与时间节奏在新的基础上的统一。这是与单字轴线连缀系统完全不同的一个基础"。上述构成方式称为"分组线构成"，它的典型状态如怀素《苦笋帖》。

●邱振中《苦笋帖》分组轴线分析

2012 年 6 月 26 日，怀素《苦笋贴》被列为《第二批禁止出国（境）展览文物目录（书画类)》。

2. 大克鼎

●大克鼎

●大克鼎局部

西周大克鼎通高 93.1 厘米，口径 75.6 厘米，腹径 74.9 厘米，腹深 43 厘米，重 201.5 公斤。大克鼎器壁厚实，鼎口有大型双立耳，口沿微敛，方唇宽沿，腹略鼓而垂，称敛口侈腹。鼎足着地点比上端略宽大，重心略向外偏。是商代柱足演变为周代之蹄足的重要例证。

西周大克鼎颈部饰有三组对称的变形饕餮纹，相接处有突出的棱脊，凡六出。腹部饰一条两方连续的大窃曲纹（即波曲纹），环绕全器一周，波曲纹的出现打破了兽面纹的对称规律，摆脱了长期以来青铜器纹饰的静态装饰。鼎足上部另饰有突出的饕餮形象三组。鼎耳饰有相对的龙纹。腹内壁铸有铭文 2 段，共 28 行 290 字，前段 14 行有阳线格栏，后段格栏制范时除去。

在周代，就有所谓"天子九鼎，诸侯七鼎，卿大夫五鼎，元士三鼎"等使用数量的规定。随着这种等级、身份、地位标志的逐渐演化，鼎逐渐成为了权力的象征。

西周大克鼎的铭文是研究西周历史的重要文献，对于研究西周时期的职官、礼仪、土地制度等都有极为重大的意义。铭文中的年号，对于历史学家准确确定西周时期的历史年代具有极高的史料价值。

西周大克鼎是西周时代极为重要的青铜器，也是历见著录、众所周知的重器，2002年1月18日被列入《首批禁止出国（境）展览文物目录》。

3.晋侯苏钟

西周晋侯苏钟是西周晚期周厉王时期的文物，共16件，可分为两组，每组8件，大小相次，排编成两列音阶与音律相谐和的编钟。有铭文355字，首尾相连刻凿在16件钟上。铭文叙述了周厉王三十三年，

●晋侯苏钟

周厉王亲征东国、南国的事件。西周晋侯苏钟铭文记载的这场战争，史籍中无从查考，对研究西周历史和晋国历史极为重要。此外铭文中多种记时历日对西周的断代研究也有重要价值。

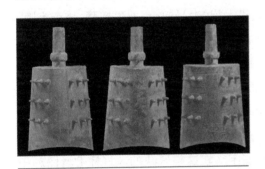

●晋侯苏钟特写

1992年8月，晋侯墓地8号墓遭到盗掘，大量随葬品被盗往国外，其中有14枚流落到香港古玩肆中。10月，北京大学考古系与山西省考古研究所联合发掘了被盗的8号墓，出土了刻有铭文的两枚甬钟，铭文分别为"年无疆子子孙孙""永宝兹钟"。12月，上海博物馆从香港古玩肆中

发现此套编钟14件，并抢救回归。其余2件现藏于山西博物院。

西周晋侯苏钟第一组为大钟，纹饰浅而细，第二组为中小型钟，纹饰深而阔。并且从造型上来讲两组也有细微的差异，研究者认为它们虽并非同时铸造，但音律却非常和谐。钟上铭文为利器刻凿而成，笔画转折处要分四五刀或是五六刀的接连刻凿，笔道才能连起来，刀痕至今非常明显。

2002年，西周晋侯苏钟被国家文物局列为《中国首批禁止出国（境）展览文物》。

4. 孙位《高逸图》

●孙位《高逸图》

《高逸图》，又名《竹林七贤图》，是唐代孙位创作的一幅彩色绢本人物画，纵 45.2 厘米，横 168.7 厘米。画名"孙位高逸图"为宋徽宗赵佶所题，这幅图所描绘的是魏晋时期竹林七贤的故事，该画作刻画了魏晋士大夫"高逸风度"的共性，又刻画出了他们的个性。现存《高逸图》为《竹林七贤图》残卷，图中只剩四贤。

该画作最右边的是山涛，身披宽襟大袍，上身袒露，双手抱膝，体态丰腴，倚着华丽的靠垫而坐，眼睛像是盯着正前方，眉宇间流露出矜持、傲慢的神色；第二个手执如意作舞的是王戎，眼睛也平视前方，一副自得其乐的表情；第三个捧杯纵酒的无疑是唯酒是务的刘伶，他蹙额回首，作欲吐状，小童则手持唾壶在身旁跪侍；第四位是手执尾尘的阮籍，他身着宽大的衣袍，似面带微笑，悠然而坐，旁边的小童端着杯几，俯首侍候。画中人物彼此之间以蕉石树木相隔，使气氛静穆安闲。在这幅残缺的《竹林七贤图》中尚缺嵇康、向秀、阮咸 3 人。

《高逸图》中四贤的面容、表情、体态、服饰各异，兼以小童动作、器物设置映衬人物个性，但那种"不事王侯，高尚其事"的魏晋士族的名流风度是一致的。孙位在创作过程中，特别注重对人物眼神的刻画，深得顾恺之"传神写照，尽在阿堵中"的精髓。画中的花木树石映衬着士大夫的品性气质，虽将人物隔

顾恺之（348 年－409 年），东晋杰出画家、绘画理论家、诗人。顾恺之作画，意在传神，其"迁想妙得""以形写神"等论点，为中国传统绘画的发展奠定了基础。

开，却无突兀之感，整幅画面中，每个人物的动作情态均统一在一种和谐的氛围之中。

5. 战国商鞅方升

●商鞅方升

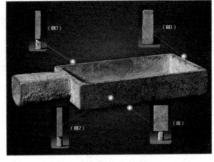

●铭文位置示意图

商鞅方升，旧名商鞅量，是商鞅为秦变法统一度量衡时所监制的标准量器。量，是计量物体容积的器具，古代量器多用于计算农作物的多少，是商品交换和农业赋税的重要参照物。升，是较为通行的容量单位，最早见于战国后期刻有铭文的量器和记容器物上。方升全长18.7厘米,升纵7厘米，横12.5厘米，深2.3厘米，容积202.15立方厘米，重0.69千克，为长方形的有柄量器，器壁三面及底部均刻铭文。

第一组铭文在器侧及器柄对边，内容为："十八年，齐（率）卿大夫（合文）众来聘,冬十二月乙酉,大良造鞅爰积十六尊（寸）五分尊（寸）壹为升。重泉。"为铸造量器后所刻。这条铭文清晰地交代了方升的制造者、时代以及器物的用途及容积。大良造是秦孝公时秦国最高的官职，掌握军政大权，而"大良造鞅"指的便是商鞅。第一次所刻铭文的内容我们可以理解为：孝公十八年，齐国派遣使团至秦国商议大事。同年冬天的十二月乙酉日，大良造商鞅监制了这件标准量器。该方升的容积为十六寸又五分之一立方寸（即一升的容量）。方升用于重泉。

方升的第二组铭文是秦王政26年的诏书，位于器物底部及第一组铭文的对边："廿六年，皇帝尽并兼天下诸侯，黔首大安，立号为皇帝。乃诏丞相状（隗状）、绾（王绾）：法度量则不壹嫌疑者，皆明壹之。临。"据此可知，秦王政 26 年（即公元前 221 年），秦统一中国后，秦始皇命令丞相隗状和王绾将商鞅既定的标准推行至全国，代替列国复杂的量制，并将此诏加刻于方升，与文献所记载"二十六年……秦处并天下……一法度衡石丈尺，车同轨、书同文"的记载互证。这件方升的历史价值不仅在于它是商鞅变法的重要物证，还体现在它被连续使用了 120 多年之久，更是成为了秦始皇法令的标准参照。

上海博物馆收藏的另一件秦始皇时期的量器"始皇诏铜方升"，其器型与商鞅方升相似，容积为 215.65 毫升，外壁一侧所刻铭文也同商鞅方升秦始皇铭文相同，可以说明始皇兼并天下后，沿用了商鞅时所定的容量单位、单位量值及标准器形，正可谓"商君虽死，秦法未败"。

商鞅方升因其翔实的铭文、精密的制作和明确记录的容积而被认为是不可多得的国家级标准器。2013 年 8 月 19 号，"战国商鞅方升"被国家文物局列入《第三批禁止出国（境）展览文物名录》。

6. 朱克柔缂丝《莲塘乳鸭图》

此缂丝画幅极大，色彩丰富，丝缕细密适宜，层次分明，是朱克柔缂丝画中的杰作。经近人庞元济收藏，钤"吴兴庞氏珍藏""虚斋秘玩""莱臣审藏真迹"印记。庞元济《虚斋名画录》、朱启钤《丝绣笔记》著录。

全幅以彩色丝线缂织而成。图中双鸭浮游于萍草间，有乳鸭相随，白

● 《莲塘乳鸭图》

鹭在侧，翠鸟、红蜻蜓点缀其间。坡岸青石，质感凝重，周围白莲（白蕖）、慈菇、荷花（红蕖）、萱草等花草环绕，色彩雅丽，线条精谨，生趣盎然。作品中所有花卉虫鸟都极为写实，应以实景写生而成，画风受院体画派影响。图中各种动植物大小体型比例逼真，莲塘的场景时间也能根据乳鸭大小，以及莲塘周围花卉的花期推定为 6 月底至 7 月初春末初夏之景。

图案内容不但丰富且布置合乎庭院自然真实布景：其一，植物都为水

生或沼生，喜温暖潮湿环境，而且莲塘和坡地上的植物都属于观赏性的花卉，有荷花（红蕖）、白莲（白蕖）、木芙蓉（芙蓉）、萱草、慈菇、石竹、白百合、芦苇（蒹葭）、玉簪等，应为人工造景。其二，水禽蜓黾也是池塘湖泊常见，有绿头鸭公母一对、乳鸭一对、白鹭一对、燕子一只、翠鸟一只；另有红蜻蜓一只、水黾一对。其三，池塘边站立的以"透、漏、皱、瘦"为美的太湖石，也是就近人工打捞，置于庭院装点。它古朴的青灰色和清奇古怪的形状占居整图的左上角。

●太湖石位置图

　　整幅图中的花卉或并蒂，或结子（也成双数），禽鸟亦俱成对，包括微小的水黾也是一对（靠近上方的翠鸟、蜻蜓及燕子和靠近右侧浮萍位置的白莲虽为独只独朵，推测是处于裁剪位置而被裁掉了），因此根据整幅图选题，可推测所有动植物都应是成双成对，象征夫妻和合、多子多福的吉瑞寓意。

●"江东朱刚制莲塘乳鸭图"款并"克柔"朱文印

　　此图青色的湖石上缂织有"江东朱刚制莲塘乳鸭图"款并"克柔"朱文印，可知作者名刚，字克柔。江东，指长江芜湖至南京以南的地区，主要指江苏南部和上海地区。朱克柔其人生卒年不详，但根据此图与她另一件作品《缂丝山茶蛱蝶图》的款识和对题可以梳理出大致的生平情况。《缂丝山茶蛱蝶图》（现藏辽宁省博物馆），经明人文从简（1574–1648年）写对题："朱克柔，云间人，宋思陵时，以女工行世。""云间"即今上海松江，而"宋思陵"即南宋高宗（1127–1162年）皇帝，由此可推知朱克柔是南宋时上海女子，活跃在高宗时期。文从简是文徵明的曾孙，他出生苏州文人世家，善于书画，对苏州地区文化艺术颇为了解，故关于朱克柔的记录是可信的。

第三节 相关研究

上海博物馆的研究成果主要通过学术图录、学术专刊和学术讲座呈现。

1976 年以来，上海博物馆先后与南斯拉夫青春出版社、日本讲谈社、上海博物馆、香港三联书店、日本 NHK 放送协会出版社、日本平凡社、香港大业公司等出版机构联合出版了《上海博物馆》《青花釉里红》《上海博物馆藏宝录》等 12 种大型图录和专著。

1985 年以来出版了出国展览图录 28 种，既有综合性论述，又有每件展品的具体介绍，有的有几种文本。另出版了《上海博物馆藏画》《上海博物馆藏青铜器》《上海博物馆藏瓷选》《上海博物馆藏法书》《上海博物馆藏明清扇面》等图录和专著 92 种。

1987 年，上海博物馆为庆祝建馆 35 周年，集中出版了《上海博物馆藏青铜镜》《青花釉里红瓷器》《恽南田书画图集》《中国书画家印鉴和款识》《崧泽——新石器时遗址发掘报告专集》等 10 种图录。

1990 年出版了《清初四高僧精品集》大型图录。

1994 年出版的《上海博物馆藏钱币》8 册图录。

学术专刊有三类，分别是《上海博物馆集刊》，这是其馆刊。《上海文博论丛》，为季刊，官网提供在线阅读和 PDF 下载两种方式。另还有《文物保护与考古科学》，为双月刊。

●《上海博物馆集刊》第十二期封面

●法者，国之权衡也

一部度量衡史其实也是一部标准物的演变史，无论是商鞅方升，还是决定我们今天现代社会度量衡的国际单位制的原器，它们都在推进度量衡统一的进程中扮演着相当重要的实物角色。《管子·侈靡篇》中提到："法制度量，王者典器也"，说的正是法规对于度量衡的保障。缺乏一个统一的权威标准，便容易导致"南人适北，视升为斗"的尴尬。

根据参照的对象，我们将度量衡史区分为前后两个阶段，前一个阶段以自然物为标准，后一个阶段则以人造物为标准。最早，我们的古人以自然物为标准，最原始、直接的便是以自己的手足来丈量：例如，"布指知寸，布手知尺，舒肘知寻（八尺）"，容量方面则有"一手之盛谓之溢，两手谓之掬"。但人们逐渐发现个体的差异使这个标准并不可靠，因此开始寻求人体以外相对固定的自然物，如丝、毛、黍、粟作为标准，日常的盛器也会临时被征用。又经过了漫长的阶段，才逐渐脱离自然物，转而以人造物为标准，也就慢慢有了度量衡标准器的萌芽：廪陶量。

●廪陶量

度量衡的标准从古到今并不是固定不变的，而是随着时间的推移不断变迁，呈现出多元性。即使就同一时期来说，也有区域差异。以战国时期的量制为例，当时各国的量制不仅使用的单位不同，进位关系亦不一。丘光明对战国时期的文献资料进行考证，发现光是涉及的容量单位就有二十多种，如斛、斞、升、溢、豆、区、盆、斗、㪺、釜、斛、桶、䤖、庾、薮、钟、秉、筥、稷、秅、鼓等。所记各国的容量又有二、四、五、十、十六等进位的区分，十分复杂。以出土于咸阳市塔儿坡遗址的安邑下官铜锤为例，它们保留了在原使用地的记容铭文和后来秦在统一六国的过程中，按照秦国标准对容器进行重新测量和加刻的信息，一器上先后两条铭文的对比，不但反映了秦对统一度量标准、校对测定的重视，也能因此看到各地标准的不同。

　　了解当时中国各地度量衡的错综复杂，或许可以帮助我们更好地认识度量衡改革统一的必要性，但单从度量衡史的角度来理解方升制造的原因以及意义仍是不够的。《管子·国蓄》中提到："利出一孔者，其国无敌；出二孔者，其兵半屈；出三孔者，不可以举兵；出四孔者，其国必亡。"管仲认为，如果百姓可以获取利益的途径只有一个，那么整个国家便能拧成一股绳，变得无敌。《商君书·农战》中也能找到相同的观点："民见上利之从壹空出也，则作壹；作壹，则民不偷营；民不偷营，则多力；多力，则国强。"在商鞅看来，引导秦国百姓万众一心去做一件事可以强秦。他不认同"道之以德，齐之以礼"的治国理念，而是坚持"以农战为本，赏刑为用，而法治为体"，其变法十分重要的一项举措便是重本（农）抑末（商），发展农业而抑制工商业。他开阡陌封疆，实行土地私有制，开垦荒地，集全国之力走农耕之路发展秦国的生产力。实行平等的赋税、统一度量衡的举措其实都是鼓励农耕的必要手段。为了使全国的精力专注于农耕，秦国亟需一个公平的标准来帮助农民计算他们的土地面积，并且规范赋税等经济交换行为。这个"标准"便属于我们所说的法治。历史上官吏利用度量标准的不规范与百姓争利的事端屡见不鲜，而商鞅正是通过国家立法来保障农民的利益不受官吏的剥削，所谓"治法明，则官无邪"。

　　公元前 221 年，秦始皇从战国七雄脱颖而出兼并天下，"一法度衡石丈尺，车同轨、书同文"，将秦国的法制推行至了全国。过去多年的考古挖掘中，除了陕西、甘肃的许多秦国旧址外，齐国、赵国、越国的故地，以及内蒙古赤峰市，哲里木盟的古城遗址也都有秦代度量衡器的出土，正是商鞅为秦始皇"皆令如秦制"奠定了基础。而后"汉承秦制"，汉代的度量衡是秦代的延续和发展。西汉时期，刘歆整理了秦汉以来的度量衡制度，后被班固选载入《汉书·律历志》，成为我国第一部度量衡专著。一直到今天的中国，虽然单位值随着历史的变迁而改变，但是基本单位以及进位关系则被今天的我们所继承。两千多年前由商鞅所确立的标准仍然在发挥着它的作用。

第十四章 南京博物院

第一节 概 览

●南京博物馆外景

南京博物院坐落于南京市紫金山南麓、中山门内北侧，占地70000余平方米，是我国第一座由国家投资兴建的大型综合类博物馆。被评为"全国公共文化设施管理先进单位""国家一级博物馆""中央地方共建国家级博物馆""全国爱国主义教育示范基地"。

1933年，在我国近代民主革命家、教育家蔡元培先生的倡议下，国民政府创建国立中央博物院筹备处，蔡元培先生亲任第一届理事会理事长，李济、杭立武等先后接管筹备处工作。中华人民共和国成立后，仍名国立中央博物院，由文化部领导。1950年3月更名为国立南京博物院，初属文化部文物事业管理局，后隶属华东行政委员会文化部。1954年起，改属江苏省文化局领导。1959年，南京博物院、江苏省博物馆、江苏省文物管理委员会合署办公，仍名南京博物院。

筹备处原拟建人文、工艺、自然三馆，1936年动工，由当时著名的建筑师徐敬直设计，后在梁思成、刘敦桢先生指导下，修改为仿辽代大殿建筑。

1937 年因抗战爆发而停建，至 20 世纪 50 年代初仅建成人文馆。大殿古朴庄严、雄浑伟岸，成为南京标志性历史文化景观，现属省级文物保护单位。1999 年在大殿西侧新建的艺术馆则延续了原有建筑形式。

2009 年，在江苏省委省政府的高度重视下，南京博物院二期改扩建工程启动，2013 年完工。总建筑面积 84800 平方米，展厅面积 26000 平方米。此次改扩建遵循"新旧建筑结合，地上地下结合"原则，保留了以紫金山为背景的天际线以及以大殿为主体的历史馆，同时改造艺术馆，新建特展馆、民国馆、数字馆、非遗馆，形成"一院六馆"格局。建筑布局体现了"金镶玉成，宝藏其中"的理念，在前后关系、檐口高度、材质颜色以及细部装饰等方面形成视觉平衡。整体风貌既有传统元素，又有现代气息，二者协调融合、交相辉映。

南京博物院现拥有各类藏品 43 万余件（套），上至旧石器时代，下迄当代，既有全国性的，又有江苏地域性的，既有宫廷传世品，又有考古发掘品，还有一部分来源于社会征集及捐赠，均为历朝历代的珍品佳作，可以说是一座巨大的中华民族文化艺术宝库。青铜、玉石、陶瓷、金银器皿、竹木牙角、漆器、丝织刺绣、书画、印玺、碑刻造像等文物品类一应俱有，每一品种又自成历史系列，成为数千年中华文明历史发展最为直接的见证。

南京博物院始终履行"提倡科学研究，辅助公众教育，以适当之陈列展览，图智识之增进"的立院宗旨，早在抗战时暂迁四川李庄期间就举办了"史前石器展览"等展览，1948 年还与故宫博物院举办联合展览，观众达 10 万余人次。

中华人民共和国成立后的 10 余年间，南京博物院举办了"从猿到人""中国历代陶瓷展""社会发展史""伟大的祖国古代艺术展览""史前彩陶展览""南唐二陵出土文物展览""南京博物院的十年"等专题展览。1960 年起以"江苏历史陈列"为基本陈列，近 3000 件的考古学、民族学文物和历史文献系统展示了江苏地区的政治、经济、文化发展史，标志着陈列展览由临时展览转型为基本陈列与临时展览相结合的新模式。1989 年该展更新为"长江下游五千年文明展"，将通史陈列改为专题陈列。

1999 年兴建的艺术馆陈列面积 7000 平方米，设立了珍宝、玉器、青铜、明清瓷器、书画、陶艺、漆艺、织绣等 11 个专题陈列馆，被评为"1999 年度全国十大精品陈列"。

现如今"一院六馆"各有侧重：历史馆常设"江苏古代文明展"，全方位呈现江苏地区古代文明的发展历程；艺术馆按照艺术品的质地分类展陈馆藏珍品；特展馆重点打造一流水平的精品展览，包括引进的外展和以院藏珍品为主的主题展览；非遗馆通过动态方式展示江苏省国家级非物质文化遗产名录项目，邀请传承人现场演示传统技艺；民国馆重点展示南京地区民国社会生活风情；数字馆以网络科技和现场互动相结合的方式，带给观众全新的古代文明体验。

在办好基本陈列的同时，南京博物院每年还举办数十个临时展览，包括院藏文物专题展、其他省市的文物精品展、当代艺术大师的作品展以及国外有影响的文物及艺术品展等。

展厅分布

●南京博物院立体图

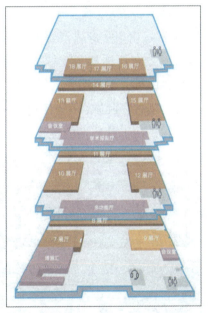

●南京博物院展厅分布图

开放时间

周一全天闭馆；

周二——周日 9:00 开馆，16:00 停止检票，17:00 闭馆；

周一逢国家法定节假日全天开放，除夕、大年初一闭馆。

位置信息

江苏省南京市玄武区中山东路 321 号。

融媒矩阵

数字博物馆

2013 年，南京博物院与百度百科强强联手，共同打造了数字化、立体化的权威知识普及平台：南京博物院之百科数字博物馆。该数字馆通过青铜器馆、玉器馆、陶瓷器馆、书画馆等分馆，全方位展示了南京博物院的众多珍贵展品。

●微信公众号

第二节 馆藏文物

1.《竹林七贤与荣启期》模印砖画

南朝文物，长 244 厘米，宽 88 厘米，由 300 多块古墓砖组成，出土时分东西两块，一块为嵇康、阮籍、山涛、王戎四人，另一块为

荣启期，（前 571—前 474 年），字昌伯，春秋时隐士，传说曾行于（今河南范县、山东宁阳县东北一带）之野，对孔子自言得三乐：为人，又为男子，又行年九十。后世常用为知足自乐之典。

向秀、刘伶、阮咸、荣启期四人。荣启期是早于"七贤"许多年的春秋时期人物，由于荣启期的性格和"七贤"极为相似，又被时人誉为"高士"，

●《竹林七贤与荣启期》模印砖画

所以，砖画中安排荣启期和"七贤"在一起，除了绘画构图上对称的需要外，荣启期更有为"七贤"之楷模的寓意。这幅砖画纯熟地发挥了线条的表现能力，人物造型简练而传神，八人席地而坐，或抚琴啸歌，或颔首倾听，性格特征鲜明，人物之间以树木相隔，完美地体现了对称美学。

魏晋间以嵇康、阮籍、山涛、王戎、向秀、刘伶、阮咸

为代表的风流名士，因不满暴政，乃逍遥山林，谈玄醉酒，长歌当哭，不与统治者合作，世称"竹林七贤"。嵇康为"七贤"之首，他是一个非常豁达且有文采的人物，文献中记载他"博综伎艺，于丝竹特妙"且常"弹琴咏诗，自足于怀"。阮籍则是一个不拘小节，活得很潇洒滋润的人，他好饮酒，且"嗜酒能啸"，这个"啸"，就是我们今天所说的把手指放在嘴里吹口哨。《世说新语》说他酒后纵兴"长啸"，且"韵响嘹亮"，所以，在"七贤"之中，有"嵇琴阮啸"之说。山涛也极能饮酒，《山涛传》中有其"饮酒至入斗方醉"的记录。王戎则是一位为人率真、不修威仪的人物。向秀文儒，文献记其"雅好老庄之学，庄周著内外数十篇……秀乃为之隐解，读之者超然心悟，莫不自足一时也"，看来是个十足的道学家。刘伶也好酒，且嗜酒如命，"止则操卮执觚，动则契盍提壶"，大杯小盅，来者不辞。阮咸通音律，善弹琵琶，当然，这里的"琵琶"不是我们现在所见的琵琶，而是一种被称为"阮"的弹拨乐器，相传这种乐器就是由阮咸发明，在许多地方剧种的演出中，我们都可以看到这种乐器。

由于"七贤"在当时热衷于清谈和玄学，崇尚空灵之道，而玄学中又掺杂了许多"怡悦情性""自我陶冶""洗心养身""自喻适志"的道教因素，颇受知识分子的喜好，"七贤"谈吐不俗，洒脱倜傥的人生观亦博得了知识分子的赞赏，久之，便形成了所谓的"魏晋风度"，"七贤"成了魏晋风度的代表人物。图中的荣启期是春秋时代的名士，他与七贤有共同之处，故被画在一起。

2. 错金银镶嵌丝网套铜壶

错金银镶嵌丝网套铜壶，口径12.8厘米，腹径22.2厘米，底径13.8厘米，高23.6厘米，为战国末期文物。器分身、座、镂孔装饰三部分。器身：颈、腹焊接连成，侈口、束颈、弧肩、收腹、平底。颈周饰错金银8组几何图案，腹有错金（银）斜方格纹样。底有等距四个残足痕。器座：圈足状，座面镂孔，四周有四个等距椭圆形突面，大小与壶底残足痕相似。镂孔装饰：分上下两

● 错金银镶嵌丝网套铜壶

组，上组罩在肩的上部，下组罩在腹的外部，每组以 48 条蟠螭互相结成镂孔底纹，上饰梅花朵，上组 48 竖行，每行 3 朵，下组 48 竖行每行约 9 朵，下部已残，均交叉状排列，组间以横箍连结成罩形，上端的颈底相接，下与座沿相连。横箍外壁饰有错金银流云纹套环，环周有等距铺首 4 个，面有嵌饰，两侧饰蟠螭，衔环有错金卷云纹。铺首间有错金、银兽形四竖系。

此器口沿刻有记录壶的容量的铭文。圈足外刻有"陈璋伐匽（燕）之获"的字样，反映了公元前 315 年齐国与燕国的战争。

该器制作工艺高超，器形优美自然，堪为青铜器中的珍品。网套玲珑剔透，精巧华美，系用失蜡法铸造，为我们研究中国古代青铜铸造工艺增添了极为重要的资料。铭文反映的公元前 315 齐国伐燕国的史实，也可印证和补充文献的记载。

3. 西晋青釉神兽尊

●西晋青釉神兽尊

●西晋青釉神兽尊侧面

西晋青釉神兽尊高 27.9 厘米，口径 13.2 厘米，高 27.9 厘米，底径 16厘米，腹壁浮雕神兽一只，头部双眼突出，口内含珠，颈下有胡须，体饰四爪、双翼、脊毛和尾，雕刻生动，制作较精。遍体内外施青釉，棕色胎。器底外部刻有"东州"二字。作品字形排列，平底微内凹。西晋青釉神兽体量大，神兽的神态惊人，全身刻满纹饰，造型独特而又具有西晋瓷器的典型特征。

西晋青釉神兽尊的制法为轮制和手制合制，先用轮制后，再用手制零部件及装饰物。匠师紧紧抓住器形削肩鼓腹的形体特征，运用夸张写意手法，以盘口作兽的头顶，以器腹为兽腹，以器耳为兽耳，兽爪兽脊等都有序地布列在器物的各个部位，让人"尊""兽"难辨。

西晋青釉神兽尊双翼及翎毛用线条刻划的手法简单勾勒，使兽毛轻柔的质感跃然壁上。施釉的方法是用刷子将釉水刷上去的。尊胎质厚重、釉色莹润、釉层均匀、制作精细，代表了当时瓷器工艺的最高水平。

由于自然界没有一种与之相像的走兽，所以一直将其定名为"青瓷神兽尊"。其实它的形象与传统神兽貔貅[pí xiū]完全一致。而器底外部所刻"东州"二字，罗宗真先生认为可能是地名（或窑名），但不敢肯定。"东州"二字虽尚需深究，但此青瓷尊文物考古界普遍认为是宜兴本地烧造，代表了当时最高的青瓷工艺水平。

1976 年，西晋青釉神兽尊出土于江苏宜兴县（今宜兴市）周墓墩 4 号墓，同年入藏南京博物院。1993 年，西晋青釉神兽尊被国家文物局专家组定为国宝级文物。2013 年 8 月 19 日，西晋青釉神兽尊被中华人民共和国国家文物局列入《第三批禁止出境展览文物目录》。

4. 西汉金兽

●西晋青釉神兽尊

金兽究竟是什么动物至今仍没有一致的看法。有人认为是老虎、有人认为是狮子、有人认为是豹子。

这只金兽是 1982 年正月初七，盱眙[xū yí]县马湖店村农民万以全挖水渠时发现，通高 10.2 厘米，身长 16 厘米，身宽 17.8 厘米，重达 9100 克，含金量达 99%，空腹、厚壁，浇铸成形。

金兽蜷曲匍匐状，左后爪右前爪前伸，兽头卧伏在上，遍身斑纹，通体斑纹是在兽体铸成后再捶击上去的，大小相当，呈不规则的圆形，十分精美。颈部有项圈三道，上有环钮，尾穿过小腹到左背上，腹中空，腹内壁刻"黄六"两字（篆书），"黄"指质地为黄金，"六"为序数。为南京博物院院藏的 10 件国宝级文物之一，是目前为止全国考古发现的金器中最重的一件。

金兽下盖着一个精美奇特的铜壶，壶内装满了金器，其中 9 块半金饼重达 2864 克，15 块马蹄金、麟趾金重达 4845 克，11 块金版"郢爰"重达

3260克。黄金总重量超过20千克。

通常所见的金器大都是捶击而成，而金兽却是古代金属铸造工艺和金器捶击工艺这两种技法完美结合的产物。

据南京博物院考古所林留根研究员介绍，金兽从其造型来看，应该更加接近豹子。从与金兽、青铜圆壶共出的麟趾金，以及金兽的造型及其文字等看来，其窖藏的最后入藏年代在西汉时期，但究竟是谁将它们匆匆掩埋依然无从得知。

●金兽与铜壶

5.《坤舆万国全图》

《坤舆万国全图》是意大利耶稣会的传教士利玛窦在中国传教时与李之藻合作刊刻的世界地图，该图于明万历三十年在北京印制后，刻本在国内已经失传。南京博物院所藏《坤舆万国全图》为明万历三十六年（1608）宫廷中的彩色摹绘本，是国内现存最早的、也是唯一的一幅据刻本摹绘的世界地图。

●《坤舆万国全图》

利玛窦绘制《坤舆万国全图》时，以当时的西方世界地图为蓝本，并改变了当时通行的将欧洲居于地图中央的格局，把子午线向左移动170度从而将亚洲东部居于世界地图的中央，这样，中

1602年李之藻刻本《坤舆万国全图》共有七件，都保存在国外。分别在梵蒂冈教廷图书馆、日本京都大学、日本宫城县立图书馆、日本内阁文库、原克莱芒学院、意大利博洛尼亚大学天文台。

国就自然而然位于该图的中心。此举开创了中国绘制世界地图的模式。

意大利人利玛窦是最早进入中国的耶稣会传教士，他于公元1581年来到广东肇庆传教。在广东期间，他画了一幅标有西方文字的世界地图，这只是一幅小挂图，利玛窦将

其挂在教堂门口供人们参观，却引起了中国人的好奇和围观。公元1601年，利玛窦获得批准，进京朝见万历皇帝，他给皇帝敬献了自鸣钟、圣母像和世界地图等礼物，万历皇帝对他带来的世界地图很感兴趣。

不久之后，利玛窦和一位中国官员李之藻合作完成了一幅中文版的世界地图，再次献给万历皇帝，这就是《坤舆万国全图》。地图上不仅欧洲地名全部用汉字标注，而且中国各省的名称在地图上也都能找到。

●利玛窦

6. 大报恩寺琉璃塔拱门

大报恩寺琉璃塔拱门是南京大报恩寺的重要建筑构件，大报恩寺是明代皇家寺庙建筑的代表，寺中的琉璃塔，被誉为中古世纪七大奇观之一。由这座拱门可以想见当时琉璃塔的金碧辉煌，雄伟壮观。

●大报恩寺琉璃塔拱门

这座拱门是用明代大报恩寺琉璃塔的一套备用构建复原而成，门券上的形象为藏传佛教密宗所特有的法相装饰（六拏具），门顶端高举着神态威武

的金翅大鹏鸟，两侧对称设置龙女、摩羯鱼、狮羊立兽、白象王等神像和神兽。据史料记载，在当年建造大报恩寺塔时共烧制的三套完整的塔身构建，一套用于施工，两套埋于地下，用于以后的维修。这座拱门就是当时备用两套中的一套。南京大报恩寺琉璃塔共有九层，塔上这样的拱门共有六十四套。

大报恩寺琉璃宝塔位于南京市秦淮区大报恩寺，是大报恩寺的核心建筑，高78.2米，九层八面，周长百米。塔建成后，9层内外共设篝灯146盏，每盏芯粗1寸左右，自建成至衰毁一直是中国南方最高的建筑，也是世界建筑史上的奇迹，位列中世纪世界七大奇迹，被当时西方人视为代表中国的标志性建筑，有"中国之大古董，永乐之大窑器"之誉，被称为"天下第一塔"。1839年安徒生就在《天国花园》中提到："我（东风）刚从中国来——我在瓷塔周围跳了一阵舞，把所有的钟都弄得叮当叮当地响起来！"这里的瓷塔，就是大报恩寺琉璃塔。

如果将大报恩寺比喻为一顶璀璨的皇冠，那么琉璃塔无疑是这顶皇冠上最熠熠生辉的明珠，在它存在的400多年中，中国没有其他任何一座建筑可以与之比肩。当年，在南京城的任何一个地方，人们只要抬头南望，都能够看到它擎天巨柱般雄伟的身姿。建大报恩寺花了17年时间，而同时期工程量数倍于它的北京紫禁城，用时不过3年半。大报恩寺工程如此费时，主要因为琉璃塔的建设难度极大，不得不屡屡延期。据后人估算，仅修建琉璃塔一项所耗用的钱粮，折合白银就高达248万余两。

博学善思

找一找有关大报恩寺修建的轶事。

第三节 相关研究

1. 早期民族民俗学研究

20世纪30年代，一大批著名文化学者云集南京博物院，先后在西南、西北地区开展历史遗迹、民族服饰、手工业、语言和文字、动植物的调查和研究，征集了大量文物，陆续出版了《远东石器浅说》《麽些标音文字字典》《麽些象形文字字典》《中华民间工艺图说》等学术专著，为中国民族民俗学研究奠定了学术基础。

2. 考古调查与发掘

抗战期间,南京博物院专家或主持或参与发掘了四川彭山崖墓、河南安阳殷墟、山东龙山文化城址、甘肃宁定阳洼湾齐家墓地,考察了云南苍洱地区文化环境。

20世纪50年代初,南京博物院作为华东文物工作队的主要组成,曾在江苏、福建、浙江、安徽、山东等地主持或参与发掘了一批文化遗址和墓葬,曾昭燏、尹焕章、赵青芳等主持发掘的南唐二陵、青莲岗遗址等大批墓葬颇具影响。

1954年后,考古调查和发掘工作以江苏境内为主。主持的昆山赵陵山遗址(1991)、高邮龙虬庄遗址(1993)、扬州唐城遗址(1993)、徐州狮子山西汉楚王陵墓(1995)、扬州宋大城遗址(1995)、金坛三星村遗址(1998)、江阴高城墩遗址(1999)、连云港藤花落遗址(2000)、无锡鸿山越国贵族墓(2004)、句容金坛周代土墩墓群(2005)、张家港东山村遗址(2009)、盱眙大云山江都王陵(2011)、泗洪顺山集新石器时代遗址(2012)等被评为"全国十大考古新发现",藤花落遗址、三星村遗址、句容金坛周代土墩墓群等获得全国田野考古二、三等奖。整理出版的《南京附近考古报告》《华东新石器时代遗址》《南唐二陵》《沂南古画像石墓发掘报告》《北阴阳营》《四川彭山汉代崖墓》《新沂花厅——新石期时代遗址发掘报告》《无锡鸿山越墓》《邳州梁王城遗址》等大型发掘报告,尤其是提出的"青莲岗文化""湖熟文化"等考古学文化的命名,都曾在中国考古学界引起了较大反响。

2013年建成江南考古工作站,其科研硬件水平和实验功能对及时提供文物保护参数、制定科学保护计划、提高文保工作效率提供了强有力的科研和后勤保障。

3. 文物保护技术研究

南京博物院文物保护技术研究起步于70年代中后期,承担着江苏省馆藏及地面文物的保护工作。近10年来先后有"旧纸张保护技术""NMF—1防霉剂""复方中草药杀虫剂"等14个项目获各级大奖。"脆弱纸张网膜加固技术"处于国内领先水平,"青铜器保护新材料""白蚁防治新药"等研究成果在全国推广。"一种纸质文物多功能保护设备""古代建筑彩绘膜层隔离保护修复方法"等5项前沿科技成果获得国家专利。实施的绍兴印山越国王陵原址保护工程入列"2011年度全国十大文物维修工程"。

2014 年成功申报纸质文物保护国家文物局重点科研基地，金属文物保护实验室也初见规模。

4. 学术活动与期刊

江苏省博物馆学会、考古学会、民俗学会、吴文化学会挂靠南京博物院，并开展了"长江下游史前文化研究""红楼梦研究""吴文化研究"等活动。学会合办的《文博通讯》演变为公开发行的《东南文化》杂志，目前已是文博、考古及文化遗产保护领域重要的学术核心期刊，入列"中国期刊方阵"的"双效"刊物、江苏 10 种优秀社科杂志。近年来，南京博物院立足江苏，放眼全国，主办或承办的陈列艺术、考古发掘、文物保护、博物馆资源数字化等一系列学术活动强化了与社会各界的沟通交流和学习借鉴。此外，还在古建筑研究、大遗址保护、古代艺术研究、非物质文化遗产传承等方面承担了各级科研课题和项目。

5. 宣传出版

建院以来，南京博物院主持编撰了文博、考古图书百余部。其中 20 世纪 30 年代曾昭燏、李济的著述《博物馆学》奠定了中国博物馆学的基础。近年来，每年公开发表的专著和论文多达 150 余种（篇），"南京博物院珍藏大系""南京博物院学人文集""南京博物院文物保护科技丛书"等按计划陆续出版，基本形成了考古发掘报告、文保工程报告、学术专著、文物图录（册页）、研究性杂志以及部门年鉴在内的宣传出版体系。

6. 文化交流及馆际互动

早在 20 世纪 50 年代，南京博物院就参与国家组织的文物展览前往苏联、德国等国家展出。改革开放以来，与国际上的学术交流日益增加，在美国、法国、德国、意大利、比利时、荷兰、芬兰、日本、韩国等国家举办院藏文物展，弘扬民族文化，增进国际交流。与国外学术单位之间的科研合作也日益增多，佛教南传、早期水稻田遗址考古、江南人骨研究、泗阳汉墓出土木质文物保护研究等都取得了瞩目成绩。近年与美国大都会艺术博物馆、加拿大皇家安大略博物馆、台北故宫、日本国立九州博物馆、韩国古宫博物馆等海内外文博机构签订了合作协议书，并开展了大量学术和文化活动。

●嵇康与《广陵散》

《广陵散》，又名《广陵止息》，它是中国古代一首大型琴曲，中国音乐史上非常著名的古琴曲，著名十大古琴曲之一，即古时的《聂政刺韩傀曲》。魏晋琴家嵇康以善弹此曲著称，刑前仍从容不迫，索琴弹奏此曲，并慨然长叹："《广陵散》于今绝矣！"

今所见《广陵散》谱重要者有三，以《神奇秘谱》的《广陵散》为最早，也较为完整，是今日经常演奏的版本。全曲共45段，贯注一种愤慨不屈的浩然之气，"纷披灿烂，戈矛纵横"。

第十五章 广东省博物馆

第一节 概 览

　　广东省博物馆是一座省级综合性博物馆。旧馆于 1957 年开始筹备，馆址定在文明路 6 号（今 215 号）。该址曾是清代广州贡院，后为全国重点文物保护单位——国民党"一大"旧址（含革命广场）和广东省文物保护单位——红楼、中山大学天文台所在地。旧馆占地面积 4.3 万平方米，陈列大楼设计原是"U"形建筑，主楼向东，右为南副楼，左为北副楼，建筑面积约 1.4 万平方米。南副楼于 1959 年上半年落成，楼高三层，面积 3500 平方米。主楼和北副楼后因经济困难，没有建成。1959 年 10 月 1 日，广东省博物馆及所辖的广州鲁迅纪念馆正式对外开放。改革开放以后，为适应人民群众日益增长的文化需求，广东省博物馆决定在原址上建设新的陈列大楼。1992 年 10 月新陈列大楼落成，总建筑面积 18700 平方米，其中新建大楼 12300 平方米，陈列面积达 6000 平方米，为原楼的 4 倍。

　　开馆以来，广东省博物馆推出了许多产生过重大社会影响的大型展览，如"广东历史文物展览""广东出土文物展览""广东省改革开放成就展览""商承祚先生捐赠文物精品展览""刘少奇光辉业绩展览"等。馆内的基本陈列有"广东历史大观""漆木精华——潮州木雕艺术展览""南海海上丝绸之路""广东珍稀动物展览""鲁迅生平与纪念""国民党'一大'与第一次国共合作史料陈列"等。这些根据广东历史文化特点和馆藏

●广东省博物馆标志

优势推出的展览，充分体现出岭南文化悠久的历史文化积淀和丰富的自然资源。除此之外，每年还不定期地推出一些各具特色的临时展览。

在保管收藏文物方面，通过征集、收购、划拨等多种渠道，广东省博物馆的藏品从无到有，从少到多，截至 2016 年 12 月藏品总数已达 17.27 万余件（套），包括文物和古籍 130785 件（套），自然标本 41960 件。其中，中国历代陶瓷和书画无论是数量还是质量均居全国博物馆前列，而广东出土文物以金木雕、端砚的收藏最为丰富，也最具地方特色。近年来，广东省博物馆尤其注重三大民系（广府、客家、潮汕）民俗文物的调查征集，以进一步提高藏品质量、强化地域文化特色为方向。

跨入新世纪，广东省博物馆迎来了千载难逢的发展机遇。2003 年，广东省委、省政府决定投资 9 亿元在广州珠江新城建设广东省博物馆新馆。新馆规划总用地面积 4.1 万平方米，地面部分建筑面积约 4.8 万平方米，地下部分建筑面积约 1.5 万平方米，合计约 6.3 万平方米。

新馆建筑主体的设计外观呈方正的玲珑盒形，采用巨型屋面悬吊式钢桁架结构，空间组织概念源于广东传统的工艺品象牙球。新馆建筑将藏品管理、陈列展览、教育与综合服务、业务科研、行政管理、安全保卫、机电设备、地下停车场等八大功能系统有机地整合在一起。建筑充分考虑智能化要求，设备齐全，设施先进，采用了综合安防、楼宇自动化等安全系统和恒温恒湿空调、智能化照明等文物保护系统。此外，设计也充分考虑了节能环保因素，在建材选料、设备选型等方面，注重节能环保新材料、新工艺、新技术的使用，并尽可能利用珠江新城提供的区域公共服务。

新馆的展厅在布局设计上为陈列展览提供了高差 5 米到 22 米不等、没有结构柱的大空间，使陈列布展的创造性得以充分发挥。展览以广东历史民俗、艺术、自然为主要陈列方向，包括历史馆、艺术馆、自然馆三部分，另外配置有陈列展览系统、藏品管理系统、教育和

●广东省博物馆外景

综合服务系统、业务科研系统、安全保卫系统和行政管理系统等。完善的基础设施和先进的管理系统将使新馆成为国内领先、国际一流的大型综合性博物馆。作为广东省三大标志性文化设施之一，广东省博物馆新馆对于营造广州市的文化氛围、体现广州华南文化中心的地位、加强国际文化交流、以及使广州成为现代化国际大都市都有非常重要的作用。

●南京博物院立体图

展厅分布

开放时间

开放时间：周二至周四、周六、周日：

9：00 — 17：00；

周五：9：00 — 20：30；

逢周一闭馆。

位置信息

广州市天河区珠江新城珠江东路 2 号。

●微信公众号

融媒矩阵

另外，广东省博物馆还有同名新浪微博、腾讯微博等，搜索"广东省博物馆"即可获得相关资讯。

数字博物馆

目前，广东省博物馆以专题的形式对文物进行了虚拟展览，例如"大海道——'南海 1 号'沉船与南宋商贸""金漆辉映——潮州木雕虚拟展览""千年风雅——馆藏宋元以来绘画精品展"等，另外，广东省博物馆还有针对馆藏文物的 3D 展览，进入官方网站即可浏览。

第二节 馆藏文物

1. 金漆木雕大神龛

金漆木雕大神龛，木雕，高 330 厘米，宽 231 厘米，深 145 厘米，是在粤东潮汕地区最为常见的以金漆木雕装饰的民间供奉先辈神位的特制用具，它多放于祠堂之内，敬宗祭祖，追本溯源。

●金漆木雕大神龛

从制作工艺上讲，"金漆木雕大神龛"做工极其精湛，上面刻画的内容非常丰富。梅花鹿和仙鹤的图案，寓意官运亨通和长寿；喜鹊飞上梅花梢，寓意喜上眉梢；神龛上雕刻有潮剧《六国封相》的元素，它们都体现了潮州人的习俗和文化。

●金漆木雕大神龛局部

传说古时桑浦山下有母子俩相依为命，不料儿子不孝，动辄打骂母亲。有一日儿子入山砍柴，见一鸟窝，母鸟正衔虫喂养小鸟，往返飞忙，终于昏倒在鸟窝里，众小鸟咻咻待哺，状甚可怜。儿子寻思自己不孝之过，有改悔之意。忽见母亲从山下送饭来，急奔下山迎接。不料母亲误解，以为儿子嫌她送饭迟来，欲来殴打，慌忙卸下饭团飞奔，撞死在一棵树下。儿子抚摸母尸，痛定思痛，便砍下这棵树，制作一木椟，写上母亲姓名，生辰死日，逢时祭拜。后来，不孝儿勤耕力作，生活富裕，子孙繁衍，人们便仿效他制作木椟，祭祀祖先。

原始时代，人们认为人的灵魂可以离开躯体而存在。祭祀便是这种灵魂观念的派生物。最初的祭祀活动比较简单，也比较野蛮。人们用竹木或泥土塑造神灵偶像，或在石岩上画出日月星辰野兽等神灵形象，作为崇拜对象的附体。然后在偶像面前陈列献给神灵的食物和其它礼物，并由主持者祈祷，祭祀者则对着神灵唱歌、跳舞。进入文明社会后，物质的丰裕，使祭祀礼节越来越复杂，祭品也越来越讲究，并有了一定的规范。

历史演变进程中，很多地方家族观念和祭祖观念正日渐淡薄，岭南一带重视传统习俗，祭祖习俗至今仍盛行。潮汕文化隶属于岭南文化，是汉文化的子文化，是古中原文化的遗存，是中华民族优秀文化的重要组成部分。潮汕文化是潮汕人（潮汕民系）创造的文化，特征是以海洋文化为主。

这件神龛体量庞大，题材多样，内涵丰富，雕饰精美，综合运用了雕刻、髹漆、贴金、漆画等多种工艺，尤其采用了多层次镂通雕技艺，具有丰富的民俗文化内涵，是潮州木雕的代表作品。

2. 清乾隆农耕商贸图外销壁纸

●商贸图

●农耕图

中国壁纸是18、19世纪外销商品中的一种时髦饰品，以花鸟、风景、生产、生活等题材为主。这组中国18世纪手绘出口墙纸最早是由Lascelles（拉索斯）家族购买，挂在自己庄园Harewood House（夏活庄园）的中国房间。这个家族之首是老亨利，曾担任东印度公司的董事，他的小儿子小亨利也曾是真实的约克号船长。在1741年–1748年间，三次与约克号到访中国广州港。

但还有另一种推测，据装修庄园的工作日志记载，工人是于1769年12月装挂了这些中国壁纸。所以也极有可能是这个时间点前不久，也就是小亨利到访中国许多年之后才购买并带回英国。如今，Harewood House已是英国一级保护历史建筑，而当时购买的20多卷中国壁纸，除广东省博物馆回购的这12幅之外，剩下的目前悬挂在庄园的 East Bedroom（东方房间）在每年夏季仍向公众开放参观。

这套农耕商贸图壁纸，其内容就源自清康熙时期的《御制耕织图》，里面对于农耕活动的描绘是一脉相承的。当时欧洲人他们最想

了解中国的茶叶、丝绸、瓷器这些深刻影响西方社会生活的商品是怎么种植和制作的。所以这套壁纸在《御制耕织图》的基础上有了发展，不仅融入了西方的绘画技巧，内容上也是有西方人特别喜欢的中式风格。"清乾隆农耕商贸图外销壁纸"手绘于桑皮纸之上，用水彩画成。美景收眼底，动中藏恬静。150多个人物，50余组生产生活场景，以农耕、桑织、茶叶、瓷器为主题，尽显千年中华文化立命之本。

全套壁纸共12幅，每幅纵292.1厘米，横72.4-146厘米不等。虽然每幅画面题材各不相同，但连接起来是一组完整的水乡稻作、茶叶贸易的广州风土人情写实画面，既是当时外销壁纸中的佳作，也是早期中英商贸文化交流的重要历史见证。

3. 宋金项饰

宋金项饰全长1.72米，由四股八条纯金金线编织而成。人字形纹路，状若麻花。葡萄纹饰长条带钩为首，4个环状搭扣成尾。

宋金项饰所在的这艘商船的名字目前我们尚不可知。800多年后，1987年，广州打捞局与英国商业打捞公司合作寻找东印度沉船时，意外发现了一艘中国古代沉船，打捞出一些珍贵的文物，金项饰就在其中。因此后世我们都称金项饰所在的这艘古代沉船为南海1号。其背后是海外贸易强盛的宋朝。在宋代以前，东西方贸易的主军是波斯、粟特和

●宋金项饰

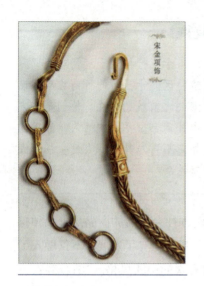

●宋金项饰局部

阿拉伯商人，而宋很快取代其地位。当时与宋政府有贸易交往的国家和地区至少有60个，东线主要是日本、高丽、琉球，西路航线从唐代的波斯湾延伸到东非海岸和红海，并与东南亚各岛国的联系更加紧密频繁。交易的商品有手工业品，比如瓷器、纺绸、书籍等；金属制品；工艺品，比如扇子、乐器等；农副产品，比如茶、米、药材等。

"南海一号"出水货物，展现了南宋中国热销海外的商品。装载的货物量大，类别丰富。船载有10余万件的器物，船货的大宗是陶瓷器，还有金属器及金属货币、金银首饰、漆木器、朱砂等。10余万件船货的包装方式特别讲究，沉船遗址船货包装方式清晰可见，由之可感受到货物的庞大数量和古人包装货物的智慧。

宋船技术设备先进，也是宋代海外贸易发展的关键条件之一。按《梦梁录》换算，中等船大概载重60吨–180吨，大的大概300吨，朝廷专门组织造的不平常的"神舟"能载600吨以上，宋代还发明了水密隔舱技术，增加船只的抗风抗沉能力，并把指南针适用于航海逐渐摆脱完全依靠牵星术和辨别地标特征导航的局限，可以进行深海航行。

博学善思

查找资料，了解一下"南海1号"沉船中还有哪些珍贵文物？

4. 千金猴王砚

中国传统文化中的文房四宝，砚为其一。在中国所产的四大名砚中，尤以广东省端砚最为称著。端砚以石质坚实、润滑、细腻、娇嫩而驰名于世，用端砚研墨不滞，发墨快，研出之墨汁细滑，书写流畅不损毫，字迹颜色经久不变，端砚若佳，无论是酷暑还是严冬，用手按其砚心，砚心湛蓝墨绿，水气久久不干，故古人有"呵气研墨"之说。

这件端石千金猴王砚，长25.5厘米，宽17.6厘米，是广东省博物馆其中一件镇馆之宝。猴王砚以端石中最名贵的老坑石雕刻而成，砚中集合了鱼脑冻、胭脂火捺、微尘青花、玫瑰紫和金线等众多名贵石品。凡具有鱼脑冻的砚台都质地高洁，发墨细腻。此砚中的鱼脑冻更是独一无二，天然呈现出一只猕猴形象，并有胭脂火捺（砚台周围的花纹似火烧留下的）环绕四周，在火捺的烘托下，猕猴形象生动逼真，栩栩如生，遇水就会变得更加清晰。砚额、砚唇、砚背、砚侧均以薄意、浅雕手法，因材施艺、精雕出崇山峻岭、流泉飞瀑，桃树硕实等纹饰。砚两侧刻隶书铭，右侧铭："千金猴王砚，光绪壬辰，禺山何氏闲叟珍藏"，左侧铭："郭兰祥作砚，项信南刊字"。

●千金猴王砚

博学善思　　四大名砚

甘肃洮州的洮河砚、广东肇庆市的端砚、安徽歙县的歙砚、山西新绛县和山东泗水的鲁柘澄泥砚。

广东的"一石三砚"名闻天下，世所罕见。三砚之中，又以千金猴王砚为首。一石三砚，每一方都酷似一只动物之形，为大自然的天然造化，世上奇观。这三方砚中，一方似猴，为千金猴王砚；一方如鹤，为鹤砚；一方像卧牛，为青牛砚。

猴王砚因名气太大，曾几经辗转，多次易主。1951年猴王砚又被卖到了广州文物店，中山大学教授商承祚先生得知后又从文物店买下此砚，后再转让给了广东省文管会收藏。

5.赵孟頫《行陋室铭》卷

赵孟頫行书《陋室铭》，纵49厘米、横131厘米，卷共19行，计86字。该卷录书唐刘禹锡《陋室铭》全文。通篇字形扁方，结体方阔，间架疏朗，方整平正，用笔方圆并举，以方笔居多，转折处见棱见角。法度谨严，字势宽博开张，气度平和雍容，雄浑大气。笔力厚重，笔画丰肥，笔法坚实，稳重遒劲，意态古朴生拙。书写时楷中兼有行意，在严整中增加了几分灵动。

赵孟頫（1254-1322年）是中国美术史上承前启后的书画大家。无论在创作还是对于后世的影响方面，均堪称一个里程碑式的领军人物。他是

●赵孟頫《行陋室铭》卷

一个多产的书法家，并且长寿，不同时期有着不同的师承对象和创作理念。在书法史上，也许没有谁比赵孟頫的书法更具有阶段性特点，而且这种特点非常明显，有着非常清晰的轨迹，这是和他的师承、艺术天赋、阅历及其创作的不断更新密切相关的。

关于他的书风分期，广为人知的莫过于明代宋濂在跋赵孟頫《浮山远公传》时所谓的"三段论"："赵魏公之书凡三变，初临思陵，中学锺繇及羲、献，晚乃学李北海"，其中"思陵"指宋高宗赵构。宋濂的这种论断被后来的很多鉴藏家和评论家所认同。

赵孟頫的诗赋及文章，清邃高古，读来往往使人有飘然出世之感。在至元年间的诗人之中，赵孟頫与戴表元等人一起，力扫南宋卑弱习气。他善于融篆籀之法于绘画之中，竹石、人马、山水、花鸟，无所不精，无疑是一代画坛领袖。对世俗贬低界画的看法，也有独到见解，认为其他画科，有时尚可杜撰瞒人，而界画却更须具备功力法度。有记载说，入元之后，赵孟頫家事甚贫，平时也常以字画收取润笔费用，聊以自补。他还精于古器物、书法、名画的鉴定，有关年代、作者、真伪，望而知之，百不失一。

6.《雪梅双鹤图》

《雪梅双鹤图》是明代画家边景昭创作的设色画，此幅画两只鹤占居画面主要部分，双鹤神态舒展自如，栩栩如生。

背景为双勾绿竹，雪鞭蓉和傲雪白梅，交相辉映。笔墨工致，设色明丽，是较典型的明代画院派风格。右上角有"待诏边景昭写雪梅双鹤图"的题款，款下钤有三方印章，一方为白文"情怡动植"，其余两方可惜漫漶不可辨。此图画二鹤，一只引颈高歌，一只屈首理羽。它们被安置在画面最显著的位置上，背景点以梅竹、芙蓉、傲雪之姿，相互生辉。画风工细严谨，色彩明丽沉着。无论从技法、赋色还是布局、意境诸方面，该图完全尚未摆脱宋院画的樊篱，但因作者高超的写生技巧和出神入化的运笔，使其画能于宋画之外别开生面。边景昭用笔工整细腻，双鹤施以白粉，梅干及花朵也细致精确，笔墨潇洒。画史称其花果翎毛"妍丽生动，工致绝伦"，从该图可看出这种典型风格。边文进以画花鸟著称，尤以画鹤见长，但其画传世较少。这件作品无论是画风还是其完整性，均可称得上是其精品之作。明代初期的宫廷绘画继承宋代院体工笔重彩的传统，用笔精细，设色明艳，这从边景昭的《雪梅双鹤图》中可明显地体现出来。经过专家的鉴定，《雪梅双鹤图》为国家一级文物。

● 《雪梅双鹤图》

第三节 相关研究

广东省博物馆下设广东省博物馆学术委员会和广东省博物馆协会两大学术机构，近年来主持了七项学术项目，例如广东地区纸质文物藏品的老化及保护材料研究、岭南地区博物馆藏品虫害及防治技术研究、广东英德地区摩崖石刻文物自然衰变侵蚀机制及保护对策等。

广东省博物馆出版了如《玉叶金枝——明代江西藩王墓出土玉器精品展》《紫石风流——现当代端砚精品选》《郑和时代的瑰宝——梁庄王墓出土文物精品》等100余本学术专著。另有100余篇学术论文，可见，广东博物馆不仅是收藏、保管文物的机构，也是优秀的学术研究机构。

●角形玉杯

　　广东省除了省博物馆之外，还有一座著名的西汉南越王博物馆，角形玉杯就是其中一件珍贵的文物，被列入《首批禁止出国（境）展览文物目录》。

　　这件角形玉杯，高 18.4 厘米，口径 5.9-6.7 厘米，口缘厚 0.2 厘米，重 372.7 克，杯形如兽角，口椭圆，杯底有细软弯转的绳索式尾，缠绕在杯身下部。杯口沿阴刻弦纹一周，杯身以浅浮雕和双钩法饰勾连云纹。器体轻薄，抛光琢制俱佳。口沿上微残，青玉质，半透明，局部有红褐色浸斑。仿犀牛角形，中空。口呈椭圆形，往下渐收束，近底处成卷索形回缠于器身下部。纹饰自口沿处起为一立姿夔龙向后展开，纹饰绕着器身回环卷缠，逐渐高起，由浅浮雕至高浮雕，及底成为圆雕。在浮雕的纹饰中，还用单线的勾连雷纹作填空补白。一夔龙缠绕器身，集浅浮雕、高浮雕、圆雕艺术为一体，是明代以前唯一一件汉代遗作，在玉器史是占绝对重要的地位。

　　相传犀牛角的酒杯可以溶解毒物，玉虽不能解毒，南越国的玉匠却借题发挥，就着石头的形状施刀，综合运用玉雕的各种工艺方法，在器身上巧妙布局各层纹饰，再经过细致的打磨，两千年后玉角杯仍放射出温和恬润的光泽。

第十六章 重庆中国三峡博物馆

第一节 概 览

●重庆中国三峡博物馆主馆外景

重庆中国三峡博物馆（重庆博物馆）是一座集"巴渝文化、三峡文化、大后方抗战文化、统战文化、移民文化"等的收藏、保护、研究、展示、传播为一体的综合性省级博物馆，前身为 1951 年成立的西南博物院，1955 年因西南大区撤销更名为重庆市博物馆，2000 年为承担三峡文物保护工程的大量珍贵文物抢救、展示和研究工作，经国务院办公厅批准设立重庆中国三峡博物馆。馆舍由主馆、白鹤梁水下题刻博物馆、保卫中国同盟总部（宋庆龄旧居陈列馆）、涂山窑遗址四部分组成。

新馆于 2005 年 6 月 18 日正式对外开放，占地面积 3 万平方米，建筑面积 4.5 万平方米，展厅面积 2.1 万平方米，年均接待观众 270 万人次。现有馆藏文物 11.35 万余件套（单件超 28 万件），珍贵古籍善本 1.8 万余册，涵盖 35 个文物门类，形成了以"古人类标本、三峡文物、巴渝青铜器、汉代文物、西南民

●重庆中国三峡博物馆标志

族文物、大后方抗战文物、瓷器、书画、古琴"等为特色的藏品系列。常设"壮丽三峡""远古巴渝、重庆·城市之路"等展览 10 个，年均推出临时展览 20-30 个，加以"重庆大轰炸"半景画演示和"大三峡"环幕电影两大展示亮点。

重庆中国三峡博物馆（重庆博物馆）为首批国家一级博物馆、中央地方共建国家级博物馆、全国爱国主义教育示范基地、全国科普教育基地、全国青少年教育基地、海峡两岸文化交流基地、全国古籍重点保护单位等。

展厅分布

开放时间

9:00-17:00（16:00 后停止入馆，16:45 清场，17:00 闭馆）；

●一层平面图

●二层平面图

●三层平面图

●四层平面图

星期一闭馆（国家法定节假日除外）。

位置信息

重庆市渝中区人民路 236 号。

融媒矩阵

● 微信服务号　　　　● 微信订阅号　　　　● 新浪微博

数字博物馆

重庆中国三峡博物馆可以通过官方网站查看博物馆的虚拟展览，例如
"'国强'的生活——庆祝新中国成立 70 周年重庆生活变迁物证展""三千
大千——张大千抗战时期绘画作品展""盛筵——见证《史记》中的大西南"
等。

另外在官方网站中藏品有三维展示，这些都是博物馆在数字化时代潮
流下诞生的产物。

第二节　馆藏文物

1. 乌杨石阙

乌杨石阙用砂岩雕刻而成，主阙通高 5.4 米，进深 1.7 米。自上而下
依次由脊饰、阙顶盖、上枋子层、
扁石层、下枋子层、主阙体、阙基
七部分构成。子阙高 2.6 米，重 10
吨。上面雕刻有当时的生活场景、
神话传说、飞禽走兽。2001—2002
年于忠县乌杨镇将军村发掘出土。

汉阙是汉代的一种纪念性建
筑，是古代宫殿、祠庙或陵墓前具
有表征意义的楼观，常左右成对，
有石质"汉书"之称，是我国古代

● 乌杨石阙

建筑的"活化石"。汉代石阙，是我国现存的时代最早、保存最完整的古代地表建筑，距今已有近2000年的历史，堪称国宝级文物。汉代是建阙的盛期，都城、宫殿、陵墓、

博学善思

查找一下"王草药"保护乌杨汉阙的事迹。

祠庙、衙署、贵邸以及有一定地位的官民的墓地，都可按一定等级建阙。西汉长安城未央宫的东阙、北阙，建章宫的凤阙、圆阙，是历史上著名的大阙。传说凤阙高20余丈。这些巨阙除凤阙尚有夯土残址外，其余都已埋灭，现存的只是一些东汉或西晋的小型石造祠阙和墓阙，最高者不过6米。

2001年6月下旬，工作人员开始了对乌杨汉阙的挖掘，虽说这次发掘的全部是石阙散件，但这件散件一组合起来，就是一座完整的汉代石阙，而且这座汉阙是左右对称，是双体。这些散落的石构件全部出土于晚期次生堆积，共发现主要石阙构件14件，阙体崩裂小残片86块。这些石阙的散段，每一件的自重轻者几吨，重者达十几吨。从地下发掘出来的10多件石段和散落在河边的几件加起来，乌杨阙构件一共有20件。就从这些石阙散段的重量来看，我们也可想象它们有多么威武雄壮。

复原后的乌杨阙为重檐庑殿顶双子母石阙，自下而上由台基、阙身、楼部和顶盖四大部分构成，具有顶盖出檐宽、阙体收分大、构造简洁的特点，因而显得造型格外挺拔、巍峨。阙身及楼部雕刻有青龙、白虎、凤鸟等纹饰，风格简洁平实。

遗憾的是，乌杨汉阙后面掩埋的主人墓室，却因为盗墓者的破坏而难以确定主人身份，这是一个巨大的遗憾，但是汉阙仍然是我国历史一份宝贵的历史文化遗产。

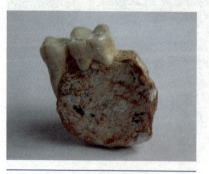

● "巫山人"左侧下颌骨化石

2. "巫山人"左侧下颌骨化石

1985年，考古工作者在重庆市巫山县庙宇镇龙坪村龙骨坡，发掘出一段带有2颗白齿的残破能人左侧下颌骨化石以及一些有人工加工痕迹的骨片。1986年又发掘出3枚门齿和一段带有2

个牙齿的下牙床化石。经学者研究，龙骨坡遗址出土的遗物代表了一种能人的新亚种，后被定名为"能人巫山亚种"（Homeerectuswushanensis），一般称之为"巫山人"，距今约201–204万年（2014年修正为214万年）。"巫山人"化石的发现是20世纪中国最重要的考古发现之一。"巫山人"化石是中国境内迄今发现最早的人类化石。

巫山人的发现动摇了以往关于人类起源的观点。从南方古猿向人类进化，这些远古的"旅行者"要经历能人、直立人到智人即现代人的演化。过去，由于东非大裂谷人类的发现，西方学者提出了人类起源于非洲，亚洲直立人则是从非洲扩散而来的结论。我国学者曾提出过"亚洲也可能是人类起源地之一"的看法，但一直缺少200–400万年前人类化石材料的证明，直到巫山人的发现，我们有理由相信，中华民族的祖先，黄种人的祖先，就是从三峡高地走出来的。

龙骨坡遗址是迄今中国乃至东亚早更新世早期的相同时序中文化内涵极其丰富的地点，为探索东亚人属（Homo）兴起的年代不是几十万年而是200万年提供了佐证。

3. 青铜鸟形尊

青铜鸟形尊是战国时期的青铜器。2002年出土于涪陵小田溪墓地。通体长28厘米、宽16.8厘米、高29厘米。整体呈鸟形，鸟头高昂，曲颈向上，桃形双耳，双目圆睁、鱼嘴、鹰喙鼻、兽耳、凤冠、鸽身、鸭脚。通体饰细密的羽纹，在羽纹上原本有规律的镶嵌着绿松石。造型、纹饰及装

巴人，是一个内涵和外延都十分复杂的概念。关于巴人的来源问题，学术界一直存在着争论。巴人在商周时期一直活跃于今达州重庆等地区，并同时建立了巴国，国都在江州（今重庆江北区），范围为重庆西南部和四川东部一些地区，并与古蜀国相邻，后被秦国所灭，并为巴郡，巴人也从此进入了中华文明。

●青铜鸟形尊

饰极其精美。这种装饰技法就是战国中晚期最流行的嵌松石。在青铜器上镶嵌玉石，这一工艺早在商朝早期就已经出现，到春秋战国时期技术已经十分成熟。尽管战国青铜鸟形尊身上镶嵌的绿松石因为时代久远多已脱落，

●青铜鸟形尊局部

但可以想象曾经浑身装饰宝石的它是怎样美丽绝伦，夺人心魄。

青铜器中的尊本是酒器，多数做成禽鸟或走兽形状，腹内中空，口部作为倒酒的通道，背部作出带有盖子的注酒孔。这件尊通体上下除鱼形嘴外，了无一孔，不具备容器的实用性，应系学习中原地区的鸟兽尊而作。其体轻、壁薄、中空，铸造难度极高。出土于巴人的贵族墓地，是研究巴人的审美情趣、工艺水平和铸造技术难得的艺术精品。

4. 偏将军印章

"偏将军印章"是 1982 年市民刘定全在嘉陵江边拾得，捐赠给重庆市博物馆收藏。此印系龟纽方形金印，通高 2 厘米，纽高 1.2 厘米，边长 2.4 厘米，重 108.95 克，含金 96%。篆刻印文"偏将军印章"五字三行，前 2 字为第一行，中间 2 字为第二行，后 1 字为第三行，是一方汉代官印。据文献记载，偏将军系将军的辅佐，此官制始设于春秋，通常由帝王拜授，也有大将军拜授的。起先"偏"为编制单位，如"五十人为偏"（《周礼·地官》）；"其君之戎，分为二广，广有一卒，卒偏之两"（《左传·恒公十二年》）等。同样"偏"也有作将佐称谓，如"司马令尹之偏"（《左传·襄公三十年》）；"是以偏将军居左，上将军居右"（《老子·道德经》）等。

●偏将军印章

从西汉始至魏晋时期，"偏将军"一职使用逐盛。如《史记·陆贾列传》记："使一偏将将十万

众临越";《汉书·王莽传》记:"莽见四方盗贼多,复厌之,又下书曰:予之皇初祖考黄帝定天下,将兵为上将军,建华盖,立斗献,内设大将,外置大司马五人,大将军二十五人,偏将军百二十五人,禆将军千二百五十人,校尉万二千五百人,司马三万七千五百人,侯十一万二千五百人,当百二十二万五千人"。王莽所置"偏将军",多封予郡卒正、连帅、大尹,以镇压四方民众反抗。卒正、连帅、大尹均王莽改汉郡守之名。因后来战事频繁,"偏将军"重视程度时而也有所提高。更始元年(23),刘秀亦曾为"太常偏将军"。

金制官印流行于汉晋时期,全国目前共发现26枚,两汉金印存15枚。"偏将军印章"传世多为银、铜质,此金质印为仅见。

此枚"偏将军印章"的材质决定了凿刻谨严精巧,且新莽官印的制作技艺极为精湛,明显超过西汉或东汉中后期。王献唐先生在《五灯精舍印话》中,对新莽时期官印有极高的评价,"新莽篡汉,百度维新,凡有制作,无不精美。印为国家重器,尤刻意求工。今传新莽官印,钮制炼冶,俱皆华妙。印文书刻之工,远迈秦汉,更无论魏晋。篆刻至莽,殆摹印之极规矣。"此印五字采用当时常见的二、二、一,三行排列方式。这种排列方式使得文字体势自然延伸,所占位置具有黄金分割率特征,适合篆书的伸展,显得极为美观。通观此印,其凿刻工致峻拔,线条匀称协调、干净利落,有含和闲雅之致,给人赏心悦目之感。章法精巧缜密。篆法工稳谨严,整饬而不板滞,笔画伸缩自如、不肆不拘,平直中略寓圆融之气。故而此印遒媚独具,称得上清刚与婉约兼得。

5. 江竹筠烈士遗书

江竹筠烈士(1920—1949),女,四川自贡人。幼年做过童工,1939年加入共产党。1940年任重庆新市区区委委员,负责学运工作。1947年4月随爱人彭咏梧去下川东发动武装起义。1948年6月,因叛徒出卖被捕,关押于重庆军统集中营渣滓洞监狱。狱中,她经受了难以想象的酷刑,但坚贞不屈,被难友们誉为"中华儿女革命的典型"。1949年11月14日在重庆军统集中营电台岚垭英

博学善思

与同学交流一下有关江竹筠烈士的革命事迹,感受革命先辈的精神力量。

勇就义。

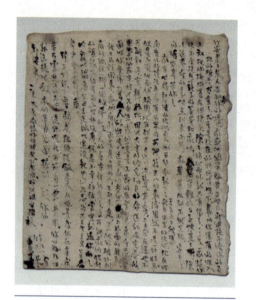

●江竹筠烈士遗书

江竹筠烈士遗书写于 1949 年 8 月。她爱人彭咏梧已不幸在起义中牺牲，她自己又身陷囹圄。面对死亡，她是从容无畏的。然而，在充满黑暗、暴力的渣滓洞狱中，却时刻思念着寄养在亲戚谭竹安家中的儿子彭云。于是，带着酷刑留下的累累伤痕，留下了这份遗书。信中告诫要培养孩子树立远大理想，为建设新中国献身，绝不可娇宠溺爱，饱含着一个革命母亲对孩子的深切厚爱和殷切希望。读来感人至深，催人泪下。有的字着墨较重，大约是狱中书写工具低劣所致。这页手掌般大的遗书，对人们的教育、启迪作用是无法估量的。自陈列展出以来，广大观众无不为以江姐为代表的革命先烈崇高的思想境界所感动。

遗书纵 14.5 厘米，横 13 厘米，淡黄色毛边纸。从右向左直行书写，字体娟秀。1950 年，西南博物院发现后随即征集入库。现陈列在重庆中国三峡博物馆"重庆：城市之路"展厅。

6. 虎钮錞于

虎钮錞于属战国时期的青铜器，高 68 厘米，上径 36 厘米，底径 28 厘米，重 30 千克。

1989 年夏，万州甘宁乡发大水，这件錞于从红旗水库泄洪道巨石缝中被发现，由万州博物馆收藏。2005 年 6 月，调集到重庆中国三峡博物馆，目前陈列在"远古巴渝——从石器时代到青铜时代"展厅。

錞于是古代的打击乐器，始于春秋时期，盛行于战国至西汉前期，在长江流域及华南、西南地区都有发现，其中以巴人故地发现最为集中，成为巴文化最具特征性的青铜乐器。

錞于上的虎钮应与巴民族的历史传说有关。《后汉书·南蛮西南夷传》载：

"廪君死，魂魄世为白虎，巴氏以虎饮人血，遂以人祠焉"。廪君为巴族祖先，唐人樊绰《蛮书》卷十说："巴氏祭其祖，击鼓而祭，白虎之后也"。古代巴族崇拜白虎，白虎应当就是巴族的"图腾"。

●虎钮錞于

錞于是用绳系钮，悬挂于架上，以击打的方式使其发出声响。长沙马王堆汉墓竹简中就有"击屯（錞）于"的记载。錞于是《周礼》地官司徒中鼓人所掌辖的"六鼓四金"之器。"四金"为錞于、镯、铙、铎，都是用于号令军士行动之器。传说古代巴民族军士"天性劲勇"，英勇善战，錞于所发"清响良久，声震如雷"的乐音，正是巴民族军士这一特点的印证。

这件錞于属战国晚期的巴人作品，其通体完整，音质优良，造型厚重，形体特大，有"錞于王"之誉。其上部的钮作虎形，栩栩如生，不怒而威，虎腿以漩纹勾画出神物特征，是巴人虎崇拜的又一重要例证。虎钮的周围，分布着五组"图语"：椎髻人面、羽人击鼓与独木舟、鱼与勾连云纹、手心纹、神鸟与四蒂纹。这些图语是研究巴文化极为重要的资料，其中羽人击鼓与独木舟已经被选取为重庆中国三峡博物馆外墙浮雕的中心图案。

第三节 相关研究

中国重庆三峡博物馆基于"巴渝文化、三峡文化、大后方抗战文化、统战文化、移民文化"的丰富内涵，在学术研究上也取得了丰硕的成果。近年来公开发表了600余篇学术论文，主持完成了100多项科研项目，例如中国早期合金的冶炼工艺研究、重庆抗战遗址基础史料研究、抗战（可移动）文物专项调查——以西南四省市为例、重庆巫山玉米洞旧石器时代遗址之动物考古学研究等。此外还出版了三十余种学术著作，例如《重庆抗战图史》系列、《老重庆影像志》系列，包含老码头、老钱票、老街巷、老行当、老城门，还有《三峡通志校注》等。另外中国重庆三峡博物馆还发行有反映长江流域历史文化研究成果的期刊——《长江文明》，包括长江流域考古发掘研究，古代文献的文本解读、博物馆展览与运行研究、历史文化解释性研究，以及关于长江流域研究的重要专著和最新理论问题的阐述、评论、综述与争鸣等。可见重庆三峡博物馆的研究在基于本身的文化内涵基础之上，具有鲜明的文化特质。

●江竹筠烈士遗书原文

竹安弟：

友人告知我你的近况，我感到非常难受。幺姐及两个孩子给你的负担的确是太重了，尤其是在现在的物价情况下，以你仅有的收入，不知把你拖成甚么个样子？除了伤心而外，就只有恨了……我想你决不会抱怨孩子的爸爸和我吧？苦难的日子快完了，除了希望这日子快点到来而外，我什么都不能兑现。安弟！的确太辛苦你了。

我有必胜和必活的信心，自入狱日起（去年6月被捕）我就下了两年坐牢的决心，现在时局变化的情况，年底有出牢的可能。蒋王八的来渝固然不是一件好事，但是不管他如何顽固，现在战事已近川边，这是事实，重庆在（再）强也不可能和平、京、穗相比，因此大方的给它三、四月的命运就会完蛋的。我们在牢里也不白坐，我们一直是不断的在学习，希望我俩见面时你更有惊人的进步。这点我们当然及不上外面的朋友。话又说回来，我们到底还是虎口里的人，生死未定，万一他作破坏到底的孤注一掷，一个炸弹两三百人的看守所就完了。这可能我们估计的确很少，但是并不等于没有。假若不幸的话，云儿就送给你了，盼教以踏着父母之足迹，以建设新中国为志，为共产主义革命事业奋斗到底。

孩子们决不要骄（娇）养，粗服淡饭足矣。幺姐是否仍在重庆？若在，云儿可以不必送托儿所，可节省一笔费用。你以为如何？就这样吧。愿我们早日见面。握别。愿你们都健康。

竹姐

（1949年）8月26日

第三单元

国外部分知名博物馆

第十七章 法国卢浮宫

第一节 概 览

"我觉得，卢浮宫里什么都有，任何艺术品只要进了卢浮宫，就会为人们所接受和喜爱。"保罗·塞尚①的这番话既描绘了卢浮宫藏品的广博，也揭示了卢浮宫在艺术家们心中的地位。

●卢浮宫外景

卢浮宫位于法国巴黎市中心的塞纳河北岸，是欧洲面积最大的宫殿建筑，占地 19.8 万平方米，建筑物占地 4.8 万平方米，整个建筑雄伟壮观、和谐完美，给人以古朴清新、庄严肃穆之感。其东面是"方形庭院"，西面是"拿破仑庭院"，中间是"卡鲁赛广场"。卢浮宫博物馆诞生于 1793 年，是继伦敦的阿什莫林博物馆（1683 年）、德雷斯顿的历代大师画廊（1744 年）和梵蒂冈博物馆（1784 年）之后开放的欧洲首批博物馆之一，位居世界四大博物馆②之首。

---

① 保罗·塞尚是 19 世纪法国后印象主义画派画家，作为现代艺术的先驱，西方现代画家称他为"现代绘画之父"。代表作品：《圣维克多山》《法黎耶肖像》、静物系列。
② 世界四大博物馆是西方媒体评选出的四个国家级博物馆，包括法国卢浮宫、英国大英博物馆、俄罗斯埃尔米塔什博物馆和美国大都会艺术博物馆。它们被称为世界四大艺术殿堂。

声名显赫的卢浮宫收藏着 40 多万件艺术珍品，时代纵贯古今，门类横跨绘画、雕塑、工艺美术、珠宝等，地域更由欧洲、古希腊、古罗马、古埃及远至古代东方。

要提卢浮宫的历史，不得不讲一讲法兰西的历史以及这个国家所经历的一系列政治事件和历史变革。

卢浮宫始建于 12 世纪末（1190 年），当时法国政权正处在"虔信基督教的"几代国王的努力之下得到巩固之时。卢浮宫由法王菲力二世（"奥古斯都"）下令修建，最初是用作监狱与防御性的城堡，边长约 90 米，四周有城壕，其面积大致相当于今卢浮宫最东端院落的四分之一。当时的卢浮宫堡并不是法国国王的居所，而是被用来存放王室财宝和武器。

14 世纪，法王查理五世觉得卢浮宫比位于塞纳河当中的城岛（西岱岛）的西岱宫更适合居住，于是搬迁至此。在他之后的法国国王再度搬出卢浮宫，直至 1546 年，弗朗索瓦一世才成为居住在卢浮宫的第二位国王。弗朗索瓦一世命令建筑师皮埃尔·勒柯按照文艺复兴风格对其加以改建，于 1546 年至 1559 年修建了今日卢浮宫建筑群最东端的卡利庭院。同时，弗朗索瓦一世也兴起了王室收藏之风，收藏的物品主要是为他所钟爱的意大利文艺复兴大师的杰作。这些藏品直至 17 世纪中叶一直被保存于枫丹白露宫里。扩建工程一直持续到亨利二世登基。亨利二世去世后，王太后卡特琳娜·德·美第奇集中力量修建杜伊勒里宫及杜伊勒里花园，对卢浮宫的扩建工作再度停止。

1594 年，亨利四世决定修建连接卢浮宫与卡特琳娜·德·美第奇在巴黎城墙外修建的杜伊勒里宫的"大长廊"，构筑一个雄伟壮阔的整体化宫殿建筑群。17 世纪，路易十三和路易十四在位期间，建筑师乐梅西埃和勒沃先后建造了方形中庭的北翼和南翼，将这座文艺复兴风格的庭院扩展至先前的四倍大小；克洛德·佩罗率领一支建筑师团队，修建了作为卢浮宫东立面的柱廊，在建筑风格的选取上与南立面遥相呼应。

1682 年，路易十四将法兰西宫廷移往凡尔赛宫后，卢浮宫的扩建再度终止。尽管如此，这位"太阳王"承袭了弗朗索瓦一世的传统，不惜斥巨资充实王室的收藏。路易十四曾计划放弃卢浮宫，并将其拆除，但后来改变了主意，让法兰西学院、纹章院、绘画和雕塑学院以及科学院搬入卢浮宫的空房，此外还有一些学者和艺术家被国王邀请住在卢浮宫的一层和大长廊的二楼。1750年法国国王路易十五正式提出了拆除卢浮宫的计划。但由于宫廷开支过大，缺乏足够的金钱来雇佣拆除卢浮宫所需的工人，该宫殿得以幸存。

1789年10月6日，巴黎的民妇集群前往凡尔赛宫，将法国国王路易十六挟至巴黎城内，安置于杜伊勒里宫，该时期对卢浮宫进行了简单的清理打扫工作。法国大革命期间，卢浮宫被改为博物馆对公众开放。拿破仑即位后，开始了对卢浮宫的大规模扩建，建造了面向里沃利林荫路的北翼建筑，并在围合起来的巨大广场中修建了卡鲁索凯旋门作为杜伊勒里宫的正门。拿破仑三世时期修建了黎塞留庭院和德农庭院，完成了卢浮宫建筑群。

1871年5月，巴黎公社面临失败时，曾在杜伊勒里宫和卢浮宫内举火，试图将其烧毁（当时公社决定烧毁的还有巴黎市政厅、王宫等标志性建筑）。杜伊勒里宫被完全焚毁，卢浮宫的花廊和马尔赞长廊被部分焚毁，但主体建筑幸免。第三共和国时期拆除了杜伊勒里宫废墟，形成了卢浮宫今日的格局。

法国国王对艺术品的收集始于弗朗索瓦一世时期，弗朗索瓦一世曾从意大利购买了包括油画蒙娜丽莎在内的大量艺术品。至路易十四时期，法国王室已经收集了约2000幅油画、150多座雕刻、700多张素描以及其他大量美术作品。路易十五和路易十六时期继续从意大利、佛兰德斯和西班牙购入艺术作品。法国大革命期间的1793年8月10日，共和政府决定将收归国有的王室收藏集中于卢浮宫，并将其作为博物馆向公众开放，命名为"中央艺术博物馆"。11月8日，博物馆正式开放，展出了587件艺术品。此后共和政府又用从教堂、贵族和地方政府等处没收来的艺术品源源不断地补充博物馆收藏。

拿破仑在征服欧洲各国的同时，将被征服国家的艺术品大量运往法国，送至卢浮宫（此时已改名为"拿破仑博物馆"）展出，还增加了古罗马和古埃及艺术品展厅。但随着1815年拿破仑的第二次退位和终生放逐，卢浮宫藏品中约有5000多件艺术品被归还给原来所属国。

博学善思

看到这些法国国王或领袖你是否觉得熟悉？能否回忆起与他们相关的历史事件？

此后的 100 多年里，卢浮宫的收藏范围不断扩大，加入了东方（远东）、亚述、古埃及等时代的藏品。随着藏品数量的增多，展览空间越来越小。1981 年，法国政府决定将卢浮宫建筑群的全部建筑划拨博物馆，并对卢浮宫实施了大规模的整修。玻璃金字塔是这次重修的象征，它于 1989 年落成，矗立在拿破仑庭院的中央。整修后的卢浮宫也于 1989 年重新开放。其展览区域划分为三大馆，分别是：黎塞留馆、叙利馆和德农馆。

卢浮宫展览区域

名称	概况
黎塞留馆 （Richelieu Wing）	远东、近东、伊斯兰文物；雕塑；14 世纪至 17 世纪的法国油画；德国、尼德兰和佛兰德斯油画；其他绘画和形象艺术。
叙利馆 （Sully Wing）	古埃及文物；近东文物；古希腊、伊特鲁里亚、古罗马文物及雕塑。
德农馆 （Denon Wing）	古希腊、伊特鲁里亚、古罗马雕塑；17 世纪至 19 世纪的法国油画；意大利及西班牙油画。

展厅分布

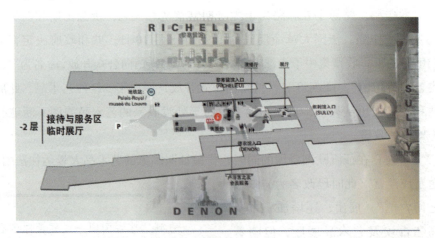

●卢浮宫分层布局图 -2 层

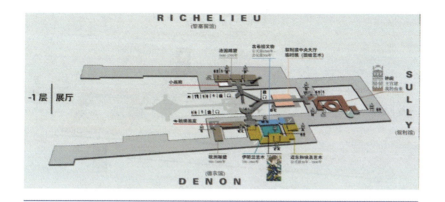

●卢浮宫分层布局图 −1 层

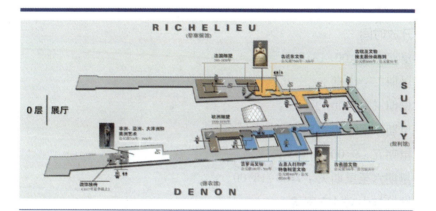

●卢浮宫分层布局图 0 层

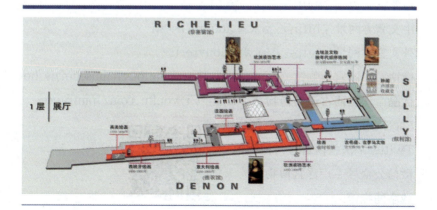

●卢浮宫分层布局图 1 层

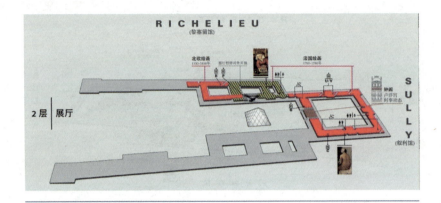

●卢浮宫分层布局图 2 层

开放时间

星期一 :9:00-18:00 ;

星期二：休息；

星期三：9:00-21:45；

星期四：9:00-18:00；

星期五：9:00-21:45；

星期六至星期天：9:00-18:00。

地址与中文社交网络

地理位置：Louvre Palace, 91A Rue de Rivoli, 75001 Paris

卢浮宫，巴黎 75001 号里沃利街 91A 号

中文官方网址：http://www.louvre.fr/zh

外文官方网址：https://www.louvre.fr/

微博：卢浮宫博物馆 https://weibo.com/louvremuseum?is_hot=1

优酷：法兰西古迹与博物馆 https://i.youku.com/fpmfrance

Facebook：法兰西古迹与博物馆

Twitter：法兰西古迹与博物馆

微信公众号：卢浮宫博物馆

数字博物馆

在卢浮宫博物馆官方网站、卢浮宫博物馆微信公众号以及卢浮宫博物

馆手机 App，我们可以掌握到卢浮宫博物馆的幕后故事、藏品信息以及最新的展览活动咨询。为满足不同类型观众的参观需求，卢浮宫博物馆将浩如烟海的馆藏艺术品根据历史时期、艺术类型或特定艺术主题等整理出若干条专题参观路线供观众朋友选择。我们可以根据自己的需求查阅或打印这些信息。

卢浮宫博物馆设计了五个专题参观路线，包括卢浮宫八百年悠悠岁月、古希腊雕塑、欧西里斯：古埃及的神、17 世纪的法国装饰艺术以及卢浮宫馆藏杰作。卢浮宫博物馆还支持在线虚拟参观，可以通过 60 个全景介绍参观或重温卢浮宫标志性地点的华美装饰。人们在家通过电脑、手机等通讯设备就能云游卢浮宫，领略这些旷世奇作，感受卢浮宫的魅力。

第二节 馆藏文物

1.《米洛斯的维纳斯》

古希腊神话传说中，有一个女神叫阿佛洛狄特，专管"美"和"爱"。到了古罗马时代，罗马人将她称为维纳斯。传说她在大海的泡沫中诞生，在三位时光女神和三位美惠女神的陪伴下，来到奥林匹斯山。众神被其美丽容貌所吸引，纷纷向她求爱。宙斯在遭其拒绝后，遂将她嫁给了丑陋而瘸腿的火神赫斐斯塔司，但她却爱上了战神阿瑞斯，并生下了小爱神厄洛斯。后曾帮助特洛伊王子帕里斯拐走斯巴达国王墨涅拉俄的妻子、全希腊最美的女人海伦，引起希腊人远征特洛伊的十年战争。没有人见过这位女神，但是关于

● 《米洛斯的维纳斯》

她的雕像却留下很多。其中最有名的就是一尊断臂的维纳斯雕像，即《米洛斯的维纳斯》，又称《断臂的维纳斯》，是古希腊雕刻家阿历山德罗斯根据神话于公元前 150 年左右创作的大理石雕塑。

《米洛斯的维纳斯》是希腊化时期（公元前 4 世纪 – 公元前 1 世纪）的经典作品，体现了该时期的艺术新风尚：裸体美神像成为创作主流，风格由

●《米洛斯的维纳斯》面部

庄严崇高向世俗化转变，但仍带有大气磅礴的精神气质。在这件作品中，美神阿佛洛狄忒端庄秀丽，表情宁静平淡，身体曲线呈螺旋上升状，起伏变化中暗含着音乐的节律。裸露与遮掩恰到好处，尽显女性的婉丽娇媚之姿，错落有致的衣褶变化又添其优美的神韵，同时，作者对人物整体简洁阔大的处理又增加了雕塑纪念碑式的崇高感。这种优美与崇高的完美结合使这件作品成为古希腊人体雕塑中美的典范。虽然这是个半裸的女性雕像，而且优美、健康、充满活力，可是给人的印象并不柔媚和肉感。她的身姿转折有致，显得大方甚至"雄伟"；她的表情里有一种坦荡而又自尊的神态，显得很沉静。她无需故意取悦或挑逗别人，因为她不是别人的奴隶；她也毫无装腔作势、盛气凌人之感，因为她也不想高踞他人之上。在她的面前，人们感到的是亲切、喜悦以及对于完美的人和生命自由的向往。

看到这座美丽但残缺的雕塑，人们心中不免产生疑问：她断了的两只胳膊本是什么姿势？是拿着金苹果？是扶着战神的盾？还是拉着裹在下身的披布……近年来的考据家则较一致地认为，她的一只手正伸向站在她面前的"爱的使者"丘比特。虽然不少人曾依照各自的推测补塑了她的双臂，但总觉得很别扭，不自然，还不如就让她缺两只胳膊，让人们用自己的想象去补全它，从此她就以"断臂美神"而闻名遐迩。

2.《蒙娜丽莎》

《蒙娜丽莎》又名《乔孔多夫人》，高77厘米，宽53厘米，是列奥纳多·达·芬奇创作的木板油画，是其代表之作。该画来自于弗朗索瓦一世的收藏。《蒙娜丽莎》是世界上最著名的女性形象，画上这位年轻女子通常被认为是1479年出生、1495年嫁给弗朗西斯科·戴尔·乔孔多为妻的丽莎·盖拉尔蒂尼（但她的身份存在着很大的不确定性）。从绘画风格推断，这幅画创作于1503—1506年。人们认为，达·芬奇是在佛罗伦萨开始绘制这幅画像的。后来，达·芬奇旅居罗马期间，应内莫尔公爵朱利安诺·德·美第

奇的委托将这幅作品绘制完毕，因为后
者想要收藏一幅由达·芬奇创作的自由
题材的绘画作品。朱利安诺过世后，达·芬
奇动身前往法国，这幅画也跟随他来到
了克卢森堡，存放在他的书房中，最后
被弗朗索瓦一世以4000枚金币买下。

《蒙娜丽莎》画像没有眉毛和睫毛，
面庞看起来十分和谐。直视蒙娜丽莎的
嘴巴，会觉得她没怎么笑；然而当看着
她的眼睛，感觉到她脸颊的阴影时，又
会觉得她在微笑。蒙娜丽莎的微笑中，
含有83%的高兴、9%的厌恶、6%的恐惧、
2%的愤怒。蒙娜丽莎，坐在一把半圆形
的木椅上，背后是一道栏杆，隔开了人

●《蒙娜丽莎》

物和背景，背景有道路、河流、桥、山峦，它们在达·芬奇"无界渐变着
色法"的笔法下，和蒙娜丽莎的微笑融为一体，散发着梦幻而神秘的气息。
《蒙娜丽莎》这幅肖像中，那双眼睛周围、那生动的红色小圈和毛发，不经
过最精细的刻画，是无法表达出来的。脸也自然得体，极为逼真。鼻尖上
那纯美柔嫩的粉色鼻孔真是栩栩如
生。嘴唇微翕，从玫瑰红唇到鲜嫩
的粉颈，无处不是生动的肌肤而非
颜料堆砌。如果人们凝神观看喉头
的凹陷之处，仿佛还能感受到脉搏
的跳动。

博学善思

达·芬奇作为文艺复兴美术三杰
之一，其《蒙娜丽莎》的创作体现了
他怎样的思想？

在构图上，达·芬奇为了加强人物的时代特征，打破了传统的构图方式，
对女性的刻画到了腹部。其实，中世纪教会认为，腹部以下为情欲，而颁
布了禁止将人物肖像画到腹部以下的荒谬规定。达·芬奇把人物画到腹部
以下，是对中世纪观点的公开对抗。该画完全消除了中世纪绘画中的呆木
僵硬表情，表现出一股活鲜鲜的生气；其美学价值首先就体现于这种先进
的审美理想中。达·芬奇在《蒙娜丽莎》绘画中，成功地运用了"渐隐法"

绘画技法。"蒙娜丽莎"人物形象，与背景界限不太明晰，人物轮廓不那么明确，仿佛融人于背景之中。尤其是在该人物形象的眼角和嘴角处，作者是着意使用了"渐隐法"绘画技法，让眼角和嘴角渐渐融人柔和的阴影之中，从而造成了含蓄的艺术效果，极大地丰富了形象的意蕴。

3.《双翼胜利女神》

● 《双翼胜利女神》

《双翼胜利女神》（又名《萨莫色雷斯的胜利女神》《萨莫色雷斯尼姬像》）创作于约公元前 2 世纪，雕像的作者，已难以考证，史籍也缺乏记载。雕塑自 1884 年起开始在卢浮宫的显赫位置展出，是世界上最为著名的雕塑之一。雕塑雕刻了萨莫色雷斯岛海边悬崖上的胜利女神，雕塑的底座是战船的船头，船头引导着舰队乘风破浪冲向前方，胜利女神上身略向前倾，雄健而硕大的羽翼在高高飞扬。女神那被海风吹拂的衣裙贴着身体，表现了女性人体的完美，而衣裙褶纹构成疏密有致、生动流畅的运动感则呈现出了生命的飞跃。那健壮丰腴、姿态优美的身躯，高高飞扬的雄健而硕大的羽翼，都充分体现出了胜利者的雄姿和欢呼凯旋的激情。海风似乎正从她的正面吹过来，薄薄的衣衫隐隐显露出女神那丰满而富有弹性的身躯，衣裙的质感和衣褶纹路的雕刻令人叹为观止，该雕塑健全地体现了女性肉体所包含的蓬勃的生命力，并赋予其高贵优雅雄壮的美。

雕塑《双翼胜利女神》《米洛斯的维纳斯》和达·芬奇的油画《蒙娜丽莎》并称为卢浮宫的"三宝"。

4. 拉玛苏

公元前 10 世纪到公元前 7 世纪，两河流域产生了一个强大的军事帝国——亚述帝国。这个王国从大规模的掠夺战争中取得了霸权，一度将他的铁蹄肆意践踏到亚洲的西部。随着社会财富的积累，亚述王国在文明进程中也出现了一度繁荣的局面。拉玛苏是亚述文化中人首半狮半牛怪，一雌一雄，二者

●拉玛苏

常被置于寺庙或宫殿入口的左右两旁，保卫着亚述人的神庙和宫殿。它们有翅膀，可以飞翔，而且力量很大。公元前 700 年，亚述帝王萨尔贡二世迁都去了豪尔萨巴德，并且在那里建造了一个非常奢华的皇宫，卢浮宫的这对拉玛苏，就是这座皇宫的大门守护神。拉玛苏的体型非常大，足足有 4 米多高。它像人一样头上戴一项高冠，胸前挂着一绺经过编梳的长须；那一对凛然冷对的大眼，仿佛有一股洞察秋毫的神力和拒人于千里之外的威严；它的公牛身体被雕刻得很结实，尤其是小腿那里，肌肉线条非常的明显。这种器宇轩昂、宽猛相济的仪态，不由人不心生敬畏。从正面去看拉玛苏，会发现它前面的两条腿是并拢的，感觉上，它就是乖乖站在那里，完全静止的。但从侧面看，因为它的前后腿都有交叉，好像正在走路。从 45 度的斜角去看它，这样一切就都清楚了：因为这座神兽，它其实有 5 条腿。身上一对展开的翅膀和独特的五条腿，这神奇而富于想象的设计意在说明它既能够高飞又能够奔腾……如此巧妙的设计，使得拉玛苏实现了动与静的统一。

● 45 度斜角的拉玛苏

5.《盘腿而坐的书吏》

● 《盘腿而坐的书吏》

《盘腿而坐的书吏》又名《书吏凯伊像》，约创作于公元前 2620 年 – 公元前 2500 年间的古埃及，高 52 厘米，是众多出土的古埃及书吏像中结构最完整、表情最真切、也最富有艺术魅力的一尊雕像。雕像刻画了书记官这一个身份低微的人物形象。当时埃及的雕塑艺术几乎被法老和贵族所垄断，那些雕像受到严格的程式化限制，僵直呆板；而同时创作出的一些身份较低的人物的雕像，则因较少受到局限而更偏重于写实，显示出高度的现实主义艺术技巧，这尊《书吏凯伊像》就是它们中的典范。仔细观察这个雕像，这个书吏正在盘坐书写，仿佛是偶尔间抬起了头，近乎紧张地、聚精会神地倾听着人们的重要谈话，唯恐错过一句。他那宽阔的前额，粗硬的眉尖，消瘦的双颊和深陷的眼睛，表达出一种古代文人的气质。雕像中肩胛骨的准确刻划，肥胖的胸部，松弛的腹部，自然盘坐交叉的双腿，都充分体现了古埃及艺术家们高超的写实技巧和正确的解剖学知识。雕像的眼睛尤其引人注目，眼球是用铜料镶边、雪花石膏填白的，瞳孔上还嵌着闪亮的水晶珠球，使得这双眼睛非常富有神采，以致于当它从马里厄特古墓中发掘出土时，参与发掘的农民看到雕像的眼睛在微弱的透光下闪闪发亮，竟吓得扔掉工具跑了出来。

这尊《书吏凯伊像》体现了古代埃及艺术家们在捕捉人物形象方面的卓越才能和正确的人体解剖学知识，同时也成为埃及古王国时期雕刻艺术最高水平的代表之一。

6.《自由引导人民》

《自由引导人民》高 325 厘米，宽 260 厘米，是法国画家欧仁·德拉克罗瓦为纪念 1830 年法国七月革命巴黎市民为推翻波旁王朝的起义而创作的一幅油画，它是德拉克罗瓦最具有浪漫主义色彩的作品之一，又名 "1830

年 7 月 27 日"。1815 年拿破仑下台后，逃亡国外的路易十八重返法国当国王，这就是"波旁王朝"第二次复辟，封建势力重新猖獗。1830 年 7 月，路易十八的继承人查理十世企图进一步增强皇权，限制人民的选举权和出版自由并宣布解散议会。1830 年 7 月 26 日，巴黎市民闻讯纷纷起义。他们拿起武器，走向街垒，为推翻这个

● 《自由引导人民》

复辟的波旁王朝浴血奋战，27 至 29 日为推翻波旁王朝，与保皇党展开了战斗，最后占领了王宫，查理十世逃亡英国。在历史上称为"光荣的三天"。

在这次战斗中，一位名叫克拉拉·莱辛的姑娘首先在街垒上举起了象征法兰西共和制的三色旗；少年阿莱尔把这面旗帜插到巴黎圣母院旁的一座桥头时中弹倒下。画家德拉克罗瓦目击了这一悲壮激烈景象，又义愤填膺，决心为之画一幅画作为永久的纪念。

画作展示的夺取七月革命胜利关键时刻的巷战场面，以浪漫主义的手法巧妙地将写意和写实结合起来，运用丰富而炽烈的色彩和明暗对比，充满着动势的构图、奔放的笔触、紧凑的结构，表现了革命者高涨的热情。画面的主体为一个戴着弗里吉亚无边便帽的年轻女性，她的右手高高举起，手中握着的是一面红色、白色、蓝色三色相间的三色旗。她即是克拉拉·莱辛，又象征着自由女神。在她的左手里拿着的是一把带刺刀步兵枪（1816 式）。她健康、有力、坚决、美丽而朴素，正领导着工人、知识分子的革命队伍奋勇前进。两名巴黎街头顽童自发的参加了战斗：左边的顽童手中紧握着圆石，戴着一顶轻便的步兵帽；年轻女性右边的顽童戴着一顶法国学生常戴的黑色天鹅绒贝雷帽，在他的肩膀上挂着一个大尺寸的弹药盒，他的右脚向前，一只手举在空中挥舞着骑兵手枪，急速向前奔跑，表现了为了自由全民参战的情景，他象征少年英雄阿莱尔。强烈的光影所形成的戏剧性效果，与丰富而炽烈的色彩和充满着动力的构图形成了一种强烈、紧张、激昂的气氛，使得这幅画具有生动活跃的激动人心的力量。

这幅作品至今仍被很多人视为自由的象征以及法兰西共和国的象征，是法兰西民族精神的标志。

7.《汉谟拉比法典》

● 《汉谟拉比法典》

《汉谟拉比法典》是中东地区的古巴比伦国王汉谟拉比（约公元前1792–前1750年在位）大约在公元前1776年颁布的法律汇编，是最具代表性的楔形文字法典，也是世界上现存的第一部比较完备的成文法典。

《汉谟拉比法典》原文刻在一段高2.25米，上周长1.65米，底部周长1.90米的黑色玄武岩石柱上，故又名"石柱法"。史书上记载，古巴比伦王国的缔造者之一汉谟拉比，是一位具有卓越治国治军才能的君主，他自称是"太阳神最宠爱的牧羊人"。为了在统一疆域之后能够肃清反叛、平定内乱，他制定了一种"公平的法律"，并将它推广到全国。同时，为了表示"王权神授"的永恒与不可侵犯，他下令将这部《法典》镂刻在用楔形文字书写的玄武岩石碑上。在石碑的上部，又令雕刻家刻制了太阳神兼司法之神沙玛什向国王汉谟拉比授法典的一幅浮雕。浮雕中冠袍整饬的汉谟拉比正对着法典向太阳神举手宣誓。头戴螺旋式高帽，须髯临风的太阳神端坐在宝座上，右手举着象征权力的魔杖、左手握着魔环，神情庄严肃穆。浮雕下的法典全文282条，对于刑事、民事、贸易、婚姻、继承和审判律制都做了严格的规定。《汉谟拉比法典》由序言、正文和结语三部分组成，序言和结语约占全部篇幅的五分之一，语言丰富，词藻华丽，充满神化、美化汉谟拉比的言辞，是一篇对国王的赞美诗。

《汉谟拉比法典》不仅是古巴比伦王国重要的艺术古迹，也是研究古巴比伦社会状况与法治制度极为重要的权威史料。

卢浮宫博物馆是一座呈 U 型的巨大建筑群，其为数众多的展厅分布在错综复杂的数层楼层里。在这样一个巨大空间里准确做出方向定位可不是一件容易的事情。为保证参观过程的井然有序，为帮助参观者在馆内的有效定位，卢浮宫博物馆特别设计了一套方向定位系统以确保参观者在宽松愉快的环境中欣赏其馆藏艺术精品。

卢浮宫博物馆馆藏分门别类隶属于八个不同的藏品部门，各个部门各用一种专门的颜色以示区分。比如，绿色代表古埃及文物部，红色代表绘画部，蓝色代表古希腊、伊特鲁里亚及古罗马文物部等。各个藏品部门的不同展厅都配有一个相应的阿拉伯数字。这些不同的颜色与数字都标记在博物馆导游图上，以及各展厅内的方向指示牌、参观线路上随处可见的标识板上。

对临时展览，馆内各处均放置了标有临时展览名称的箭头指示牌，游客只需要按该箭头指示的方向前进，就能找到相应的展厅。

卢浮宫博物馆展出的展品均为原件，绝无赝品。每件展品都独一无二，且非常脆弱。参观时禁止触摸展品，禁止在博物馆展厅内吃喝饮食或吸烟。永久陈列馆内，允许参观者进行仅限于私人用途的照相或摄影活动。在照相或摄影过程中，严禁闪光灯或其它带有照明闪光的设备，严禁使用照相机或摄像机的固定脚架。德农馆的一楼各展厅内（包括蒙娜丽莎厅，米洛的维纳斯厅，阿波罗廊等）严禁照相或摄像。卢浮宫博物馆内禁止使用手机。禁止高声喧哗。

下附目前藏于卢浮宫博物馆的部分文物

作品	作者	年份
舍杜	亚述帝国	亚述帝国
米洛的维纳斯	古希腊	古希腊
汉谟拉比法典	古巴比伦	古巴比伦
萨莫色雷斯的胜利女神	古希腊	古希腊
圣母子与圣安妮	达芬奇	1508—1510 年
垂死的奴隶	米开朗基罗	1513—1516 年
蒙娜丽莎	达芬奇	1502—1506 年
镶边工	弗美尔	1669—1670 年

作品	作者	年份
圣母、圣子与圣约翰	拉斐尔	
狄安娜出浴图	弗朗索瓦·布歇	1742 年
自由引导人民	德拉克洛瓦	1830 年
梅杜萨之筏	杰利柯	1818-1819 年
玛格丽特公主像	委拉斯开兹	
大宫女	安格尔	1814 年
土耳其浴女	安格尔	1862 年
萨达那帕拉之死	欧仁·德拉克罗瓦	1827 年
迦拿的婚礼	保罗·委罗内塞	1563 年
岩间圣母	达芬奇	1483-1486 年
荷拉斯兄弟之誓	雅克-路易·大卫	1784 年
普西莎与爱神	安东尼奥·卡诺瓦	1787-1793 年
沐浴的拔示巴	林布兰	1654 年
拿破仑加冕	雅克-路易·大卫	1805-1807 年
圣母之死	卡拉瓦乔	1604-1606 年

第十八章 英国大英博物馆

第一节 概 览

"……为了全人类艺术和科学水平的提高。"

——汉斯·斯隆

大英博物馆享有"博物馆中的博物馆"的美誉,也被称为不列颠博物馆、英国国家博物馆。它成立于1753年,并于1759年开放。它是第一个涵盖人类知识所有领域的国家博物馆。

大英博物馆诞生于欧洲启蒙运动时期,建立目的在于为学者和一般民众,更广泛地说,是为全人类提供公共服务。今天的大英博物馆拥有800万馆藏,数量之多、品类之丰富足以串起整部世界史。而它的前身,竟然是一个柜子——汉斯·斯隆爵士的私人收藏柜。它的诞生,与汉斯·斯隆的遗嘱有密切的关系。

历史上的汉斯·斯隆爵士,1660年出生于爱尔兰。他的正职是名医生,并且迸发出科学家般的创造力,诸如研制出天花接种疫苗,首次把巧克力当作一种治疗药物带回欧洲,都是他在专业领域留下的显赫事迹,他也因此成为继牛顿之后的英国

●大英博物馆外景

皇家学会会长。不过对于斯隆来说，更值得说道的，还是他的收藏，日后它们成为大英博物馆的馆藏基础。

斯隆的收藏家生涯是从 27 岁开始的。当时，他作为新总督阿贝玛公爵的随行医师前往牙买加，足迹所到之处大量搜寻、记载各种动植物，尤其尽可能压制烘干植物标本以便携带。这次旅行中收集的 800 个植物物种及其它活标本是他的第一批藏品。斯隆把它们小心翼翼地陈列在自家的"好奇柜"里。这是文艺复兴时期专属于个人的收藏陈列方式，代表着主人的身份、财富与学识。

在此后的人生岁月中，斯隆积累了规模庞大、数量惊人的博物式"好奇柜"收藏，共约 7.1 万件各种类型的物品，自然、科学、艺术、人文，上天入地无奇不有。其中，包括 4 万本印刷书籍、7000 件手稿、337 件自然历史学的植物标本、2.3 万个钱币和奖章，还有包括丢勒在内的艺术家绘制的版画等，以及从苏丹、埃及、希腊、罗马、远东和美洲地区淘来的珍奇古玩。根据遗嘱这些都被赠予国王乔治二世，而受赠条件是支付给他的女儿们两万英镑，这一数字约是藏品估价的四分之一。

●大英博物馆俯视图

根据特别颁布的《大英博物馆法》，英国议会通过了以发行彩票的方式筹集资金的议案，大英博物馆最终于 1759 年 1 月 15 日在蒙塔古宅邸成立，并对外开放。当时的蒙塔古宅邸在经过法国建筑学家皮埃尔·普戈主持的修缮后，成为 17 世纪末伦敦最雄伟的建筑之一。《大英博物馆法》规定："现有的与之后增加的每一件藏品都将永久保存并供后世利用，且保证所有学者和怀有好奇心的人们都能自由进出。"博物馆至今仍坚持这一原则：免费开放、所有人都能自由进出、用于教育和供公众消遣。

大英博物馆现如今的藏品分类于 2003 年确定，分为古埃及和苏丹部（原埃及古物部）、中东古物部（原西亚古物部）、史前和欧洲部（原中世纪和现代古物部、原史前和古罗马英国古物部）、亚洲部（原日本古物部和东方古物部）。

无论是收藏数量还是质量，古埃及和苏丹部无疑是大英博物馆最为声名远扬的一个部门，在这些藏品中包括许多大型的雕刻。主要藏品包括汉斯·斯隆爵士捐赠的几十件非常重要的古物，这可以追溯到法国人在埃及战败的那一年（1801年），当年法国人战败，拿破仑手下的一些学者收集到大批文物，其中就有最著名的《罗塞塔石碑》。后来，英国驻开罗总领事亨利·索尔特通过乔万尼·巴蒂斯塔·贝尔佐尼为博物馆寻得了一批数量可观的雕塑。19世纪末，主要负责博物馆古埃及文物收集工作的埃及探索协会又获得了一大批文物。此外，还有一些古物是从私人收藏者和埃及文物服务协会以及其他机构购得或挖掘到的。

中东古物部的重要收藏，则要归功于19世纪的一位考古学家，奥斯丁·亨利·米亚德。他在一次考古活动中，发现了尼姆鲁德、尼尼微和亚述古城，并带回了许多重要文物。更为重要的是，亨利·克瑞斯维克·罗林森成功解读了带回的文物，并因此而开创了"现代亚述学"。李奥纳多·沃利发掘了乌尔古城，相当数量地丰富了苏美尔文物。

希腊和罗马古物部的文物最初是由富裕的收藏家和参与17世纪到18世纪壮游的英国学者收集到一些重要的考古文物，尤其是关于古罗马的，这些文物和斯隆爵士捐赠的部分文物一起被博物馆收藏。后来，博物馆在几次重大的文物收购中，收购了包括曾担任英国驻那不勒斯大使的威廉·汉密尔顿和查理斯·汤利的藏品。汤利在长期旅居意大利的过程中，为他在伦敦的"罗马别墅"添购了许多珍贵的文物，他的别墅可说是一座博物馆，并且对"有品位的绅士"开放。

然而，在购买埃尔金大理石雕刻群（在遭遇数次灾难后于1816年修复）之后，博物馆才可以说拥有完整的帕特农神庙和厄瑞克忒翁神庙的雕刻群。埃尔金伯爵从1799年起担任英国驻伊斯坦布尔大使，土耳其政府同意他将神庙的部分建筑搬到安全地，于是，他把浮雕、雕刻和部分建筑构造拆卸下来以便搬运，在经历几次劫难后，文物终于抵达伦敦。这些文物曾一度被艺术家们赞赏和谈论，他们认为这批雕刻群尽管已经支离破碎，也没有获得修复，但是与罗马大理石复制品和希腊原作相比，它们的质量要高得多。

在埃尔金伯爵面临经济困窘时，他想把这批无法复制的雕刻群卖给博物馆，价格是他为保留这批雕刻所投入的费用总额，但是政府只愿意支付不到一半的费用。由于屡遭人生变故，埃尔金伯爵在 1816 年被迫接受三万五千英镑的转让价格。

到此为止，大英博物馆已有 800 万件藏品，并且还在持续增加。展出在我们眼前的不到其收藏的百分之一。

展厅分布

上层展厅

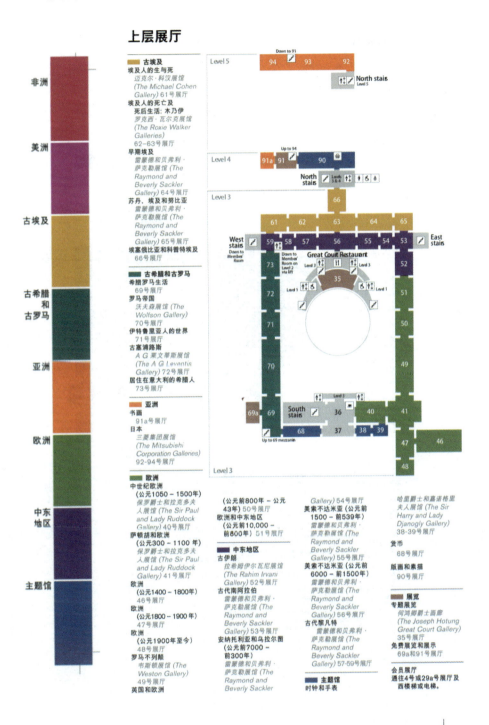

古埃及
埃及人的生与死
迈克尔·科汉展馆
(The Michael Cohen
Gallery) 61号展厅
埃及人的死亡及
死后生活：木乃伊
罗克西·瓦尔克展馆
(The Roxie Walker
Galleries)
62－63号展厅
早期埃及
雷蒙德和贝弗利·
萨克勒展馆 (The
Raymond and
Beverly Sackler
Gallery) 64号展厅
苏丹、埃及和努比亚
雷蒙德和贝弗利·
萨克勒展馆 (The
Raymond and
Beverly Sackler
Gallery) 65号展厅
埃塞俄比亚和科普特埃及
66号展厅

古希腊和古罗马
希腊罗马生活
69号展厅
罗马帝国
沃夫森展馆 (The
Wolfson Gallery)
70号展厅
伊特鲁里亚人的世界
71号展厅
古塞浦路斯
A G 莱文蒂斯展馆
(The A G Levantis
Gallery) 72号展厅
居住在意大利的希腊人
73号展厅

亚洲
书画
91a号展厅
日本
三菱集团展馆
(The Mitsubishi
Corporation Galleries)
92－94号展厅

欧洲
中世纪欧洲
(公元1050－1500年)
保罗爵士和拉克多夫
人展馆 (The Sir Paul
and Lady Ruddock
Gallery) 40号展厅
萨顿胡和欧洲
(公元300－1100年)
保罗爵士和拉克多夫
人展馆 (The Sir Paul
and Lady Ruddock
Gallery) 41号展厅
欧洲
(公元1400－1800年)
46号展厅
欧洲
(公元1800－1900年)
47号展厅
欧洲
(公元1900年至今)
48号展厅
罗马不列颠
韦斯顿展馆 (The
Weston Gallery)
49号展厅
英国和欧洲

(公元前800年－公元
43年) 50号展厅
欧洲和中东地区
(公元前10,000－
前800年) 51号展厅

中东地区
古伊朗
拉希姆伊尔瓦尼展馆
(The Rahim Irvani
Gallery) 52号展厅
古代南阿拉伯
雷蒙德和贝弗利·
萨克勒展馆 (The
Raymond and
Beverly Sackler
Gallery) 53号展厅
安纳托利亚和乌拉尔图
(公元前7000－
前300年)
雷蒙德和贝弗利·
萨克勒展馆 (The
Raymond and
Beverly Sackler

Gallery) 54号展厅
美索不达米亚 (公元前
1500－前539年)
雷蒙德和贝弗利·
萨克勒展馆 (The
Raymond and
Beverly Sackler
Gallery) 55号展厅
美索不达米亚 (公元前
6000－前1500年)
雷蒙德和贝弗利·
萨克勒展馆 (The
Raymond and
Beverly Sackler
Gallery) 56号展厅
古代黎凡特
雷蒙德和贝弗利·
萨克勒展馆 (The
Raymond and
Beverly Sackler
Gallery) 57-59号展厅

主题馆
时钟和手表

哈里爵士和嘉诺格里
夫人展馆 (The Sir
Harry and Lady
Djanogly Gallery)
38-39号展厅
货币
68号展厅
版画和素描
90号展厅

展览
专题展览
何鸿卿爵士画廊
(The Joseph Hotung
Great Court Gallery)
35号展厅
免费展览和展示
69a和91号展厅

会员展厅
通往4号或29a号展厅及
西楼梯或电梯。

非洲
美洲
古埃及
古希腊和古罗马
亚洲
欧洲
中东地区
主题馆

一层展厅

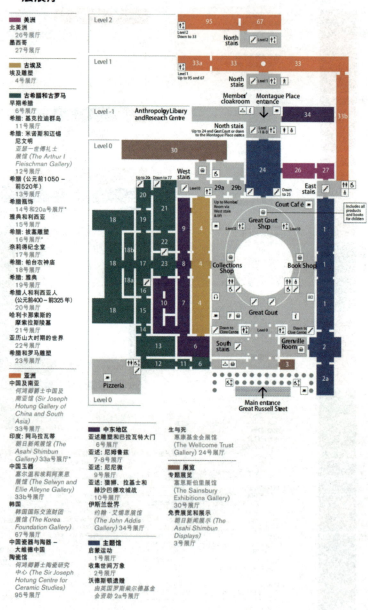

下层

🚻	洗手间	🍴	大中庭餐厅 (Great Court Restaurant)	🧥	衣帽间
♿	无障碍洗手间	☕	咖啡馆	🎧	语音导览
🚼	婴儿更换尿布处	ℹ	问询处	🪜	楼梯
🍼	婴儿喂哺处	🎫	门票和会员资格	↕	电梯
🛒	店铺	F	家庭服务台 (仅周末及学校假期开放)	♿↕	无障碍电梯

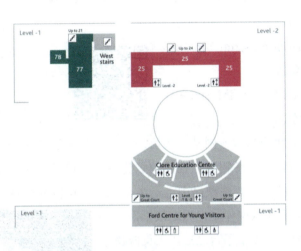

*请咨询位于大中庭的问询处，了解16号、20a号、33a号、77号以及78号展厅的开放时间

请注意，由于一些无法预料的情况或装修原因，某些展馆可能会随时闭馆。

非洲

非洲
塞恩斯伯里展馆 (The Sainsbury Galleries)
　　25号展厅

古希腊和古罗马

希腊罗马建筑
　　77号展厅*
古典铭文
　　78号展厅*

克洛尔教育中心

休和凯瑟琳史蒂芬
阶梯式讲堂
克劳斯·莫泽展厅
BP阶梯式讲堂
工作室
雷蒙德和贝弗莉
　　萨克勒展馆
三星电子探知馆

福特青年游客中心

开放时间

星期一至星期三：10：00–17：30；

星期四至星期五：10：00–20：30；

星期六至星期天：10：00–17：30；

博物馆在下列日期闭馆：元旦，12 月 24 日、25 日、26 日。

地址与中文社交网络

地理位置：Great Russell St，Bloomsbury，London WC1B 3DG
英国伦敦新牛津大街北面的大罗素广场

官方网址：https：//www.britishmuseum.org

微博：大英博物馆 BritishMuseum https：//weibo.com/u/6459308143

博客：The British Museum https：//
blog.britishmuseum.org/

微信公众号：

大英博物馆 BritishMuseum

数字博物馆

通过大英博物馆官方网站、微信公众号以及其手机 APP，我们可以实现在家参观博物馆。博物馆的在线馆藏为每个人提供了无与伦比的馆藏物品访问权限。约 800 万件藏品中，一半可以在大英博物馆藏品数据库中欣赏到。这个创新的数据库是世界上最早，最广泛的在线博物馆搜索平台之一。大英博物馆官网还开通了使用 Google 街景视图参观虚拟博物馆、探索虚拟画廊、探索收藏、观看长角视频和听播客等多种在家参观博物馆的方式。

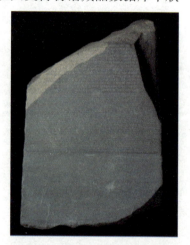

● 罗塞塔石碑

第二节 馆藏文物

1. 罗塞塔石碑

仔细观察罗塞塔石碑上的文字。

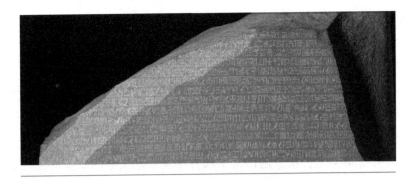

●罗塞塔石碑局部 1

●罗塞塔石碑局部 2

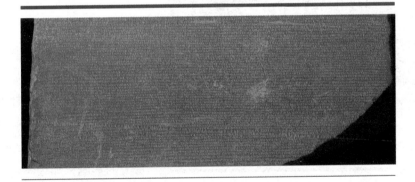

●罗塞塔石碑局部 3

罗塞塔石碑，也译作罗塞达碑，是一座花岗岩石碑，高 114.4 厘米，宽 72.3 厘米，厚 27.9 厘米，制作于公元前 196 年的托勒密王朝时期。石碑上用希腊文字、古埃及文字和当时的通俗体文字刻了同样的内容，这使得近代的考古学家得以有机会对照各语言版本的内容后，解读出已经失传千余年的埃及象形文字的意义与结构，而成为今天研究古埃及历史的重要里程碑。

罗塞塔石碑最早是在1799年时由法军上尉皮耶·佛罕索瓦·札维耶·布夏贺在一个埃及港湾城市罗塞塔发现，但在英法两国的战争之中辗转到英国手中，1802年乔治三世将其捐赠给大英博物馆。

刻有希腊文、古埃及通俗文字和古埃及象形文字的罗塞塔石碑，开创了现代古埃及文物学研究的历史。碑上的古希腊文，是一封公元前196年颁布、用于彰显年仅十三岁的法老托勒密五世皇室尊严的诏书，内容主要是在叙述托勒密五世从父亲托勒密四世那里袭得的王位的正统性与托勒密五世所贡献的许多善行，例如减税、在神庙中竖立雕像等对神庙与祭司们大力支持的举动。这段文字被迅速破解，并被确认跟另两段文字的意思相同。尽管有这些发现，还是很难理解那一段古埃及象形文字，这些文字中出现很多用来表音的字母符号，而那些用形表意的文字符号却很少。

●罗塞塔石碑局部4

一位自学有成的年轻人商博良在1822年成功解读出碑上的古埃及象形文字，发现古埃及象形文字同时具有表音和用形表意的作用；同时他还发现一些被边饰圈起来的文字，正好对应希腊文中托勒密和克丽奥佩脱拉这两个名字。《罗塞塔石碑》碑文的成功解读，带给后世重大的影响，如今学者们几乎能够根据所刻文字来确定所有古埃及遗迹和文物的年代。

2.《女史箴图》

在大英博物馆10个用来安放中国文物的藏室中，有一个名为"斯坦因密室"的藏室，里面存放了谈及中国古画绕不过去的东晋画家顾恺之的名作《女史箴图》。因其脆弱怕光，这幅古画每年最多只能展出8周，其余时

● 《女史箴图》局部

间都放在储藏室里保养。《女史箴图》是中国现存最早的人物绢画，在中国美术史上具有里程碑式的意义，也是世界艺术史上的名作，价值不可估量。原作早已失传，现存的唐代摹本于1900年八国联军焚烧颐和园之际被英军盗往英国。《女史箴图》高24.8厘米，长348.2厘米，横卷。原有12段，因年代久远，现存《女史箴图》仅剩9段，为绢本设色，现收藏于大英博物馆。故宫博物院藏有南宋摹本，其艺术价值不及藏于大英博物馆的唐代摹本。

画卷的内容来自于西晋文学家张华（232-300年）的文章《女史箴》，女史是女官的名称，也泛指有知识的女性，箴是一种文体，以规劝和告诫为内容。西晋第二个皇帝惠帝司马衷（259-307年）智力低下，朝政被皇后贾南风（257-300年）把持，贾南风生性善妒且暴戾，残害忠良。于是张华写下340字的《女史箴》，称赞历代后妃的德行，告诫贾南风要收敛小心。《女史箴图》描绘女范事迹，有汉代冯媛以身挡熊，保护汉元帝的故事；有班婕妤拒绝与汉成帝同辇，以防成帝贪恋女色而误朝政的故事等。其余各段都是描写上层妇女应有的道德情感，带有一定的说教性质。虽然作品蕴涵了妇女应当遵守的道德信条，但是对上层妇女梳妆妆扮等日常生活的描绘，真实而生动地再现了贵族妇女的娇柔、矜持，无论身姿、仪态、服饰都合乎她们的身份

我国的文物外流令人痛心，为提升我国文物保护水平，习近平总书记提出了"保护为主、抢救第一、合理利用、加强管理"的16字方针。作为当代青少年，我们又能够为文物保护做些什么呢？

和个性。《女史箴图》成功地塑造了不同身份的宫廷妇女形象，一定程度上反映了作者所处时代的妇女生活情景。

顾恺之创作的《女史箴图》，以日常生活为题材，笔法如春蚕吐丝，形神兼备。他所采用的游丝描手法，使得画面典雅、宁静又不失明丽、活泼。画面中的线条循环婉转，均匀优美，人物衣带飘洒，形象生动。女史们下摆宽大的衣裙修长飘逸，每款都配以形态各异、颜色艳丽的飘带，显现出飘飘欲仙、雍容华贵的气派。

● 《女史箴图》局部 冯婕妤挡熊

● 《女史箴图》局部 班婕妤辞辇

3. 古希腊帕特农神庙的埃尔金大理石雕塑

埃尔金大理石雕塑是古希腊帕特农神庙的部分雕刻和建筑残件，迄今有 2500 多年的历史，是大英博物馆最著名的馆藏品之一，有大英博物馆镇馆之宝之称。大理石像得名于埃尔金勋爵，他是英国驻奥斯曼土耳其帝国的大使。1801 年，他自称得到了奥斯曼皇帝的允许，来到帝国附属国希腊，哐当哐当地就把帕特农神庙上的浮雕凿了，一块一块运回了自家，共带走了 19 块浮雕、15 块墙面、56 块中楣、1 个女像柱、13 个大理石雕头部雕像以及其他碎件。1816 年英国王室花 3.5 万英镑买下，放在大英博物馆，从那以后的 200 多年来，埃尔金大理石雕塑成为该馆最具代表性的展品之一。

帕特农神庙历经战火风霜，现只剩下支离残缺的几根石柱和建筑骨架，吸引着世界各地的人来到这里瞻仰，而最美的部分早已不在本土。

●埃尔金大理石雕塑局部 1

●埃尔金大理石雕塑局部 2

●埃尔金大理石雕塑:《命运三女神》

　　《命运三女神》被公认为是最伟大的古典雕刻家菲迪亚斯的代表作。《命运三女神》为我们展现了三女神倚在神庙东面的人字形山墙上舒展自如的姿态，这适应了山墙三角形的特殊空间。三女神是克洛托、拉科西斯和阿特罗波斯，她们用纺线决定人的命运，纺线的长度预示了生命的长度，就连宙斯的命运也由她们掌控，来不得半点特殊化。她们有着丰腴的身体、轻柔的衣裳，她们互相依靠，轻有耳语，像是慵懒地在沙发上看电视，这组雕像的一大亮点是对衣纹的处理，天才的雕塑家用大理石雕刻出希腊长袍轻薄的质感，用衣纹暗示躯体运动的方向。这逼真的处理使之成为古典盛期的代表之作。

　　埃尔金大理石雕塑包括神庙墙体上尚存的约半数雕像板 92 米，雕塑及残体等数十件。雕像板有上骑手、信徒们参加泛雅典娜节的盛大场面，有希腊神话中拉庇泰人在珀里托俄斯婚礼上与企图强抢新娘希波达弥亚的肯陶洛斯人（人马兽）激战等。埃尔金大理石雕是帕特农神庙雕塑中最精华的部分，作为西方文明起源象征的精粹，埃尔金大理石雕成为大英博物馆意味深长的最珍贵馆藏。

　　4.《亚尼的死者之书》

　　《亚尼的死者之书》是距今约 3200 年前画在草纸（古时候用水草做的纸）上的画。埃及盛产纸草，从公元前 3000 年初开始，纸草作为书写材料在埃及使用，到公元前第 1000 年中叶以后，广泛流传于其他地中海沿岸国家。"死者之书"为金字塔遗物中的一个重要内容。从埃及第五王朝起，在国王和贵族陵墓的墙壁上通常有描绘人们生产、生活场面的浮雕。在第五王朝末代王乌纳斯的金字塔中第一次出现了祝福国王的咒文，即金字塔文，也称为"死者之书"，

● 《亚尼的死者之书》

到了中王朝时代，则写在棺内，称为棺椁文；新王朝时代，则改写在纸草上，成为卷轴式的"死者之书"，置于棺木内，是古代埃及人期望死后获得来世复活生死观的一种表现。它主要描述死者为获得永生必经的各种试练、所需的咒文以及通过试练获得永生的整个过程。这种内容相似的铭文以后各代也都有出现，目前发现总数已达 700 款以上。其中尤以奥西烈斯神的审判图和乐园图最著名。根据近年学者研究的结果推测，完整版的"死者之书"应有 129 章。《亚尼的死者之书》中收录的是其中第 125 章以后的 60 章，它把古代埃及人的生死观表现得淋漓尽致。

史海博览

亚尼是埃及新王朝第 19 朝时代（前 1300－前 1200 年）的书记。书记官在埃及社会中是一种独特的职业，这一职位的获得最初只限于法老的儿子。书记官属于官僚阶层，但却没有行使权力的具体职务。他们的工作包括监督税收，登记租税，撰写训令，以及抄写宗教经典、咒文等多项。

《亚尼的死者之书》全长 14 米，用长达 60 章的篇幅，描绘死者在来世获得永生所需的咒文和约定事项，其中亚尼在死者之国接受生前善行和恶行审判的一段，是整幅画卷中最精彩的部分。画的左下方是接受审判的亚尼和他的妻子托特乌，中间的天秤是太阳神用来称量真理的工具，天秤上一边放着亚尼的心脏，一边放着象征真理的羽毛，由金狼犬头人身的木乃伊

之神阿努比斯负责计量，如果天秤两边不能平衡，则表示亚尼不能获得永生。在天秤前面站着的是书记图特，鹭头人身造型，手持笔和板子，是智慧、文字和测量之神，图特的身后站着亚美米多，鳄鱼头，前半身为狮子，后半身为河马的怪兽造型，如果审判结果宣布亚尼有罪，就会被他吃掉，亚尼便无法获得永生。天秤的上方画着 12 位陪审的神明，他们排列整齐，表情严肃。在画面上还有几处埃及象形文字记录，主要有亚尼心脏的告白："母亲赐予我的心脏啊！属于我本质的心脏啊！请为我见证，在法庭上不要反抗；在天秤前，请勿与我为敌，你是我体内的源泉（灵魂），请勿在众神面前作假！"另外还有陪审诸神的结论和书记图特的报告，都是证明亚尼的心脏和正义的羽毛维持平衡，他的灵魂是洁白无瑕的，亚尼无罪。获得无罪证明的亚尼被化身为老鹰的天神赫鲁斯带到其父死神奥西烈斯的法庭上，盛装的亚尼跪在奥西烈斯面前，表示自己已取得了无罪的证明，应该顺利地被迎接到奥西烈斯王国。

"死者之书"充分表现了古埃及人的宗教信仰。一提到古埃及文明，我们必然会联想到沙漠、太阳和尼罗河。古埃及的自然环境影响了古埃及人的宗教信仰，在终年几乎没有阴天的埃及，太阳的运行给埃及人思想上产生了深刻的印象，在埃及人眼里，早上，太阳从东方沙漠的地平线升起，搭乘人们用肉眼看不到的船（即太阳神之船，埃及曾发现过埋藏太阳之船的墓冢）渡过天河，行驶在天空，到了黄昏，则落在西方的沙漠里。夜里，太阳又搭乘另一艘船贯穿地底的大河，从西边来到东方，第二天清晨，再从东方的沙漠升起。埃及人把夜晚的黑暗比喻成死亡，白昼的光明则意味着复活和再生。同时，尼罗河年复一年的定期泛滥，植物一年又一年按季节生长，在埃及人看来，人同太阳、尼罗河、植物一样，生命不息，死后还会复生。《亚尼的死者之书》在众多用草纸记录的"死者之书"中，是最杰出且保存状态最佳的一卷，其鲜艳的色彩和巨细靡遗的描绘，堪称古埃及美术的巅峰之作。

5.《双头蛇》

《双头蛇》是墨西哥古文明中的阿兹特克文明的代表性艺术品，制作时间为公元 15-16 世纪。其内部为木质，表面贴有 2000 块左右的小绿松石。整体宽约 40 厘米，高 20 厘米，身体呈 W 形。在蛇的头部、鼻子和牙龈的材质为鲜红色贝壳，牙齿为白色贝壳。绿松石的光泽变幻，赋予了蛇以原始的生命力。

《双头蛇》显示了阿兹特克人当时的活动范围。鲜红贝壳来自海菊蛤，需要潜入深海采集，由于其采集难度和漂亮的颜色，在古墨西

● 《双头蛇》

哥具有很高价值。镶嵌的墨绿色松石则很有可能来自距离当时的阿兹特克首都特诺奇提特兰很远的地方。这些信息说明，以上材料曾在此地区进行贸易。

蛇与阿兹特克人崇拜的神灵息息相关。阿兹特克人认为蛇是强壮和万能的动物，它能在陆地、水域和丛林里自由来往，被认为是神灵和世间生命的媒介，是重生和复活的象征。绿松石在阿兹特克文化中也具有特别的意义。对于16世纪初的阿兹特克人来说，他们制造出的绿松石马赛克是比黄金更为珍贵的艺术品，价格昂贵。在统治者蒙提祖马二世的时代，绿松石是他主持活人献祭仪式时所穿盛装上的重要装饰。蒙提祖马在1502年的登基大典上，很可能佩戴着这条双头蛇。

这只《双头蛇》具有双面的意义。一方面，双头蛇的制作原料，很可能是阿兹特克人征服外族后，强制征收的贡品。昂贵的绿松石体现了阿兹特克的贡品制度，这一制度令当时的属民不满，因此很多人加入了后来入侵的西班牙军队。双头蛇既见证了阿兹特克帝国的艺术、宗教与政治；也让我们看到了帝国崩塌的根源。

6. 刘易斯棋子

1831年的一天，一个名叫马尔科姆的苏格兰农民闯进了刘易斯岛乌伊格湾海岸上一个地下石头建筑中，他"惊奇地认为自己看到了一群精灵或者土地神，他无意中侵犯了他们的神秘领地，迷信的高地人扔掉了他的铁锹，惊恐地逃回了家"。

虽然这个传说距今不远，但是没有确定的记录证明它的真实性。棋子

●刘易斯棋子　时间：1150-1200
以海象牙及鲸齿制成的棋子，很可能产于挪威，发现
于苏格兰刘易斯岛
从左至右：勇士、国王、王后、骑士

应该是一个无人居住的海滩上的一座沙丘下的小石头建筑中发现的。当时一共找到了78枚棋子（11枚棋子藏于英格兰国家博物馆，其他在大英博物馆）。这78枚棋子被称为"世界上最出色的国际象棋棋子"。其中一共有8个国王、8个王后、16个主教、15个骑士、12个车和19个卒。

　　棋盘上最主要的棋子就是国王，刘易斯棋子中有6个国王现存于大英博物馆，他们坐在装饰华丽的宝座上，每个国王都握着一把剑。弗雷德里克·马登爵士把它们比作古冰岛诗歌中的盖拉德尔国王，剑放在膝盖上，剑锋拉出一半，正在倾听奥丁神的教诲。5个王后取代了印度棋局中的将军或者顾问，她们也坐在王位上，表情惊恐，一只手放在脸上，嘴角下垂，眼睛大睁。印度棋局中的大象则变成了穿着传统外衣——十字褡、长袍、法衣、披肩和外袍——的主教，他们全都握着权杖。14个骑士佩带宝剑和长矛，其名字源自梵文asva——"骑马的兵"，不过被骑的动物是毛发蓬乱的结实的矮种马，而不是高头大马，他们的头盔和巴约挂毯中表现的一样：尖锥形，带有护鼻和护颈。他们的鸢形盾都带有各自的标记图案，预示了历史上后来将出现更为复杂的纹章。刘易斯棋子中的车是10个站立的勇士，他们一手持盾一手握剑，其中有3个很特别，他们的头高过盾顶，露出扭曲的脸注视前方，巨大的牙齿却咬住盾牌，仿佛战争狂人一般。刘易斯棋子中最低级的棋子是卒，设计得很抽象。大英博物馆所藏的18个卒，形状和大小各不相同，除了两个近似八角形的普通棋子，其他的看上去很像墓碑。

第三节　相关研究

　　大英博物馆的研究提供关于馆藏物品以及物品制造者、使用者和收集者的新的信息和观点。大英博物馆的研究人员和工作人员一直在全世界范围内从事新的研究，包括考古发掘、对现代社区的研究、新科学技术的应用以及对艺术品的研究。他们的研究横跨不同的学科和世界各地，为藏品及其代表的古代和现代文化提供新的信息和观点。正在进行的特色研究项目有：宗教，地区，语言和国家；信仰帝国等。大英博物馆的研究出版物多达两百多册，在官网可进行订购。

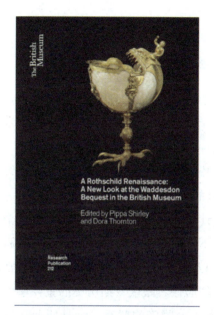

●大英博物馆刊物《罗斯柴尔德复兴》

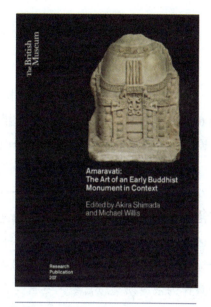

●大英博物馆刊物《阿玛拉瓦蒂：语境中的早期佛教纪念碑的艺术》

第十九章 俄罗斯埃尔米塔什博物馆

第一节 概 览

埃尔米塔什博物馆（又称冬宫博物馆），位于圣彼得堡的涅瓦河边，共有6座主要建筑：冬宫、小埃尔米塔什、大（旧）埃尔米塔什、埃尔米塔什剧院、冬宫储备库、新埃尔米塔什。

在这个建于18-19世纪的建筑群中，冬宫是一座主要建筑，也曾经是俄罗斯沙皇的宫邸，它是依照彼得一世的女儿伊丽莎白女皇旨意修建的，由巴洛克风格建筑设计师拉斯特雷利设计并建于1754-1762年。占用整个街坊区域的三层楼建筑宏伟壮观、气宇不凡。冬宫在伊丽莎白女皇驾崩后才修建完成。在革命推翻罗曼诺夫皇朝以前的1762到1917年2月间，宫殿一直作为俄罗斯皇室宫殿。冬宫与它的居住者跟俄罗斯历史的重要事件有紧密的联系，今日所展示博物馆收藏品与留下的宫殿内饰具有艺术与历史价值。

小埃尔米塔什南馆按叶卡捷琳娜二世女皇旨意由费尔腾建筑师兴建于1765-1766年。此建筑是巴洛克风格与新兴古典主义风格特点的有机结合。1767-1768年，瓦列·狄拉摩特建筑师在涅娃河岸街上修建了早期古典主义风格的小埃尔

●埃尔米塔什博物馆外景

米塔什北馆。南北馆由位于二层的空中花园悬空连结，双侧有长廊。

此连体建筑因叶卡捷琳娜二世女皇在此举办了名为《小埃尔米塔什》游戏与演出的宴会而得名小埃尔米塔什。陈列于长廊的艺术品为皇家博物馆的基础收藏。19世纪施塔肯施奈德建筑师在小埃尔米塔什修了陈列馆大厅，成为优秀历史风格的典范。在埃尔米塔什建筑群中，小埃尔米塔什是宏伟的巴洛克风格的冬宫和壮观的古典主义风格的大埃尔米塔什、新埃尔米塔什的连接纽带。

大（旧）埃尔米塔什楼在1771－1787年间按叶卡捷琳娜二世女皇旨意修建，成为宫殿收藏品与图书馆。建筑师费尔腾所修建的三层建筑与已有的宫殿建筑群格局十分协调。大埃尔米塔什的严整与朴实符合18世纪古典主义风格的精神。1792年，建筑师贾科莫夸伦吉在大埃尔米塔什旁边加建了一座楼，并建造拉斐尔长廊——它是梵蒂冈宫著名长廊的几乎无差别的复制品。新的建筑由走廊连接小埃尔米塔什北馆，而冬宫小运河上的空中拱廊连接了它与埃尔米塔什剧院。

史海博览

叶卡捷琳娜二世·阿列克谢耶芙娜（1729年4月21日—1796年11月17日），原名索菲娅·奥古斯特，后世尊称其为叶卡捷琳娜大帝，是俄罗斯罗曼诺夫王朝第十二位沙皇，俄帝国第八位皇帝（1762年7月9日—1796年11月17日在位），罗曼诺夫王朝的两位"大帝"之一，也是俄国历史上唯一一位被冠以"大帝"之名的女皇。1744年被伊丽莎白一世挑选为皇子彼得三世的未婚妻。1745年与彼得结婚并皈依东正教，改名叶卡捷琳娜。1762年率领禁卫军发动政变成为女皇。她主张开明专制、倡导法律面前人人平等等。在其统治期间，俄国向南、向西扩张，从奥斯曼帝国和波兰立陶宛联邦手中将新俄罗斯、克里米亚、北高加索、右岸乌克兰、白俄罗斯、立陶宛和库尔兰在内的大片领土纳入囊中。参与俄普奥三次瓜分波兰，对土耳其作战取得黑海沿岸地区，并吞并了克里米亚汗国，不断扩张领土，使俄国的疆域达到鼎盛。1796年11月17日因中风驾崩。

叶卡捷琳娜二世在位时期因治国有方、功绩显赫，使当时的俄国成为名副其实的欧洲第一强国。其才干与名气也闻名海内外，成为俄罗斯人心目中和彼得一世齐名的一代英主。

新埃尔米塔什是俄罗斯第一座专门展出物品的馆所，它是依照德国著名建筑师克伦茨的设计方案修建。建筑师斯塔索夫和叶菲莫夫于 1842-1851年间在实现克伦茨建筑师设计方案的同时把此建筑跟已有建筑合理连接，修改了慕尼黑同行的构思。新埃尔米塔什外观严整而宏伟、建筑体量和谐。博物馆入口由庄严有力的男形人柱柱廊来烘托。他们是在雕塑师杰列边耶夫的工作室用灰色的花岗石雕刻完成。此建筑由历代著名的画家、建筑家、雕塑家用形象的浮雕、半浮雕作为装饰。古希腊古罗马、文艺复兴和巴洛克风格的装饰图案、花纹使大型的正面平面更鲜明。

建筑群还包括总参谋部东配楼、缅希科夫宫和储藏库，总面积近 130万平方米。埃尔米塔什博物馆共有 1000 个展览厅，对公众开放的有 350 个。在约 250 年的时间里，埃尔米塔什博物馆收集了近三百万件从石器时代至当代的世界文化艺术珍品。馆内藏品异常丰富，其中，绘画约 1.5 万幅，雕塑约 1.2 万尊，版画和素描约 62 万幅，出土文物约 60 万件，实用艺术品约 26 万件，钱币和纪念章约 100 万枚。主要藏品有俄罗斯和各国稀有珍品，古希腊罗马雕塑，斯基泰艺术品，西欧中世纪至近代雕塑和绘画，印象派和后期印象派画作。埃尔米塔什博物馆展出的艺术品约占全部收藏品的 5%。

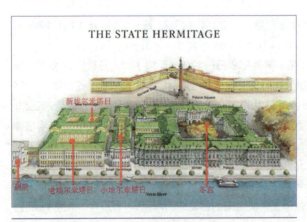

●埃尔米塔什博物馆主要建筑地图

埃尔米塔什的收藏始于 1764 年，当时叶卡捷琳娜二世从柏林商人手中买下鲁本斯、伦勃朗等人的 225 幅绘画作品，成为叶卡捷琳娜的私人博物馆，1774 年，藏品迅速增至 2000 件。1842-1851 年，应沙皇尼古拉一世要求，建立了新埃尔米塔什，1852年，埃尔米塔什成为对公众开放的博物馆，主要收藏欧洲及世界各国的作品，而俄罗斯自己的东西大部分收藏在俄罗斯国家博物馆、特列季亚科夫画廊及普希金博物馆等。

展厅分布

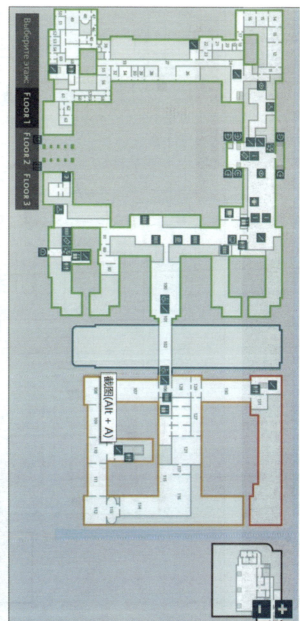

● 一层

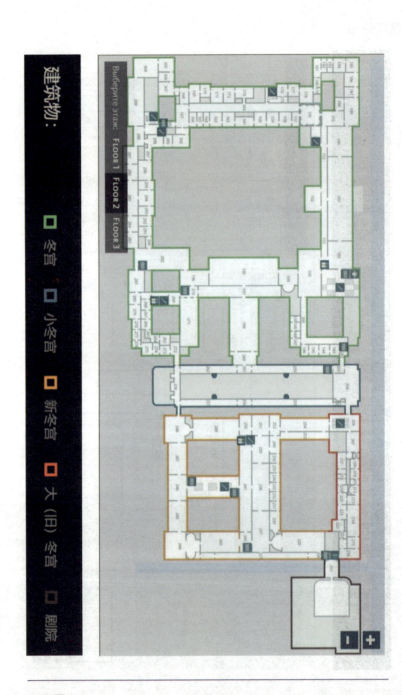

建筑物：

□ 冬宫 □ 小冬宫 □ 新冬宫 □ 大（旧）冬宫 □ 剧院

● 二层

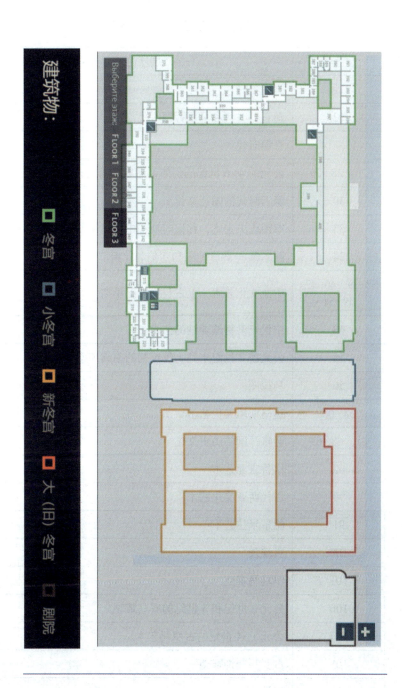

建筑物：

□ 冬宫   □ 小冬宫   □ 新冬宫   □ 大（旧）冬宫   □ 剧院

● 三层

埃尔米塔什博物馆各展厅展示内容

楼层	展厅号	展厅内容
	11	旧石器时代
	12	新石器时代和早期青铜时代
	13、14	青铜时代
	26、28—29	公元前4—6世纪的阿尔泰游牧部落的艺术文化
	30	镰刀时代的图瓦文化
	33	库图佐夫走廊，移民时期和中世纪早期的欧洲
	34	阿尔泰－萨彦地区和西伯利亚南部
	38—39、46—47、49—54	中亚文化艺术，上古与中世纪早期
	48	中世纪索格迪亚纳的艺术
	55	公元前2世纪末到1世纪初的南高加索地区
1层	56	乌拉图
	58—60	达格斯坦文化艺术
	61、68—69	金帐汗国的历史文化
	62	格鲁吉亚艺术
	90	古代西亚文化艺术
	91	帕尔米拉艺术
	100	古埃及
	101	罗马马赛克
	106	公元2世纪和3世纪的罗马雕塑
	107	公元1-4世纪的古罗马艺术
	108	古罗马装饰雕塑
	109	酒神

楼层	展厅号	展厅内容
1层	111	古代和早期古典艺术
	112	雅典娜
	113	古典时期的艺术史
	114	大力神
	115	北部黑海地区古代城市的文化艺术
	121	希腊时代的文化艺术
	127	奥古斯都
	128	大花瓶
	129	庞贝城
	130	二十柱
2层	151、153	罗曼诺夫故居肖像画廊
	191	人民大会堂尼古拉斯
	156	圆形大厅
	159—160、170	18世纪俄罗斯文化艺术
	178	尼古拉斯二世图书馆
	180	19世纪俄罗斯内饰的装饰
	189	孔雀石厅
	188	小饭厅
	190	音乐厅
	304	金客厅
	289	白厅
	281、287—288、275—278、290—297	17—18世纪的法国艺术
	298—299、300	英国艺术

楼层	展厅号	展厅内容
	282	亚历山大
	280	洛林厅
	279	普桑厅
	272–273	15–17 世纪的法国艺术
	271	大教会
	196	纠察厅
	195	军械库
	194	彼得大帝（小宝座）室
	193	元帅的房间
	197	1812 年战争画廊
	198	圣乔治堂
2 层	261–262	15–16 世纪的荷兰艺术
	255	15–18 世纪的德国艺术
	204	展馆大厅
	259	小冬宫的罗曼诺夫画廊
	248–252	荷兰绘画艺术
	254	伦勃朗厅
	253	伦勃朗学校教室
	207–217	意大利艺术
	219–220	16 世纪的威尼斯艺术
	221	提香厅
	214	莱昂纳多·达·芬奇厅
	215	达·芬奇学院大厅
	224	检票大厅

楼层	展厅号	展厅内容
2 层	226	北方内阁
	229	珐琅厅
	230-236	意大利内阁
	239	西班牙小天窗室
	238	大型意大利天窗室
	237	意大利小天窗室
	227	拉斐尔长廊
	242	新冬宫的主楼梯
	243	骑士室
	244	十二柱堂
	245	弗兰芒艺术
	246	范戴克厅
	247	鲁本斯厅
3 层	390	卡加尔绘画
	389	16-19 世纪的波斯素描
	388	15-18 世纪上半叶的伊朗陶瓷
	387	伊朗 8 世纪 -20 世纪初的金属制品
	385-386	伊朗萨萨尼亚岛的艺术品
	382、384	近东艺术
	381	4-12 世纪拜占庭文化艺术
	367	诺彦乌拉墓葬文物（北蒙古）
	364	藏族艺术
	368-370	印度武器与艺术
	359	柏兹克里克修道院的壁画室（中亚）

楼层	展厅号	展厅内容
3层	357	17—18 世纪的中国艺术
	358、375—376	18—19 世纪日本艺术

开放时间

星期二：10:30-18:00；

星期三：10:30-21:00；

星期四至星期天：10:30-18:00；

闭馆日：星期一、5 月 9 日、1 月 1 日。

地址与中文社交网络

地理位置：2，PALACE SQUARE,ST PETERSBURG

圣彼得堡皇宫 2 号广场

官方网站网址：https://www.hermitagemuseum.org

微博：冬宫四季

微信公众号：冬宫四季[①]

数字博物馆

通过埃尔米塔什博物馆官方网站以及手机 APP，我们可以了解到埃尔米塔什博物馆的历史、藏品、展览信息以及出版物信息等。目前，首个中文版冬宫数字博物馆在百度百科已经上线，在百度 APP 打开百科博物馆计划小程序，搜索"冬宫博物馆"就能体验包括冬宫镇馆之宝的金孔雀报时钟、伦勃朗的《浪子回头》及马蒂斯《画家的家庭》等在内的 150 件珍贵藏品。这意味着除了官方网站，我们了解埃尔米塔什博物馆又多了一条权威的途径。

<h3 style="text-align:center">第二节 馆藏文物</h3>

1.《伏尔泰坐像》

[①] "冬宫四季"为埃尔米塔什博物馆旗舰店官方微博与微信公众号，在上面我们可以获取大量埃尔米塔什博物馆的讯息。

大理石雕塑《伏尔泰坐像》，完成于1781年，由大理石雕刻而成，被认为是让·安东尼·乌东最杰出的作品。乌东非常擅长给一些伟人奇才创作石膏像、大理石像和铜像。这位一流的法国雕塑家受命为18世纪伟大的法国哲学家兼作家伏尔泰创作雕像。

伏尔泰在椅子上的坐姿像生动无比、刻工精美、简约至极，看上去似乎是乌东所有著名作家雕塑中最贴近生活的一个。乌东创作这尊雕像之时，伏尔泰经过多年的流放，终于回到了巴黎。所以乌东在创作之时，就将他塑造成了一个久经磨炼的智者。老人怡然安静地坐在安乐椅上，身披古罗马式长袍，双手按在扶手上，微微侧过头，仿佛正认真地倾听人们的谈话。瘦弱衰老的身躯隐约可辨，但袍服从上直贯而下将之遮掩，粗大的

●伏尔泰坐像

说一说你眼中的伏尔泰。

褶痕分外显眼。这使整个雕塑具有纪念碑式的效果，处理的巧妙令人叹服。伏尔泰的面部描写尤其细腻微妙，蕴含了极其丰富的内容。他的力量不是外显的，而是内在的，那是大智者在面临一切问题时所具有的平静的态度、游刃有余的从容和幽默风趣的机智。尤其是那一双眼睛，是按真人的模样制作的，虹膜部分完全凹进去，凹部的阴影被黑点填满。这晶莹透明、似乎含有水分、闪耀着灼灼光亮的眼睛，充满了自信与力量。伏尔泰的面部表情随着光线或者观察角度、位置移动似乎也会发生相应的变化。旋转后，他或显睿智或露讥讽，或善解人意或耐心不足，或全神贯注或内省深思。但不管什么时候，他的一切身体特征，尤其是眼睛，永远被睿智和才能赋予生命感。

2. 孔雀钟

孔雀钟由纯金制成。全身披满金箔的孔雀傲傲地站在三米多高的橡树上，左边是一只猫头鹰，右边是一只大公鸡，树下12朵圆蘑菇，最大的一

●孔雀钟

棵蘑菇落着一只蜻蜓。上满发条时，蜻蜓会一秒一秒地转动，相当于秒针，小时和分钟显示在下方的蘑菇上；整点时刻，猫头鹰会随着音乐转动头部，眼睛滴溜乱转，孔雀随之开屏，转身；公鸡也会跟着打鸣。整件座钟到处是镀金的黄铜，磕碰间发出非常悦耳的钟鸣声。钟表的机械装置已经工作了两个多世纪，现在依然继续。

据《清宫档案》中记载，这座"孔雀钟"最早是由英国历史上著名的钟表设计师詹姆斯·考克斯及他的工匠团队一起专为中国打造的。只可惜乾隆看了后觉得这件洋钟款式不好看，于是这件艺术品与中国失

之交臂。后来"孔雀钟"经过改造，把孔雀两边原来的两条蛇去掉，换成符合西方审美的猫头鹰和公鸡，卖给了俄国亲王波将金，亲王将其送给女皇叶卡捷琳娜二世。1781 年，这座孔雀钟被拆分成零件，运到了圣彼得堡，收藏在俄罗斯冬宫厢房厅内，如今成为冬宫的镇馆之宝。

●孔雀钟的孔雀开屏

3. 拉斐尔长廊

　　叶卡捷琳娜二世在 1775 年参观过梵蒂冈的拉斐尔壁画之后，兴起复制壁画的念头，于是派遣画师前往当地临摹，将整座走廊都复制重现在冬宫。此工程浩大至 1792 年才全部完工，历时十七年。这是一条结构繁复、建造精美的长廊，由 13 部分组成，分别用拱门将它们隔开。长长的走廊有一种和谐延伸的感觉。墙壁上的装饰画叫作怪诞画，就是把幻想和动植物世界结合起来，展示的是乐器、人体和古希腊雕像。走廊顶部是一个个连续的

半穹顶，拱顶的天花板上面绘有圣经题材的油画，柱子上、顶子上、圆拱端面上都是精致无比的图案,构成了《拉斐尔圣经》汇集。拉斐尔长廊就是新艾尔米塔什最古老的装饰。

4. 伦勃朗《浪子回头》

《浪子回头》是伦勃朗·哈尔曼松·范·莱茵于 1668-1669 年创作的布面油画。展品的尺寸为 262*205 厘米。在《圣经》路加福音（15:11-32）中，基督讲述了浪子的寓言。一个儿子要求继承父亲的遗产，然后离开了父母的家，结果却

●拉斐尔长廊

浪费了他所有的财富。他终于病入膏肓，回到了父亲家。老人在原谅儿子的时候被泪水充盈了双眼，就像上帝宽恕所有悔改的人一样。在伦勃朗的笔下，画面中的小儿子穿着棕黄色的内袍，双膝跪地，依偎在穿着红袍的父亲的怀中，破烂的鞋子从脚上掉落在地上，可以看到里面有漏洞的袜子，一身沧桑，衣不蔽体。画面中父亲已经年迈，看上去虚弱却非常慈祥，他

●《浪子回头》

的双眼因思念小儿子而失明，双手因痛心而痉挛，正颤抖地摩挲着小儿子的后背，似乎在呼唤着小儿子的乳名。而小儿子却低着头不敢仰面直视父亲，说着自己要痛下决心悔改的话语，让人感到激动又温暖。令人感到惊讶的是，画中小儿子的哥哥——大儿子，却处在画面的阴暗之中，与父亲激动拥住小儿子的画面形成鲜明对比，突出了大儿子的冷漠、排斥与袖手旁观。在父亲迎接小儿子的喜乐里，隐藏了之前小儿子离开的巨大悲伤。

整个作品都是以爱、善的胜利为

主题的。这一事件被视为人类智慧和精神高尚的最高行为，它发生在绝对的沉默和宁静中。戏剧和情感的深度都表现在父子两人的形象中，具有伦勃朗所赋予的所有情感精确性。画家后期风格的粗犷、粗略的笔触突出了这幅精妙绘画的情感和强度。伦勃朗的寓言，他的治疗是针对每一个人的心："我们应该高兴，因为这个儿子死了，又活了，失去了，又找到了。"

5.《柏诺瓦的圣母》

《柏诺瓦的圣母》（又名《戴花的圣母》《拈花圣母》）的作者是列奥纳多·达·芬奇。这幅作品高49.5厘米，宽33厘米，是达·芬奇1478—1480年之间创作的作品。在这幅作品中，圣母玛利亚是一位非常年轻的少女，圣婴与圣母交织着双手以及眼神，构成了一幅十分和谐、和睦的画面。达·芬奇在画面顶端把窗户设计成优美、别致的圆拱形，丰富了画面内容，使画面空间变大变深。除此之外，当时的宗教肖像画普遍都有开窗，这是一个传统，寓意引导神圣之光的到来。在这幅画里，圣母玛利亚慈祥温和，笑盈盈地看着圣婴，蓬松的卷发精心编成辫子，胸前还佩戴着一枚精美的胸针，闪烁着宝石一样的光辉；她身穿一袭精致的绿袍，衬着红色的衣袖与红披风，看起来温婉慈爱。圣母一只手环着胖乎乎的圣婴，另一只手拈着一朵小花，温柔地注视着圣婴，充满母爱的光辉。圣婴坐在母亲腿上，左手伸出抓住母亲的手，右手去拿母亲手里的花，活泼可爱。圣母和圣婴玩弄花朵的动作是画面的主题，画面垂直的中心轴不偏不倚正好通过三只手交错的地方，三只手成为全画的中心。这幅画里，圣母和圣婴之间散发出浓浓的亲密感，这让他们看起来像是生活中很平常的一对亲密的母子。头上的光环，在表达母子深情的同时，还能体现他们的神圣感和崇高感，这与同时期宗教画的呆板严肃大不相同。这幅画里，达·芬奇舍弃了坚硬的轮廓线，使人物的外形逐渐融入背景，用明暗来表达物体与空间的关系，这是他

● 《柏诺瓦的圣母》

著名的晕涂法的运用实例。为了强化主体人物，他还简化人物以外的其他描写，省略了不必要的细节。

这幅画原名《拈花圣母》，可能是达·芬奇师从韦罗基奥后独立绘制的第一幅画。数百年来，人们一直以为它已经失传。直到1909年，建筑师里昂·柏诺瓦在圣彼得堡展出此画，它才重新回归大众视野，后来人们就称它为《柏诺瓦的圣母》。

6.《哺乳圣母》

博学善思

达·芬奇的这两幅作品体现了文艺复兴怎样的核心？

● 《哺乳圣母》

《哺乳圣母》（又称《利塔圣母》《圣母和圣子》）也是列奥纳多·达·芬奇创作的作品，为布面蛋彩画，创作于1490–1491年，高42厘米，宽33厘米。这幅画中，画家更多强调的是一种母爱的普遍人性。形象丰满，神态恬静，洋溢着一种年轻母亲温柔的爱子之心。但圣母的脸部仍显露出达·芬奇所惯用的描绘公式，十分重视女性眼睛的块面结构。圣母怀里的婴儿形象被画得很生动，在这里仍然是色彩处理让位于解剖结构的合理性。总之，这一幅画是他前期肖像艺术的一个范例。

第三节 相关研究

目前，埃尔米塔什博物馆共有古典古物系、东欧和西伯利亚考古系、东方部、西欧美术系、西欧应用艺术系、俄罗斯文化史系、钱币学、阿森纳、御瓷工厂博物馆、现代艺术系、门希科夫宫11个馆藏研究部门，此外，还设有专门的科学修复与保护系，对藏品进行修复与保护，并对所拥有的文物进行结构化研究。

埃尔米塔什博物馆会定期出版博物馆年度报告，出版物还有一些藏品及研究成果的介绍等。

●埃尔米塔什博物馆出版物《冬宫博物馆藏品中的宝藏》（第 2 册）

●埃尔米塔什博物馆出版物《扎哈·哈迪德在冬宫》

第二十章 美国纽约大都会艺术博物馆

第一节 概　览

大都会艺术博物馆，俗称"大都会博物馆"，位于纽约市，是美国最大的艺术博物馆，也是世界上参观人数最多的艺术博物馆之一。大都会艺术博物馆拥有 17 个策展部门，每个部门都有策展人和专业人员以及六个专门的保护部门和一个科学研究部门。大都会博物馆有 200 万平方英尺的画廊空间，以及超过 200 万件永久收藏的作品，拥有的宝藏比大多数游客一生中所能看到的更多。大都会艺术博物馆主建筑位于曼哈顿博物馆的中央公园东侧，是世界上最大的美术馆之一；另一个规模小得多的分馆，位于曼哈顿上城的特伦堡公园的隐修院，里面有大量中世纪欧洲的艺术、建筑和文物。2016 年 3 月开放的布劳尔分馆，用于展出现当代艺术。

大都会艺术博物馆的永久收藏品包括古典和古埃及的艺术作品、几乎所有欧洲大师的绘画和雕塑，以及大量美国视觉艺术和现代艺术作品。大都会博物馆还拥有大量的非洲、亚洲、大洋洲、拜占庭和伊斯兰艺术品。博物馆同时也是世界乐器、服装、饰物、武器、盔甲的大总汇。博物馆的室内设计模仿不同历史时期的风格，从 1 世纪的罗马风格延续至现代美国。

●纽约大都会艺术博物馆外景

该博物馆于 1872 年 2 月 20 日首次开放，当时位于纽约市第五大道 681 号的一幢大厦之内。铁路职员约翰·泰勒·约翰斯顿将个人艺术收藏品提供给博物馆作为最早的馆藏，并且担任首任馆长。而出版商乔治·帕尔默·普特南成了创立时期的监督人。艺术家伊士曼·约翰逊担任博物馆的共同创办人。在他们的指导下，博物馆的馆藏，由最初的罗马石棺和大部分来自欧洲的 174 幅绘画，迅速增长并填满了可用的空间。1873 年，博物馆采购了卢吉·帕尔玛·德·塞斯诺拉所收集的塞浦路斯文物。同年，博物馆从第五大道搬迁到第 14 街 128 号道格拉斯大厦。可是新馆址很快就不敷应用。

1871 年，博物馆与纽约市商议后，得到中央公园东侧的一片土地作为永久馆址。其建筑的红砖新歌德式外型由美国建筑师卡尔弗特·沃克斯和合伙人雅各布·雷伊·莫德设计。沃克斯的大胆新歌德式设计不获欣赏，在建筑完成时被认为设计过时，更被博物馆的主席评为"一个错误"。

博物馆自此不断扩建，譬如由理查德·莫里斯·亨特所设计的新古典学院派布杂艺术的建筑外观。这个扩展部分由 1912 年开始兴建，到 1926 年完工，采用了来自印第安那州的灰色石灰石。南翼建于 1911 年，北翼建于 1913 年。两翼都是由麦金米德与怀特事务所负责兴建。

1971 年，新建筑计划得到批准并且交给凯文·罗区－约翰·汀克罗事务所负责，工程为期超过 20 年。计划目标是为了市民更容易接近展品，研究人员更方便使用设施，让整个博物馆更有趣更有教育意义。

在很多的新计划中，也包括了于 1975 完工的"罗伯特雷曼翼"，那里珍藏了很多欧洲油画大师的名作，当中包括了印象派、后印象派画家；安置丹铎庙的"赛克勒翼"，完成于 1978 年；"美国翼"于 1980 年对外开放，那里全面展示美国日常生活艺术历史；"迈克尔 C 洛克菲勒翼"，自从 1982 年，收藏了来自非洲、大洋洲、美洲的文物；"莉拉艾奇逊华莱士翼"，自 1987 年收藏了很多现代艺术作品；而"亨利河克拉维斯翼"则展出自文艺复兴至 20 世纪初的欧洲雕塑与装饰艺术。

这些新建筑物落成后，博物馆在这些空间里重新组织收藏品。1998 年 6 月，韩国艺术廊对外开放，完整了亚洲艺术的展览系列。1999 年，近东方文物、希腊与罗马文物展馆的重新装修已经展开。展览古希腊艺术的"罗伯特和蕾妮展览厅"在 1996 年开幕，新希腊画廊于 1999 年 4 月开幕，而塞浦路斯画廊于 2000 年开幕。

2006 年，博物馆的建筑物总长度差不多 400 米，占地 18 万平方米，比 1880 年代的馆址大 20 倍。

大都会艺术博物馆于 1880 年由一群商人，金融家，艺术家和文化爱好者开放。最初的哥特式复兴风格建筑由卡尔弗特沃和 J.W.Mold 设计，并由理查德·莫里斯·亨特和麦金·米德和怀特在 20 世纪初期扩建。现在的外墙和入口结构于 1926 年完成。该博物馆由纽约市拥有，这样有助于对大都会艺术博物馆的保护。除此之外，它也得到私人捐赠、会员和入学收入的支持。

展厅分布

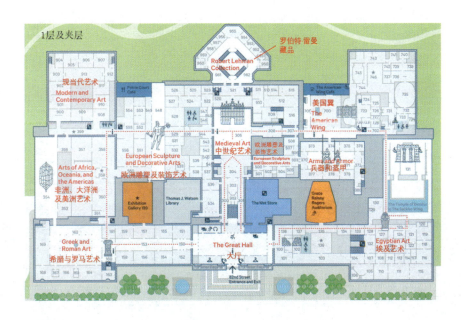

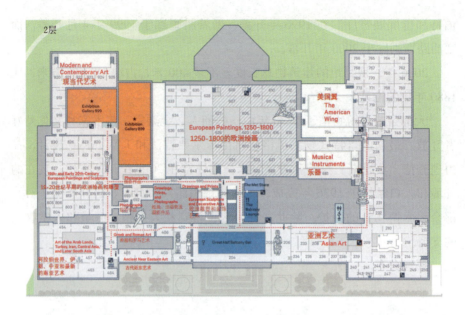

开放时间

星期天至星期四：10:00—17:30；

星期五、星期六：10:00—21:00；

闭馆日：感恩节、1月25日、1月1日、5月的第1个星期一。

地址与中文社交网络

地理位置：1000 5th Ave, New York, NY 10028

美国纽约第五大道 1000 号，纽约 10028

官方网址：https://www.metmuseum.org

微博：大都会博物馆 MET https://weibo.com/u/3921693016

微信公众号：纽约大都会艺术博物馆

数字博物馆

在大都会艺术博物馆官方网站以及手机 APP，我们可以了解到大都会艺术博物馆的各类信息，包括博物馆介绍、博物馆历史、各类展览信息、藏品介绍，以及刊物和研究中心。通过百度 APP 打开百科博物馆计划小程序，搜索"纽约大都会艺术博物馆"可以体验部分藏品。大都会博物馆官方网站还专门开设了"在线上"的板块，游者可以通过故事、视频、动画等方式探索展览的关键主题。

第二节 馆藏文物

1.《舞蹈教室》

《舞蹈教室》是法国印象派画家埃德加·德加 1874 年创作的布面油画，高 83.5 厘米，宽 77.2 厘米。《舞蹈教室》与收藏在巴黎奥赛博物馆的另一幅画作《舞蹈课》有着相同的构图，这两幅画最能展现德加在舞蹈主题画作上的勃勃雄心。这间舞蹈教室里拥挤不堪，众多少女中站着一个白发长者，这位长者就是著名的芭蕾舞大师朱尔斯·佩罗特，他主持了这个班。长者拄着拐杖，正在审查一个少女的表演。远处角落里还站着几个盛

● 《舞蹈教室》

装的贵夫人，是少女们的妈妈。少女们动作神态不一，但个个紧张的情绪一览无余。仔细观察画面，可以发现没有哪两个演员的动作是完全一样的，德加对人物姿态的把握可见一斑。这虚构的场景是在旧巴黎歌剧院的一个排练室里，这个排练室最近被烧成灰烬。德加从来没有去过这样的考场，只是根据传说画出了这一紧张繁杂的场面。二十几个少女的动作全部来源于德加平常数不清的舞女写生。德加以出色的素描技巧，抓住了舞者的瞬间动作，这是受到当时正在流行的摄影技术的影响。热衷于摄影的画家对于相机能忠实地呈现出物象以及捕捉画面的瞬间动态十分欣赏，因此希望能将这样的效果表现在画布上。画中人物的姿势，不是从希腊、罗马时代继承下来的肖像人物的静止姿态，而是把舞者正在跳舞的瞬间动作摹写下来，并把它画在画布上，赋予它一种如相片般的"瞬间"感受。

● 《圣母与圣婴》

2. 《圣母与圣婴》

《圣母与圣婴》是纽约大都会博物馆最珍贵的藏品之一。它是文艺复兴时期意大利著名艺术家杜西欧的一幅版画。画上面的颜色除了蛋彩（用蛋清代油调和的油彩）外，就是黄金。这幅作品创作于公元1300年左右，它描绘了圣母玛利亚怀抱耶稣的场景。2004年11月，美国纽约大都会博物馆花4500万美元从一个私人收藏家手里将这幅名画购入。

3. 《华盛顿横渡特拉华河》

《华盛顿横渡特拉华河》是德国艺术家埃玛纽埃尔·洛伊茨于1851年创作的一副油画。这幅画描写的是1776到1781年北美独立战争中的一场经典战役——特伦顿战役中，1776年12月25日华盛顿横渡特拉华河的场景。2004年，该作品成为纽约市大都会艺术博物馆永久收藏的一部分。

4. 《溪岸图》

《溪岸图》是五代画家董源创作的一幅绢本设色画，高221.5厘米，宽

110厘米，描绘江南溪岸景象，上半部左右相对两座山峰，两峰之中远山隐现，两山夹壑中一条山溪自远而近，至山前汇成大溪。溪岸左有楼台水榭，水榭中有幽人雅士正观望溪景。左面山中亦有泉瀑飞注入大溪，画的最下方溪岸坡冈上杂树耸立。中景、远景山峦上丛林茂密，草木葱茏。《溪岸图》在笔墨上，以墨法取胜，借用王维渲淡的技法，先用浓墨勾出，再用淡墨层层烘写，远看其山势，起伏自然有层次。笔墨简劲，又不失江南景色中的温润，古意盎然，极具感人的魅力。《溪岸图》以动写静。画中远山烟雾袅袅，有一群秋雁冲向青天。山峰齐向左似排浪涌动，山体带有强烈的动态。远处泉水淙淙而下，由于山势高低错落，令泉水跌宕起伏，形成散流拍打在山石上，激起浪花。全图的风势由右向左，画中的溪潭、竹篱茅屋、林木松竹，也因风的存在而设计巧妙，好像在风中簌簌作响，风声、水声、树摇声、声声作响，

●《溪岸图》

仔细观察《溪岸图》

正是在全景的动势中衬出了倚栏面坐观涛高仕的静。笔墨技法上，图中"有笔"又可以分为细笔和粗笔。细笔如勾画人物、水景、篱笆、茅草、裘衣等；粗笔如画屋舍、树木、粗篱、水浪、岸草等。"无笔"则是对全幅山石的水墨渲淡。无笔不是不用笔，而是对山石的皴法用笔而不见笔，借用王维渲淡的技法将山石烘托出石骨云气，达到气韵生动的目的。画面人文器物刻画得古意盎然，高古典雅，描绘的人物、衣冠、屋舍、竹木、案椅、卷帘等细节的真实，如同看到生活在那个时代的影像。

5.丹铎神庙

丹铎神庙，约建于公元前15年，完成于公元前10年，距今已有2000多年的历史。其修建的年代正处于埃及被古罗马皇帝屋大维统治的时期。

●丹铎神庙

1963 年，埃及政府在尼罗河上游修建阿斯旺水坝，水坝的修建会导致尼罗河水位的上升，而将使得包括丹铎神庙在内的大量埃及文明遗迹被河水淹没。国际社会的文物保护专家聚集在一起，商量怎样把大部分历史遗迹保留下来。其中有许多遗迹被整体迁移，丹铎神庙就是其中一例。这次事件也促成了后来世界遗产组织的成立。所以当时神庙被暂时分解，总共 800 吨的材料被分装在 640 个集装箱中，运送到了美国。按照最初的计划，神庙将被置放在华盛顿或波士顿的河边，以露天方式呈现给公众。但考虑到神庙主体的砂岩容易受到风雨的侵蚀，当时的美国总统约翰逊在一系列听证会之后，决定将其永久陈列在纽约的大都会艺术博物馆。经过十年的建设后，丹铎神庙在 1978 年正式向公众开放。

大都会艺术博物馆的埃及厅是整座博物馆最重要的展厅。作为人类文明的发源地之一，埃及文明对美国观众而言既亲切又神秘。为了体现这种神秘感，展现孕育在尼罗河畔的文明之光，埃及馆专门设计了一个宽阔的水池，并通过巨大的落地玻璃窗将室外的光线引入，照射在水面上。置身于埃及馆，仿佛就在尼罗河边。

无论在设计上还是装饰上，古埃及神庙都反映着多样化的宗教和神话观念。丹锋神庙多处雕刻着似从水中生长出来的纸莎草和荷花图案。在门楣上，是象征天空之神荷鲁斯的太阳圆盘形象，两边是延展开的双翼。第一个房间，可以看到浮雕上法老正在祈祷并向手持权杖和生命之符的众神献祭，这时的法老实际描

●丹铎神庙上的雕刻（局部）

绘的是罗马的屋大维，只是他已经完全把自己的形象埃及化了。然后是用于举行仪式的中室，也是神庙崇拜的主神——伊西斯的圣殿。在古埃及神明体系中，伊西斯是众神之母，具有特殊地位。由于其名字在象形文字中作"宝座"解，这个词又为阴性，因此伊西斯也拟人化为女性。其常以怀抱婴儿的形象出现，或坐在宝座上，或跪于棺前。相传伊西斯能治病，会巫术，甚至能起死回生，同时还是丧葬仪式中的主神，主要司众生之事，同时在埃及文化中她还象征着忠贞的妻子和尽职的母亲。环绕着圣殿大门和圣殿后墙的浮雕描绘了修建丹铎神庙的努比亚首领两个被神化的儿子——皮奥和派德斯，上面是正在崇拜伊西斯的皮奥，下面是正在崇拜奥西里斯（尼罗河泛滥带来肥沃泥土和繁茂的植物之神）的派德斯。奥西里斯和伊西斯既是兄妹也是夫妻，他们的儿子是天空之神荷鲁斯。这种三位神组成一个家庭，其中夫妻二人还是兄妹的情况在古埃及神明中十分普遍，称为三神体，属于一个圆满的整体。外墙上就描绘了法老正在向手持权杖和生命之符的神祇献祭的场面。通过辨认他们头戴的冠和头旁的象形文字名字，可以认出这一特殊的三神体。

●丹铎神庙上的雕刻（局部）

古埃及文明博大精深，是一座永远无法彻底洞察的宝库。作为"西半球唯一的埃及神庙"，丹铎神庙就是文化的先行者，是大都会博物馆这一"置千年艺术史的百科全书"当之无愧的著名馆藏。

6.《药师经变》

《药师经变》为一巨幅彩绘佛教壁画，长 15.2 米，高 7.52 米，来自山西省洪洞县广胜下寺，是元代壁画精品，该壁画距今已经有七百多年的历史。

画面正中端坐药师佛，面相慈善，仪态庄严，乌发肉髻，双耳垂肩，身披红色佛衣，坦胸露右臂右手高举，左手平托，双足跏趺于莲花宝座中央，身后有背光、祥云、天使。药师佛两旁，日光遍照菩萨与月光遍照菩萨及

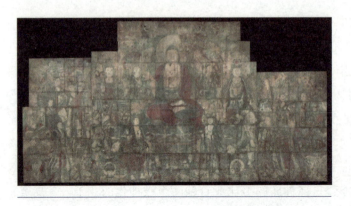

●《药师经变》

其余各菩萨、神将陪伴左右,众星捧月般簇拥着药师佛,场面气势恢宏,令人神往,形象地表现了药师如来所在的东方佛教净土的盛况。整幅画面构思精巧、富丽浑厚。构图疏密相间,线条遒劲,重彩平涂。人物神态逼真,刻画细致入微。画中人物表情宁静,衣饰线条流畅,属典型的元代民间画工作品。画师对壁画欲表现的主题了然于胸,在绘画技巧的运用上驾轻就熟,轻松地在繁复的颜色变化中将佛祖、菩萨的超凡脱俗表现得恰如其分。用色以朱、绿、青、白、黄等色为主,间以黑色描绘服饰。壁画选用当时宫廷绘画所用的珍贵颜料,在石英粉末中掺入上好的石青、朱红,调配而成。壁画虽经数百年沧桑而颜色不改,令人称奇。

根据纽约大都会艺术博物馆的说明,这幅壁画是1964年美国牙医Sackler以他母亲的名誉捐献给大都会博物馆的。据Sackler声称,他从广胜寺购买了这幅壁画。当时中国的文物市场是开放的,进出口自由。Sackler很富有,喜欢收藏中国艺术品,除了这幅壁画外,他还购买了大量中国文物。壁画《药师经变》卖出时被肢裂破解为数百块,后来大都会博物馆通过精心修复将壁画完整复原,并将它安置在中国馆最大的展厅内,很快成为大都会艺术博物馆最知名的中国艺术藏品。

第三节 相关研究

纽约大都会艺术博物馆有自己的研究中心,在官网上我们可以查询到亨利·卢斯美国艺术研究中心和伦纳德·A·劳德现代艺术研究中心。

大都会出版物是大都会艺术博物馆全面出版计划的门户,拥有超过1500种图书,包括最近五年来的书籍、在线出版物以及公告和期刊。从

1870 年成立以来，大都会艺术博物馆就出版了展览目录、收藏目录和收藏指南。如今，它已成为世界领先的博物馆出版商之一，其屡获殊荣的书籍始终为奖学金、生产价值和优雅设计树立了标准。大都会博物馆每年都会制作约三十种展览、收藏目录和一般听众书籍，以及内容丰富的期刊，例如每一季的《大都会艺术公报》和《大都会博物馆年度杂志》。自 2000 年以来，大都会博物馆已开发了三本关于其永久收藏的在线出版物：《海尔布隆艺术史时间表》，其中有 300 幅年代史，超过 900 篇论文和近 7000 幅由博物馆专家撰写的艺术品；《Connections》提供了个人对收藏作品的看法；《82nd & Fifth》则要求 100 位策展人谈论 100 件改变他们看待世界方式的作品。

大都会艺术博物馆的印刷和在线出版物计划将继续扩大范围，以覆盖尽可能广泛的受众，从而履行该机构的使命，以提高公众对艺术的认识和欣赏，提出有见地的学术讨论和对博物馆艺术作品的不同声音。

●大都会艺术博物馆出版物
《帝国时代 秦汉艺术》
（2017 年）

●大都会艺术博物馆出版物
《时间：时尚与时长》
（2020 年）

第二十一章 梵蒂冈博物馆

第一节 概　览

被喻为"永恒之都"的罗马，是意大利的中心，而教皇城梵蒂冈则是罗马的皇冠。位于罗马西边的梵蒂冈城，以圣彼得大教堂为中心。至于梵蒂冈宫殿这座教皇王宫，则位于圣彼得教堂北侧。梵蒂冈博物馆是教皇格里高利十一世于公元 1377 年，将教廷从法国的亚威农迁回罗马时开始建造，此后一直作为教皇的居所。罗马教廷经历了自 1378 年至 1417 年的教会大分裂，混乱过后的历任教皇正好处于文艺复兴勃发之际，于是，除了积极巩固教会权力及重建罗马外，从 15 世纪末起更致力于艺术品的搜集和教皇宫的建筑，并且召集文艺复兴时期顶尖的艺术大师来装饰宫殿，其中以拉斐尔绘制的签署厅壁画和米开朗基罗在圣西斯廷礼拜堂天花板所绘的《创世纪》与《最后的审判》最为著名。梵蒂冈博物馆的起源可以追溯到 500 年前购买的一座大理石雕像。这座名为《拉奥孔与儿子们》的雕像于 1506 年 1 月 14 日在圣母玛利亚主教堂附近的一个葡萄园里发掘出来。教皇儒略二世派 Guiliannoda Sangallo 和米开朗琪罗去查看发掘成果。在他们的推荐下，教皇当机立断从葡萄园主那里买下了雕像。在发掘出雕像整整一个月后，教

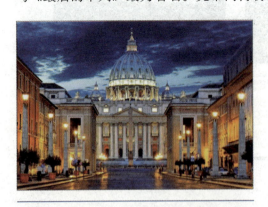

●圣彼得大教堂（位于梵蒂冈博物馆南侧）

皇就向梵蒂冈公众进行了展示。

其后的 400 年间，梵蒂冈收藏了大量的艺术品，皇宫建筑也扩增至
1000 多个厅堂。虽然从 16 世纪中的宗教改革以后，教会的权力逐渐下降，
但是教会对于艺术品的收藏仍旧不遗余力，终于使得梵蒂冈博物馆的规模
逐渐成型。公元 1932 年梵蒂冈博物馆正式开放，梵蒂冈博物馆由十二个陈
列室和五个艺术长廊组成，还包括 24 间美术厅、教学和图书馆，为二层楼。
其中有收集了诸多古代雕刻杰作和其仿制品的"庇欧·克莱蒙提诺博物馆"，
有由教皇格里高利十六世创建的"格里高利伊宾利亚美术馆"和埃及美术馆，
有庇护七世创立的"吉拉曼提雕刻馆"，还有收集拜占庭、意大利、法国、
荷兰、德国等画派作品的绘画馆，以及梵蒂冈图书馆、附属于图书馆的异
教徒考古博物馆、基督教美术馆、西斯廷礼拜堂、收藏纺织品和地图的"拉
斐尔绘画馆"等。

梵蒂冈博物馆现有约 7 万件藏品，其中展出 2 万件作品左右。作为世
界上最小的国家博物馆，但其总面积达 5.5 万平方米，展示空间有 6 千米，
仅在其中的西斯廷礼拜堂就是欧洲排名前四的艺术殿堂。作为世界上最古老的博物馆之一，梵蒂冈博物馆每年的参

西斯廷礼拜堂房顶

观人数也位列前列，成为全球最受欢迎的博物馆之一。

史海博览

西斯廷礼拜堂因集中了意大利文艺复兴时期的绘画艺术精华而闻名于世，西斯廷礼
拜堂建于 1480 年，最初是作为教皇私人教堂，所以又被称为"西斯廷小教堂"。礼拜堂
内没有柱子，侧墙的高处有 6 扇半圆拱形窗户，房顶呈穹隆形状。现今的西斯廷礼拜堂

因收藏了米开朗基罗、拉斐尔、波提切利等著名艺术大师的作品而闻名于世，堂内祭坛两侧墙壁各有 6 幅壁画，分别由平图里基奥、佩鲁吉诺、波提切利、科西莫·罗赛利、西尼奥利等名家创作，祭坛后正面墙上是米开朗基罗的名作《最后的审判》。礼拜堂房顶上是米开朗基罗创作的巨幅画作《创世纪》，带给仰望壁画的游人一种庄严肃穆、神圣可畏的感觉。礼拜堂侧墙上方窗户之间布有众多的教皇画像。每当在重大的礼仪性场合，侧墙下部会用描绘《圣经》故事、由拉斐尔设计的挂毯加以装饰。

展厅分布

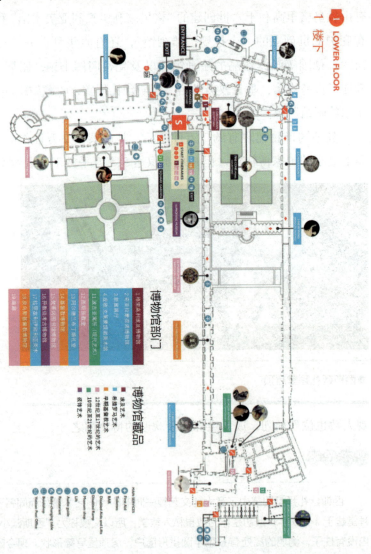

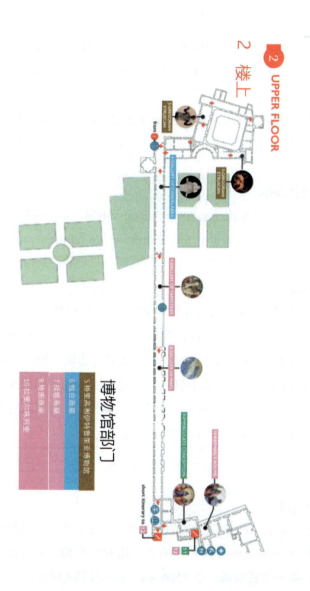

2 楼上 UPPER FLOOR

博物馆部门

5.格里高利伊特鲁里亚博物馆
6.烛台画廊
7.挂毯画廊
8.地图画廊
10.拉斐尔陈列室

博物馆藏品

- 伊特鲁里亚艺术
- 希腊罗马艺术
- 12世纪至18世纪的艺术
- 教皇马车收藏
- 民族艺术
- 集邮和钱币博物馆

开放时间

星期一至星期六：9:00-18:00（最后进入时间：16:00）；

每月最后一个星期天①免费入场：9:00-14:00（最后进入时间：12:30）；

闭馆日②：星期日（每月最后一个星期日除外）、1月1日、1月6日、2月11日、3月19日、5月1日、6月29日、8月15日、12月8日、25日和26日。

地址与官方网站

地理位置：Viale Vaticano,00165 Roma RM

官方网址：http://www.museivaticani.va/content/museivaticani/en.html

数字博物馆

2017年，梵蒂冈博物馆的官方网站以及社交媒体已经完全重现，符合当代网站的标准和外观。目前，我们可以通过梵蒂冈博物馆官网和手机APP实现对梵蒂冈博物馆的云参观。在梵蒂冈博物馆官网和手机APP，我们能够了解梵蒂冈博物馆的基本信息、历史，以及梵蒂冈的文化；可以从展区、部门、考古地区和杰作四个不同的分类对这些内容进行了解。梵蒂冈博物馆还针对这些内容拍了短片供游客观赏。

第二节 馆藏文物

1.《拉奥孔》

《拉奥孔》又名《拉奥孔和他的儿子们》，是公元前一世纪中叶古希腊罗得岛的雕塑家阿格桑德罗斯和他的儿子波利多罗斯、阿典诺多罗斯三人集体创作的一组大理石群雕，于1506年出土，高184厘米。

《拉奥孔》雕像最初被发现时，拉奥孔的右臂以及一个儿子的手、另一个儿子的右臂均缺失，导致艺术家与鉴定家们对于缺失部分的原有情形争

---

① 每月最后一个星期天，前提是这一天与6月29日圣徒彼得和保罗的节日、复活节星期日、12月25日圣诞节，12月26日圣斯蒂芬节不是同一天。

② 梵蒂冈博物馆会在某些基督教的节日闭馆，每年的闭馆日有变化，详细资料请上梵蒂冈博物馆官网查询。

辩不休。当时的教皇希望将其修复。几乎所有人都认为拉奥孔右胳膊应该是朝天伸直的，以表现英雄主义；唯有米开朗基罗一人认为拉奥孔的右胳膊应该是往回折的，以体现巨大的痛苦。但最终拉斐尔的评判支持了前者，因而雕像在当时被修复成右臂朝天伸直的样子。直到1906年，奥地利考古学家Ludwig Pollak在拉奥孔遗迹出土的附近发现右手臂。1957年，梵蒂冈博物馆决定将右手臂装回雕像，证明米开朗基罗的见解是正确的。

●《拉奥孔》

《拉奥孔》取材于荷马史诗《伊利亚特》中的"木马计"的情节。希腊人攻打特洛伊城十年，始终未获成功，为打破战争僵持不下的局面，希腊联军听从俄底修斯的计谋,想要用木马计攻陷特洛伊城。希腊人建造了一个大木马，并假装撤退，希腊将士却暗藏于马腹中。特洛伊人准备开城门将其拉入城内时，特洛伊城的祭司拉奥孔，他识破了希腊联军攻城的木马计，并告诫特洛伊人勿将内藏精兵的木马拖入城中。由于他泄露了天机，愤怒的天后赫拉遣出两条巨蛇，将拉奥孔两个儿子Antiphantes和Thymbraeus缠住，拉奥孔为救儿子也被蛇所咬死，特洛伊人见拉奥孔死，以为是拉奥孔当初的警告触怒了神灵，于是更加深信不疑地将木马运进城里，导致了灾难结局。雕塑家将这悲剧性的情景通过雕塑表现出来。

这件作品中，拉奥孔位于中间，神情处于极度的恐惧和痛苦之中。他使尽了全身的力气，想把自己和孩子们从两条巨蛇的缠绕中挣脱出来，他的双手紧紧地抓住了一条蛇，但他的臀部却被咬住了，他表情痛苦，似在吼叫，身体扭曲，肌肉强烈收缩，看上去都显得那么徒劳。在左侧，拉奥孔的长子被巨蛇缠住了左腿右臂，似有逃脱生存的希望，还没有受伤，但却被眼前的景象惊呆了，正在奋力想把自己的腿和右臂从蛇的缠绕

博学善思

认真观察拉奥孔及其儿子们的面部表情和肌肉状态。

中挣脱出来。右侧的次子已被蛇紧紧缠住，绝望地举起了他的右臂，难以动弹，但是左手却依然死死抓住蛇的身体。

拉奥孔和他的两个儿子被表现成了三个由于苦痛而扭曲的身体。他们身上所有肌肉的运动都已达到了极限，甚至到了痉挛的地步，表现了在痛苦和反抗状态下的力量和极度的紧张。看着这组雕像，人们似乎能感觉到痛苦流经了全身的神经，也跟着不自觉地紧张起来了。

●《拉奥孔》雕像（局部）

拉奥孔没有极度挣扎，而只是表现为刚毅的严峻，他的面庞因痛苦而扭曲，他没有穿衣服，蟒蛇也没有缠住他的整个身体。雕塑家为了在既定的身体痛苦下表现出最高度的美，不得不把身体的痛苦冲淡，而通过他们的身姿和神情来传达他们内心的抑制、坦荡、无怨无悔。这样的处理避免了恐怖、臃肿等不舒服感觉的产生，而使整座雕像有一种平静、肃穆、庄重的风格。

2.《贝尔维德雷的躯干》

●《贝尔维德雷的躯干》

《贝尔维德雷的躯干》是 15 世纪末在罗马发现的一尊雕像的碎片，在 1530 年到 1536 年间进入梵蒂冈收藏。直到今天，它一直是艺术家们最欣赏的古代雕塑作品。几个世纪以来，关于雕像人物的身份一直是各种解释的主题。目前最受欢迎的假设认为它是希腊英雄阿贾克斯，泰拉蒙之子。当时他正在考虑自杀。故事讲述了在特洛伊战争中，当阿贾克斯的盔甲被授予 德修斯而不是他自己时，阿贾克斯被激怒了，并杀死了自己。由于各种象征性的标志，图像被重建了：头部悲伤地向右倾斜，右手紧握着一把剑，英雄将用它来结束自己的生命。这座雕塑可追溯到公元前 1 世纪，由雅典雕塑家阿波罗尼奥斯署名，他是新阁楼派的艺术家，他的灵感很可能来自公元前 2 世纪上半叶的青铜器。

3. 《贝尔维德尔的阿波罗》

《贝尔维德尔的阿波罗》原作是莱奥卡雷斯于公元前 350－ 公元前 320 年所创作，梵蒂冈博物馆现收藏的由公元 2 世纪的罗马艺术家模仿雕刻而成，高 224 厘米。这座雕像是红衣主教朱利亚诺德拉罗维在罗马宫中收藏的一部分。当教皇当选为朱利叶斯一世（1503－1513 年）时，这些雕像被移交给梵蒂冈，至少从 1508 年起一直保留在梵蒂冈。在希腊神话中，阿波罗是太阳神，主神宙斯的儿子，主管光明、青春、医药、畜牧、音乐和诗歌等，具有很大的权力，是象征才艺、勇敢和光明的神。古希腊人非常崇拜阿波罗，创作了许多雕塑作品来赞颂他，他实

● 《贝尔维德尔的阿波罗》

质上是古希腊人理想化影响的典型形象。这尊雕像就把阿波罗描绘成了一个英俊的少年，此时正在追赶着毒龙，并张开神弓射箭。那神采焕发的目光显示出必胜的信心，注视着遥远的苍穹，挺直的鼻梁和饱满的面容则象征着永恒的青春，同时还保持着宁静和庄严。他那断了的右臂似乎刚从弓上抽回，但动作并不紧张，显得潇洒、风流倜傥，身体姿态十分轻盈，好似飘逸的舞蹈。整个雕刻作品手法写实，造型优美，一直备受推崇，但其声誉尤其要归功于约翰·约阿希姆·温克尔曼，他认为它是希腊艺术的崇高表达，"在所有未遭破坏的古代艺术品中，阿波罗雕像代表了最高的艺术理想"。

古代希腊的艺术具有人类童年特有的纯净和理想化、理念化的端庄和典雅，这就形成了希腊艺术中所特有的审美境界。十八世纪德国艺术史家温克尔曼形容为："edle Einfalt und stille Größe"，意为"高贵的单纯，静穆的伟大"。几百年来，这种境界一直被西方古典艺术家视为最高的境界。

4. 《创世纪》和《最后的审判》

罗马西斯廷小教堂内的天顶画《创世纪》和另一幅壁画《最后的审判》

● 《创世纪》

是米开朗琪罗最有代表性的作品。《创世纪》是米开朗基罗在西斯廷礼拜堂大厅天顶的中央部分按建筑框边画的连续9幅宗教题材的壁画。这幅巨型壁画创作历时长达4年多。画面面积达14*38.5平方米，每幅画都根据游客走进小教堂的路线按年代顺序排列好。

《创世纪》按照矩形把拱顶分割成9个画面，分别为《神分光暗》《创造日月与动植物》《创造水和大地》《创造亚当》《创造夏娃》《原罪·逐出乐园》《诺亚祭献》《洪水》《诺亚醉酒》9个主题。其中《创造亚当》是整个天顶画中最动人心弦的一幕，亚当慵倦地斜卧在一个山坡下，他健壮的体格在深重的土色中衬托出来，充满着青春的力与柔和。他的右臂依在山坡上，右腿伸展，左腿自然地歪曲着。他的头，悲哀中透露着一丝渴望，无力地微俯，左臂依在左膝上伸向上帝。上帝飞腾而来，左臂围着几个小天使。他的脸色不再是发号施令时的威严神气，而是又悲哀又和善的情态。他的目光注视着亚当：他的第一个创造物。他的手指即将触到亚当的手指，灌注神明的灵魂。此时，我们注意到亚当不仅使劲地移向他的创造者，而且还使劲地移向夏娃，因为他已看见在上帝左臂庇护下即将诞生的夏娃。我们循着亚当的眼神，也瞥见了那美丽的夏娃，她那双明亮妩媚的双眼正在偷偷斜视地上的亚当。在一个静止的画面上，同时描绘出两个不同层面的情节，完整地再现了上帝造人的全部意义，另外，天顶画四边配置了12个预言者和巫女，四边角落的三角档内也安置了主题构图，这些局部构图组成了一个总体大构图，对教堂天顶起到了装饰作用，并与整个教堂取得协调一致。

从这幅举世无双的巨作中可以看出天才米开朗琪罗的纯熟技巧、高超的人体造型能力，丰富的想象力和创造力。整个天顶画与其说是表现神的故事，不如说是对人的无限创造力的肯定，是对人的勇敢行为的颂歌。

●《最后的审判》

《最后的审判》又被称为《末日审判》，描绘了400多个人物。画面的中心是高举右手的耶稣，他的右边是圣母玛利亚，她蜷缩在一旁，不敢正视这悲壮的场面。在耶稣的上方，一边是抱着十字架的天使，另一边是抱着耻辱柱的天使。在耶稣的左边（即画面右边），身材魁伟的老彼得正拿着城门钥匙要交给耶稣。在彼得的脚下方有手持车轮的加德林、带着铁栅的劳伦蒂和拿着束箭的塞巴斯提安以及背负十字架的安德烈。这些人都拿着生前用在自己身上的刑具向耶稣倾诉自己的痛苦。在耶稣右边另一身材高大的老人是圣保罗。耶稣右下方背着小梯子的是亚当，他身后裹着红头巾的是豆娃。下面的一些人有的被打下了地狱，而有的正升向天堂。基督高举右臂判罪，以温柔的左臂欢迎受祝福而上天国的人们。

米开朗基罗对人体解剖学有极其精深的研究，为此他亲自解剖了数十具尸体，对人体的肌肉，骨骼作了详细的研究，并达到严重影响食欲的程度。此画上中心耶稣的右下方坐着的老人，手中拿着一张人皮，人皮上的脸，就是作者自己。作者是有意画上去的。这幅气势磅礴的大构图，体现了米开朗基罗的人文主义思想，他要用正义来惩罚一切邪恶。"末日"意味着人类悲剧的总崩溃，所有这些形象尽管有的有名有姓，有的泛指一定的社会阶层，大体上仍未违背宗教公式的模子。艺术家以超人的勇气，全部采用裸体形象来表现，赤裸裸来，赤裸裸去，去面对上帝，这又一次证实了他敢于肯定人的意义。米开朗基罗的原则是，执行艺术主要任务的道路是人体，因为他们最能体现人的品质。1546年，司礼官切萨纳在新教皇面前搬弄是非说："在一个神圣的地方，画这么多显露全身的裸体形象，太不相宜了；这件作品绝对不适用于教堂，倒是可以挂在澡堂或酒店里。"于是新教皇下令让另一个叫丹尼埃·达·伏尔泰亨的画家，给壁画上所有裸体的下身添画了些布条。后人就给这位画家起了一个诨名"穿裤子的画家"。

5.《雅典学院》

● 《雅典学院》

《雅典学院》是意大利画家拉斐尔·桑西于1510—1511年创作的一幅壁画作品，描绘了柏拉图举办雅典学院之逸事。古代最著名的哲学家在宏伟的文艺复兴时期建筑风格的空间内活动，创作的灵感来自于布拉门特重建圣彼得早期基督教大教堂的项目。整个画面以纵深展开的高大建筑拱门为背景，描画了共11群组的57个学者名人。画中的一些人物很好辨认。画面的中心是柏拉图和亚里士多德，柏拉图指着天，亚里士多德指着地，他们边走边谈，似乎在引经据典。柏拉图和亚里士多德两旁站着的人，个个怀着崇敬，正在聆听两位大师的辩论，在柏拉图左边，他的大恩师苏格拉底在用他习惯的方式，掰着手指和一群人讨论着什么问题，站在他对面那位戴盔披甲的年轻军人似乎并不是很专注地在听他讲话。有人说，他是亚里士多德的学生，马其顿国王亚历山大大帝。

在阶梯下平台左侧的人群里，中心人物是古希腊哲学家、数学家毕达哥拉斯，他正坐在那里专注地演算着有关宇宙和谐的关键在于与音乐协调的数学比率。一个小孩为他支着一个琴板，上面的结构图表可能对毕达哥拉斯的数学演算有着重要的参照意义。一个老人在侧面偷偷地抄着他的公式，站在毕达哥拉斯背后包白头巾的是阿拉伯的伊斯兰学者伊本路西德阿维洛依，依着柱基戴着桂冠正在抄写着什么的是古希腊晚期的哲学家伊壁鸠鲁。站在毕达哥拉

文艺复兴是14—17世纪初发生在欧洲的宣扬新思想的新文化运动。文艺复兴时期，达·芬奇、米开朗琪罗和拉斐尔，被称为"美术三杰"，你还知道他们的哪些作品呢？

斯前面手指一本大书的是修辞学家圣诺克利特斯，不知道他想给毕达哥拉斯一个什么重要的提示。他身后穿白斗篷的，是未来的乌尔宾诺大公弗朗西斯科德拉罗斐尔。

在阶梯下平台右侧的群组中，秃顶的数学家欧几里得是中心人物，他俯身用圆规在石板上画着几何图；4个青年学生正在认真地围观他身后头戴桂冠、持地球仪者——埃及主张地心说的大天文学家托勒密；而正面持天文仪者则是波斯预言家、拜火教主索罗亚斯德。最靠右边的一说是拉斐尔的老师佩罗吉诺，一说是拉斐尔的朋友画家索多玛；而紧挨着他的则是拉斐尔本人。

在柏拉图前方很显赫的位置上，斜坐着的沉思者是古希腊大哲学家赫拉克利特；在亚里士多德脚前位置也相当醒目的台阶上斜卧着一位衣冠不整半裸其身，颇似乞丐的人物，他就是古希腊大儒派哲学家第欧根尼。画面上一位从第欧根尼身边走过去的人，摊开双手对他的行为表示无奈……总的说来，这些人物，或行走、或交谈、或争论、或计算、或深思，完全沉浸在浓厚的学术氛围和自由辩论的氛围中。

《雅典学院》的整个画面充满着一种宽松的百家争鸣的民主气氛，各种不同哲学流派的代表人物在这里进行着一种平等而优雅的讨论，或者各行其是地进行着独自的思考，完全无拘无束，洋溢着浓厚的学术氛围和自由辩论的空气，凝聚着人类天才智慧的精华。人类的艺术永远在追求崇高的理性精神，永远在追求真善美统一的伟大审美理想。

第三节 相关研究

梵蒂冈博物馆的十个部门：拜占庭中世纪艺术部门、十七至十八世纪艺术部门、十九世纪和当代美术部门、装饰艺术部门、织锦部门、埃及和近东古物部门、希腊罗马古物部门、基督教古物部门、碑文收集部以及伊特鲁里亚古物部，每个部门都有自己的研究项目，且会根据研究的情况和结果出版刊物。

第二十二章 日本京都国立博物馆

第一节 概　览

●京都国立博物馆大门

京都国立博物馆位于日本京都府，在这里珍藏着流传至今的与千年古都共呼吸的国宝，是世界公认的"宝物殿"，是日本"明治"中叶时期建造的法式文艺复兴风格的博物馆。明治初年，在欧化主义和"排佛弃释"的浪潮中，轻视、破坏文物之风盛行。为了保护那些神社和寺庙中的文物免遭破坏，1889 年，当时的宫内省决定在京都设立博物馆，于 1897 年建成开放。

京都国立博物馆前身为"帝国京都博物馆"，于 1889 年 5 月根据宫内省官制设立，1897 年 5 月开馆，1900 年 6 月改称京都帝室博物馆。1924 年 2 月由帝室下赐京都市。1952 年 4 月根据《文物保护法修正案》，改名京都国立博物馆，隶属文部省文化厅。该馆占地 50377 平方米，建筑面积为 3015 平方米（其中展示面积为 2070 平方米）。馆内除了前厅、中央厅以外，还有中庭以及左右对称的 10 个大小陈列室，主要陈列场地有旧馆（本馆）和新馆。

● 京都国立博物馆地图

　　具有 100 年历史的"京博"，其建筑物本身就是文物。可以说是"京博"象征的"主楼"（即旧馆，也成本馆）是由宫内省内匠寮工程师片山东熊设计而成的，他主持设计了东京迎宾馆。"京博"为红砖、青铜屋顶的印象派风格融合明治风格的西式建筑，正门、卖票处、袖屏同时被指定为重要的文物。目前主要举办特别展、共同主办展等。这里收藏有代表日本美的壮丽夺目的珍藏品——国宝、重要文物 900 余件。收藏品包括 5500 件馆藏品和神社、寺院移交的 5900 件寄存品，共约 11000 件。其中，国宝 200 余件，重要义物也超过 800 件。

● 旧馆外景

　　平成知新馆的设计师为谷口吉生，是曾经打造过纽约近代美术馆新馆、东京国立博物馆法隆寺宝物馆、丰田市美术馆的世界著名建筑家。全新的展示馆充满着新的魅力：以和式的直线结构为基础的展示空间，可以让观众通过欣赏收藏品，体验京都文化的精粹；室外的阳光洒入具有开放感的大堂中，柔和地温暖着来访的观众；此外还有保护着展厅和展品的免震装置、配置了最尖端映像设备的讲堂，以及可以眺望庭院风景的餐厅等。

● 平成知新馆

目前，京都国立博物馆有馆藏品、寄存品共约 14000 件（2016 年统计），涵盖陶瓷、考古、绘画、雕塑、墨迹、染织工艺、金属工艺、漆器工艺等各个领域。在平成知新馆，除了轮番展出精选名品之外，每年还会举办两次特别展。

由于京都国立博物馆具有特殊的历史价值，1969 年被列为日本的国家重要文物，博物馆担当起对千年古老京都及分布在周围地区的各类文物的保护，京都国立博物馆的馆藏品偏重于 11−14 世纪的平安朝到室町幕府时期。以日本古代美术作品为中心，分成考古、石器、陶器、绘画、书法、生活用具与刀剑等不同主题的展示室。

展厅分布（平成知新馆）

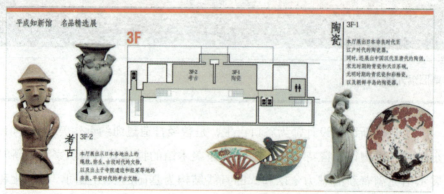

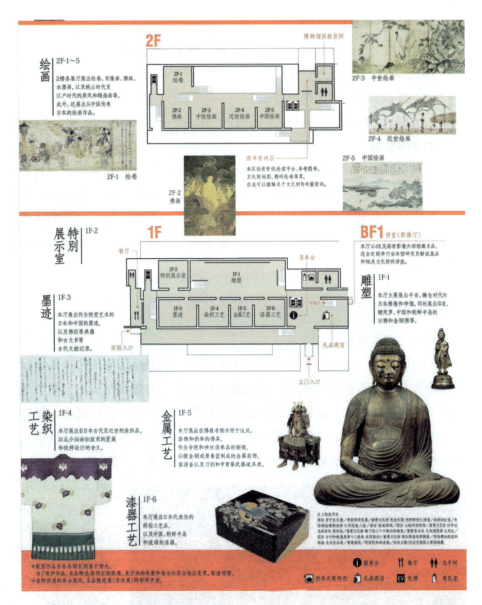

开放时间

星期二至星期四：09：30−17：00；停止入场时间：16：30；

星期五至星期天：09：30−20：00；停止入场时间：19：30；

闭馆日：每周一、年末年初（周一为节假日时开馆，次日周二休馆）；

其余闭馆日见官网。

地址和官方网站

地理位置：Kyoto National Museum 527 Chaya-cho, Higashiyama-ku,Kyoto

京都府京都市东山区茶屋町 527

官方网址：https://www.kyohaku.go.jp/eng/scn/index.html

数字博物馆

目前，我们可以通过京都国立博物馆的官方网站实现对京都国立博物馆藏品的观赏。在京都国立博物馆官网的数据库有四个入口，分别是京都国立博物馆藏品数据库、京都国立博物馆画廊、京都国立博物馆内的杰作和电子博物馆。通过该数据库，我们在家就可以对京都国立博物馆的藏品进行了解和欣赏。

第二节 馆藏文物

1.《天桥立图》

《天桥立图》高 89.4 厘米，宽 168.5 厘米。本图画面上虽然未见足以明示作者身份的题款与印章等，但从整体的笔法、构图，以及书于画中地名的字迹的书风来看，这件作品被视为出自雪舟（1420 -？）之笔。雪舟是日本画家，名等杨，又称雪舟等杨，生于备中赤浜（今冈山县总社市）。曾入相国寺为僧，可能随同寺的山水画家周文学过画。作品广泛吸收中国宋元及唐代绘画风范。后被维也纳世界和平大会通过决定公认他为世界文化名人。雪舟被誉为日本美术界的巨人。

●《天桥立图》

画面中央偏下方处，画

着天桥立的白砂青松与智恩寺（天桥立是日本三大名景之一，指的是位于今京都府宫津市宫津湾中，一道约三公里长，密布松林的白砂沙洲）；其上方是环绕着阿苏海、寺社林立的府中街道，其后画着巨大山岩及成相寺寺舍。另一方面，天桥立下方横布着宫津湾，再者，包围宫津湾的栗田半岛的连绵峰峦平缓地横展于下方。这是让人感到空间的宽阔且充满开放感的构图。

本图虽然的确是以实地风光为基础，但却不是原封不动地依照实景画成的作品。例如，可以看到像是成相寺背后山岳被塑造得过于高耸壮大，或是山下府中街道左右延伸得过长等更动之处。此外，从构图上来看，显然画家是从一个很高的位置来俯瞰天桥立及其外围景物，但是实际上能观察到如此视野的地点并不存在。近年有学者指出，这种和实景相异的特点，是雪舟以自中国画中学习到的山水画画面构图法为根基，将实际景物再予以重新构筑而成的结果。特别是，如本作品的俯瞰式构图，可能是受到如中国的西湖胜景图之构图的强烈影响。

本图用笔粗松荒率，彷佛是以一气呵成的态度画成，但相对地，也给本图带来一种独特的跃动感与力度。从画在由二十一张大小不同、随意拼合而成的纸上，或是图中可见修改笔迹的情况来看，本图原本很可能并不是一张完成图，而只是草图。果真如此，也可以用来解释荒率笔调的原因。

2. 山水屏风

水屏风共有六扇，每扇纵 146.4 厘米，横 42.7 厘米。该作品是描写中国的风物，即所谓"唐绘"①的山水屏风，曾经被东寺收藏，原来可能是作为宫中或贵族宅邸的室内器具。本作是平安时代屏风画的唯一传世品。

本作虽然由加边框的六扇所构成，但其整体为一个连续的横宽构图。近景画得略大，表现出人物、周遭的景致、以及盛开花的藤蔓和树木。中景和远景除了绘有缓丘和横向伸展的水面以外，还配置远山，呈现出舒适恬静的春天景致。画面的中心是面向屏风从右边算来第三和第四扇下方的茅庐，画中富有诗意地描绘出一位老隐士手拿纸笔作吟咏的姿态，正迎接年轻贵公子来访山中。庭院和屋顶上停着一些可爱的小鸟。第一扇和第六扇分别配有似乎已结束访问的骑马人物，以统合整个画面。关于茅庐的老

---

① 到镰仓时代为止，以日本事物为题材的绘画称大和绘，采中国题材者则称唐绘。

●山水屏风

隐士，有一说法认为他是深受平安时代贵族欢迎的中国唐代诗人白乐天。

在山头涂上青绿色的表现，虽属于唐代青绿山水的系统，但平坦的山丘和明亮的色调等表现都已相当地转化成日本式的风格。上色较接近薄彩，而可以看出活用底稿线描的用心。横向分布的雾气连接近景及远景，轮廓暧昧，表现柔和生动。本作的年代应不晚于11世纪。

在东寺每当举行"传法灌顶"（指密教中授与高僧宗师之位时所举行的仪式），就会使用本屏风。但是在灌顶仪式中采用山水屏风，似乎是平安时代末期以后的事，寿永元年（公元1182年）仁和寺观音院结缘灌顶会是最早的记录，之后普及到醍醐寺等各真言宗寺院。当时山水屏风通常都放置于密教宗师（即"阿阇梨"）或是将接受灌顶的贵人的座位处。

史海博览

　　平安时代是日本古代的一个历史时期，日本官方称呼也可称做平安京时代，平安京时期，平安时期。从794年桓武天皇将首都从奈良移到平安京（京都）开始，到1192年源赖朝建立镰仓幕府一揽大权为止。平安前期（公元794年—公元894年）日本绘画还受唐和五代的影响，到平安后期（公元894年—公元1192年）产生了摹写日本风土和人物的"大和绘"或"倭绘"。大和绘是纯粹采用日本画题的画，与此相对，以唐朝的人事和风景为题材的画叫作"唐绘"。当初描写四季风情的叫作"四季绘"，描写名胜风景的叫作"名所绘"。后来进一步以和歌为题材，达到了绘画、书写、诗歌三位一体。

3.《释迦金棺出现图》

本图描绘释迦牟尼佛横卧金棺入涅盘时，为了自天上赶来、但未及相见的母亲之故，以大神力复活，并为母说法的情景。这个情景是根据昙景所译《摩诃摩耶经》而来的。用单一画面描绘此主题的作品仅见本图，此外，做为平安时代大画面佛画的存世作品而言，本图也极为珍贵。

在横长型式画面的中央，自金棺起身的释迦牟尼佛将身躯略为倾斜，面向左下方跪地听法的佛母摩耶夫人。金棺正面前方，摆有放置供品的桌子，其左侧放有有佛衣的几案。这种构图与大津市石山寺所藏涅盘图非常相似。在金棺周围，还画有多达七十人以上为数众多的

●释迦金棺出现图

会众。画面上使用了各式各样的中间色调，并以包括金银彩在内的丰丽色调来加以着色。衣服上使用了局部晕染及渐层晕染等晕色方法，并在其上加以白色照晕（加上白色晕染使其呈现反光效果，类似高光法），使颜色组合看来更显得柔和。此外，衣服轮廓使用彩色线条的手法，可见于11世纪后半叶的天台佛画。另外，需要特别强调的佛衣及佛钵的轮廓线则使用了肥瘦线（指具有粗细变化的线条表现），这种方式作为一个新的倾向格外引人注目。释迦牟尼佛及摩耶夫人的衣服以截金①纹样加以装饰，产生了一种把光集合到画面中央的效果。目睹此奇迹的在场会众亦惊亦喜的情感流露，经由精巧的线条描写及向心式的构图生动地表现出来。

从风格史的角度来看，本图大概作于11世纪后半叶。这个时期，即进入所谓的末法期后不久，亦即院政期的开始时期。进入院政期（1086－1185）后，

---

① 截金指将金、银箔切成小片，用于绘画或雕刻作品上的技法。

佛事仪礼文中经常可以见到如"释尊再出""佛日中兴"及释迦信仰复兴等文句。虽然本图主题与当时风潮相符合，但是并无法具体确知曾经在何种仪式中被使用过。

本图原藏于京都天台宗长法寺内，江户时代被称为《涅盘图》。之后，经松永纪念馆收藏后捐赠给国家。

4.《山越阿弥陀图》

● 《山越阿弥陀图》

《山越阿弥陀图》纵120.6厘米，横80.3厘米，描绘即将临终的信徒面前，阿弥陀佛与众菩萨从西方极乐世界前来迎接信徒往生的场景。这种主题的佛画被称为"来迎图"。一般来迎图描绘的都是阿弥陀佛与众菩萨乘云飞降，然而本图描绘的是阿弥陀佛与众菩萨从山的另一侧露出上半身，因此，这类作品又被称为"山越阿弥陀图"。

阿弥陀佛于山谷间显现出格外大的上半身，顶戴头光两手结成接引手印。在阿弥陀佛的两侧，双手捧着莲台的是观音菩萨，而合掌而立的是势至菩萨，莲台是为了拯救往生者的灵魂并引导其通往极乐世界的道具。画面的右侧有手持宝珠、锡杖的地藏菩萨及持幡的菩萨。地藏菩萨的任务是拯救那些堕入地狱等"六道"①的人们，而幡则具有引导灵魂的作用。此外，在左侧有演奏音乐的菩萨们，在当时这种音乐被视为接引的奇迹中不可或缺的现象。

除了作僧人形象的地藏菩萨以外，其余的佛菩萨的身躯均涂以金泥，衣袍则以金泥为底，且整体为"截金"纹饰所覆盖。这种全身呈金色的表现方式称为"皆金色"，是镰仓时代佛画具有代表性的佛像表现手法。前方的山运用平稳的"大和绘"表现手法，柔和的雾气及树木的描绘并没有特

---

① 六道指地狱、饿鬼、畜生、阿修罗、人、天等六个轮回的世界。

别形式化。从风格来看，本图的制作年代应不晚于 13 世纪后半期。

《山越阿弥陀佛图》之类的作品都是在镰仓时代以后所制作，代表性的例子有京都的禅林寺本和金戒光明寺本。这些作品中的阿弥陀佛均朝向正面，而本图的阿弥陀佛稍呈斜向，可能是以朝正面的山越阿弥陀佛为基础加以变化而来。在金戒光明寺本之中，阿弥陀佛的指尖残留有五色线，由此可知当时是用于临终的仪式，本图很有可能也是用于同样的目的。

5. 病草纸

《病草纸》共有十页，是一件描绘了各种疾病及身体缺陷故事的画卷，绘制当初的件数等实际情形已不清楚，能确定的是江户时代尚存十七幅。现收藏于京都国立博物馆是其中的"霍乱""眼疾治疗""齿牙动摇之男子""小舌""风疾""患口臭之女子"等九幅[①]。

●病草纸其一：风病

《病草纸》每幅画侧附有词书，词书的叙述方式不尽相同，有的直接举出症状名并对其说明；有的则先作人物介绍，其次再说明该人物的病情。特别像是后者的情况，有些可以指出特定的人物居所及时代，甚至也有像"双性人"般甚为详细的人物介绍，可以说是关于某些特定个人疾病的描述。从描述手法来看，与其说是在介绍疾病，不如说具有在叙述有关疾病故事的意趣。特别像是"眼疾治疗"，描绘了一个自称为眼科大夫的人来到患有眼疾的大和国男子之处，说是用针灸治疗较好就将针打到眼上，原本好好的眼睛因而变得越来越糟的故事，将《病草纸》故事画特点表露无遗。

其画面构成主要有两种形式，一是省略背景以患者为中心只画出人物的构成，另外则是加上了患者生活周遭景物而强调其故事性的构成。像"双

---

① 京都国立博物馆馆藏《病草纸》九幅分别是"双性人""霍乱""阴虱""多肛之男子""眼疾治疗""齿牙动摇之男子""小舌""风疾""患口臭之女子"。

性人”图中的占卜师的生活情态，“霍乱”中的乡村生活，或是像最为详实的“眼疾治疗”中的周围环境表现，这些作为时代风俗资料而言都是相当珍贵的。

《病草纸》的画风与同时代的“六道绘”[①]相近。虽然有人抱持此乃描绘了六道中“人道”本有苦痛之一“病”的看法，然而，从其画风的共通性来说，与其是制作背景一致，或许该说是因为制作环境相似所致。

6. 千手千眼陀罗尼经残卷（玄昉愿经）

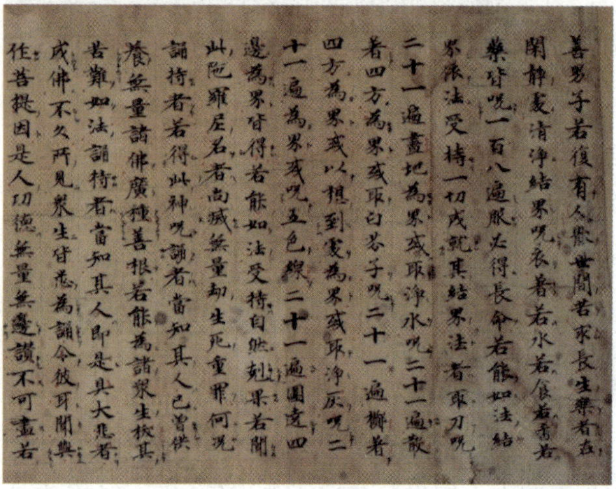
善男子若復有人欲世間若求長生樂若在
閑靜處清淨結界咒衣著若水若食若香若
藥皆咒一百八遍服必得長命若能如法結
界依法受持一切成就其結界法者取刀咒
二十一遍畫地為界或取淨水咒二十一遍散
著四方為界或取白芥子咒二十一遍擲著
四方為界或以想到處為界或取淨灰咒二
十一遍為界或咒五色線二十一遍圍遶四
邊為界皆得若能如法受持自然剋果若聞
此陀羅尼名者尚滅無量劫生死重罪何況
誦持者若得此神咒誦者當知其人已曾供
養無量諸佛廣種善根若能為諸衆生拔其
苦難如法誦持者當知其人即是具大悲者
成佛不久所見衆生皆悉為誦令彼耳聞與
作菩提因是人功德無量無邊讚不可盡若

●千手千眼陀罗尼经残卷（玄昉愿经）局部

《千手千眼陀罗尼经残卷（玄昉愿经）》纵25.5厘米，横246.0厘米，是僧正（督导纠正教徒行为之僧的官名）玄昉（？－746年）于天平十三年（公元741年）七月十五日的盂兰盆会中，为了祈愿圣武天皇、元正太上天皇、光明皇后圣寿无疆，皇太子、诸亲王、文武百官、天下百姓尽忠行孝，以及拯救沉沦于三恶道（地狱、饿鬼、畜生道）中的众生，而发愿抄写的《千手千眼陀罗尼经》一千卷中的一卷，也是现存仅有的一卷。

《东大寺要录》卷一、天平十三年条“七月十五日，玄昉僧正发愿，书写供养千手经一千卷”的记载向来为人所知，由于本卷的出现，使得其存在的事实首次得到确认，从历史的观点来看，也是一件极为重要的遗例。

很遗憾地，本卷卷首部分已经失佚，现仅存经文一百零九行。然而，其刚柔并济、典雅温文的书风，说明了是由天平年间书法颇为优秀的写经

① 六道绘指描绘地狱、饿鬼、畜生、阿修罗、人、天等六道生死轮回的净土教绘画。

生所书写，从用笔上来说，可以说是奈良时代写经中的一件杰作。于平安时代后期，为了解读汉文，在卷中的本文行间加入了以朱色标示的"乎古止点"与"声点"，以及以朱、墨色标示的假名，作为重要的训读标示资料，也为人所熟知（乎古止点即在汉字助词等字四角四边加上圆点符号，以作为助词代用物。声点是在汉字四角四边加上圆圈、点或三角等符号，以标示重音或表示清浊）。

发愿者玄昉俗姓阿刀氏，于灵龟二年（公元716年）随遣唐使吉备真备、阿倍仲麻吕等人入唐求法，学习法相宗，并于天平七年（公元735年）返回日本。返国时，携回经文、集论五千余卷。天平九年（公元737年）被任命为僧正。此外，由于在圣武天皇的母亲藤原宫子病愈上获有功劳，在宫廷得到尊崇及信任，与吉备真备成为橘诸兄政权中的核心人物。然而，天平十二年（公元740年）时，藤原广嗣以讨伐玄昉与吉备真备二人为口实，于太宰府起兵叛变。五年后，即天平十七年（公元745年），玄昉被贬于太宰府观世音寺，第二年就死去了。

第三节　相关研究

京都国立博物馆收藏了许多艺术品和文物，举办展览，并对东亚艺术进行实地考察和研究。博物馆外的研究调查也是他们的一项基本职责，他们会定期以个人或团体去进行研究。此外，他们会定期出版学术性刊物，每年对近畿地区的神社、寺院等文物进行调查。同时还设立了文物保存修理设施和京都文化资料研究中心等，充实作为研究机关的设置。位于博物馆场地上的文化遗产保护中心为他们提供了进一步的研究机会，使他们能够在修复期间获取和记录有关国宝和重要文化遗产的新信息。博物馆也是上野佛教艺术研究纪念基金会的所在地，所有的研究成员都参加了该基金会。该基金会每年举办佛教艺术专题讨论会，并赞助博物馆外收集新资料的实地工作。

这些研究活动的结果在年度出版物上公布。他们的学术文章和报告可以在京都国立博物馆的年度公报中以日语阅读。除此之外，京都国立博物馆还出版了《博物馆词典》《展览目录》等出版物。

参考文献

[1] 王宏钧 . 中国博物馆学基础 [M]. 上海：上海古籍出版社，2001 .

[2] 中国国家博物馆 . 中国国家博物馆馆藏文物研究丛书 [M]. 上海：上海古籍出版社，2019 .

[3] 周刊编著 . 文化的烙印：影响历史的 86 个文化奇观 [M]. 北京：京华出版社，2006 .

[4] 谢崇桥，李菊生著. 瓷器投资收藏入门 [M]. 上海：上海科学技术出版社，2010（01）:40-41 .

[5] 傅璇琮主编 . 陶卫东编著 . 青少年应该知道的宫殿建筑 [M]. 山东：泰山出版社，2012 .

[6] 中国古陶瓷学会编 . 中国古陶瓷研究 第十五辑 [M]. 北京：紫禁城出版社，2009 .

[7] 中国地理百科丛书编委会 . 南阳盆地 第 2 版 [M]. 广州：世界图书出版社，2015 .

[8] 沈乐平 . 新编草书入门五十讲 [M]. 浙江：浙江古籍出版社，2002 .

[9] 徐邦达 . 古书画过眼要录·晋隋唐五代宋书法 [M]. 湖南：湖南美术出版社，1987 .

[10] 国宝档案栏目组编著 . 国宝档案 青铜器案 [M]. 北京：中国民主法制出版社，2009 .

[11] 上海博物馆藏宝录编辑委员会 . 上海博物馆藏宝录 [M]. 上海：上海文艺出版社，1989 .

[12] 肖瑶.中华国宝档案[M].北京：西苑出版社,2010.

[13] 王晓锋.中外名画彩图馆[M].北京：中国华侨出版社,2016.

[14] 白寿彝.中国通史·第八卷·中古时代·元时期（下册）第二十章[M].上海：上海人民出版社,1999.

[15] 亚历山德拉·弗雷格兰特著,娄翼俊译.伟大的博物馆：巴黎卢浮宫[M].南京：译林出版社,2015.

[16] 孟晖.维纳斯的明镜 走进法国卢浮宫美术馆[M].北京：西苑出版社,2001.

[17] 中央电视台《走近科学》.世界博物馆观赏[M].上海：上海科学技术文献出版社,2008.

[18] 林深.漫步大英博物馆[M].南昌：江西美术出版社,2018.

[19] 卢卡·莫扎蒂著,应倩倩,许琛,曾美祯译.伦敦大英博物馆[M].南京：译林出版社,2015.

[20] 亚历山大·弗雷格伦特著,罗楚燕译.圣彼得堡冬宫博物馆[M].南京：译林出版社,2015.

[21] 胡毅涵.艺术之旅微笔记系列 漫步梵蒂冈博物馆[M].南昌：江西美术出版社,2018.

[22] 米莱娜·马尼亚诺著,王苏娜,于雪凤,苏依莉译.无法复制的传奇达·芬奇作品赏析[M].北京：北京时代华文书局,2018.

[23] 洪文庆.书艺珍品赏析（第12辑）书法艺术馆巡礼[M].长沙：湖南美术出版社,2008.

[24] 刘抚英,邹涛,栗德祥.德国鲁尔区工业遗产保护与再利用对策考察研究[J].世界建筑,2007,000(007):120-123.

[25]Wallace Liu建筑设计事务所.钢铁巨人的转身：重庆工业博物馆[J].室内设计与装修,2020,(03):74-79.

[26] 许晓东.返绝久非藉,沧桑全亦奇——记四件"金瓯永固"杯及其他[J].紫禁城,2012(12):96-107.

[27] 张世芸."金瓯永固"杯[J].故宫博物院院刊,1980(02):83-84.

[28] 叶佩兰,李昊冰.古陶瓷鉴定研究 如何区别新老瓷器的釉[J].收藏家,2017（04）:9.

[29] 周柏龄 . 夜幕下的深宫侍者——观唐永泰公主墓壁画宫女图 [J]. 收藏界 ,2006(05):109-110.

[30] 屈小力 . 浅谈富春山居图长卷六段构图 [J]. 文艺生活 · 文海艺苑 ,2012,(12):54-54.

[31] 田建文 . 晋侯苏钟 [J]. 山西档案 ,2012,000(002):12-15.

[32] 马承源 . 商鞅方升和战国量制 [J]. 文物 ,1972(06):17-24.

[33] 汪凌川 . 模印砖画"竹林七贤图"的诗情与画意 [J]. 陶瓷研究 ,2008(03).

[34] 鲁力 . 也谈国宝砖画"竹林七贤与容启期"[J]. 东南文化 ,2000(06).

[35] 程晓中 . 西晋宜兴窑青瓷貔貅尊初探 [J]. 收藏 .2015.

[36] 郑自海 . 金陵大报恩寺琉璃塔复原拱门错位之谜 [J]. 东方收藏 ,2012(11):111-113.

[37] 刘洪辉 . 三峡博物馆"十大镇馆文物"之偏将军印章 [N]. 收藏快报 .2018.

[38] 西晋青瓷神兽尊:"回头浪子"的守护神 . 中国江苏网 .

[39] 中国国家博物馆官网 .http://www.chnmuseum.cn

故宫博物院官网 .https://www.dpm.org.cn/Home.html

陕西历史博物馆官网 .http://www.sxhm.com

河南博物院官网 .http://www.chnmus.net

上海博物馆官网 .https://www.shanghaimuseum.net/museum/frontend

南京博物院官网 .http://www.njmuseum.com/zh

广东省博物馆官网 .http://www.gdmuseum.com

重庆中国三峡博物馆官网 .http://www.3gmuseum.cn

卢浮宫博物馆官网官网 .http://www.louvre.fr/zh

大英博物馆官网 .https://www.britishmuseum.org

埃尔米塔什博物馆官网 .https://www.hermitagemuseum.org

大都会艺术博物馆官网 .https://www.metmuseum.org

梵蒂冈博物馆官网.http://www.museivaticani.va/content/museivaticani/en.html

京都国立博物馆官网.https://www.kyohaku.go.jp/eng/scn/index.html